현대여가론

오상훈 · 임화순 · 고미영 공저

LEISURE

백산출판사

머리말

2006년 여름 『현대여가론』을 탈고하고 본서의 머리말을 쓰던 일이 마치 어제처럼 느껴지는데 벌써 7년이란 세월이 흘러 2번째 개정판을 내게 되었다. 더 좋은 내용을 담고자 다짐하고 노력하지만 언제나 아쉬움은 남고 부족함에 아파하는 시간이 다시 시작될 것 같다.

본서는 구서의 구성체계를 유지하면서 각 장(章)별로 상당부분의 내용을 새로이 추가하거나 수정하였다. 향후 예측할 수 있는 여가환경의 변화, 즉 소득증가와 고용의 확대, 자동화 · 고속화로 인한 잉여시간의 확대, 과학기술의 발달로 인한 산업구조의 개편, 고령화 · 지방화 · 도시화 · 고학력화 등은 인간행복의 기준을 '부'의 소유보다 건강증진과 지식, 자기표현의 함양, 성숙한 인격의 형성을 기대할 수 있는 '알차고 만족하는 여가활동'의 영위로 그 가치기준이 변화하는 양상을 보이게 될 것이다. 구서는 이러한 여가 또는 여가활동이 인간에게 어떠한 긍정적 기능과 역할을 수행하는가에 초점을 두고 향후 미래사회의 변화와 관련된 여가의 제 본질을 파악하고자 하는 의도를 반영하였기 때문에 구서의 구성체계를 유지하고자 한 것이다. 그리고 시대적 요구나 추세는 여가의 다양한 부문의 내용적인 축적으로 이어지고 있어 이러한 부분에 개정의 초점을 두었다.

본서의 주요 구성은 여가전반의 일반적 이해를 도모하는 부문과 여가수급과 여가결정요인에 관한 부문, 그리고 사회구조와 인간의 관계, 인간생애주기에 관련된 부문, 미래여가에 대한 부문으로 구성하였다. 구체적으로 언급해보면, 여가행동부분에서는 다양한 영향요인에 관하여 집중적으로 보강하였고, 여가산업은 현시점의 트렌드를 충분히 고려하였다. 그리고 여가정책은 우리나라 여가정책의 활성화 과제내용을 체계적으로 보강하였으며, 여가교육은 다양한 여가교육모델을 제시하였다. 노인여가는 노인여가 활동특성과 실태내용을 대폭 수정하였고, 청소년여가는 외국의 전환교육내용을 기저로 우리나라 현실과 청소년여가의 중요성을 강조하고자 하였다.

특히 여가와 노동, 여가교육에 관하여는 구서와 마찬가지로 인간의 사회화와 인간화에 초점을 두고 내용적 충실을 도모하고자 노력하였다.

본서는 관광관련학과 학생들이 여가를 쉽게 이해할 수 있는 교재가 될 수 있도록 내용수준을 조절하였고, 또한 학생 상호간 토론에 적용해 볼 수 있도록 key words 항목을 추가로 구성하였다.

글을 마무리하면서 본서가 출판되기까지 많은 협조를 하여 주신 백산출판사 진욱상 사장님과 편집진 및 직원 여러분의 노고에 심심한 감사를 드리는 바이다. 끝으로 본서가 보다 수준 높은 서적으로 거듭날 수 있도록 앞으로도 관광학계 여러분의 많은 관심과 지도편달을 부탁하는 바이다.

2014년

저자 일동

목 차

제1장 여가의 개념

제2장 여가와 유사개념

제3장 여가의 역사

제4장 여가행동

제5장 여가산업

제6장 여가정책

제7장 여가와 노동

제8장 여가와 교육

제9장 여가와 가족

제10장 청소년여가

제11장 고령사회와 노인여가

제12장 진지한 여가

제13장 현대여가의 트렌드

제 1 장 여가의 개념

제1절 여가의 어원

고대 그리스의 여가개념은 아리스토텔레스에 의해 발달되었다. 그는 정부의 업무, 법률, 논쟁, 문화, 그리고 명상을 하기 위해서는 여가가 필수적이라고 믿었다. 여가의 고전적 해석은 자기 자신의 이해와 진실을 추구하기 위한 활동으로, 이는 미학적 · 종교적 · 철학적 관점을 바탕으로 한 사고방식이다.

'여가'라는 낱말의 어원은 자유로운 상태를 의미하는 라틴어 '라이세레(licere)에서 유래됐다. 그리스어로는 'scol', 'schole', 'skole'가 여가를 뜻하는 말인데, 라틴어 'scol'와 영어'school'의 어원이 된다. schole(스콜레)는 노동으로부터 자유로운 상태를 의미하는 것이다. 이것은 시간에 대한 개념이라기보다는 의무로부터 해방된 아무런 구속이 없는 '상태'를 의미하고 있다.

고대 그리스의 자유시민들은 힘든 노동은 노예들에게 맡기고 풍부한 자유시간을 향유하는 일종의 놀이 향유자였다고 할 수 있는데, 그들은 이러한 여유를 놀이라고 부르지 않고 스콜레, 즉 한가(閑暇)라고 불렀다. 그래서 스콜레는 훌륭한 것이며 진지한 것으로 생각하고, 놀이는 진지하지 않고 쾌락을 추구하는 것으로 간주했다. 이를 통해 당시 그리스인들이 오락–현재 일상용어로 사용되고 있는 레저(leisure)–과 성스러운 여가(한가)를 구분짓고자 했던 의도를 엿볼 수 있다. 또한 그들은 오늘날 여가를 비노동의 상태로 소극적으로 개념화하고 있는 것과는 달리 긍정적이고 적극적인 것으로 보았으며, 오히려 경제적 · 정치적 · 직업적인 활동을 여가가 없는 상태 곧 비여가(a-scolia)로 인식하여 부정적 · 소극적인 것으로 보았다. 이러한 점은 고대 그리스 자유시민들에게 있어 노동보다는 여가가 일상생활에서 더 중요한 의미를 지니고 있음을 뜻한다. 다시 말해 그리스의 자유시민들에게 있어서 여가가 주(主)된 의미를 지닌다고 한다면, 노동은 종(從)의 의미를 지니는 것이었다. 이것은 학문, 철학, 명상 등을 통해 자아계발과 자아증진을 한다는 적극적인 의미(문화창조의 의미)를 지닌 여가의 개념이다.

라틴어의 'licere'는 허가받은 것(to be permitted) 혹은 자유로운 것(to be free)이라는 뜻으로, 직업과 작업으로부터의 해방을 의미하며, 자유시간(free time)보다는 자유정신에 더 가깝다고 할 수 있다.

고대 로마사회에 여가의 의미를 가진 단어로 '오티엄(otium)'이 있다. 여가의 뜻을 지닌 라틴어 'otium'은 군사용어로서, '무기의 침묵' 혹은 '전사들의 휴식'이라는 개념에서 '평화', '직업적 휴식'이라는 의미로 확대되었다. 이 단어는 '아무 것도 하지 않는 것'을 의미하며, 소극적인 무위(無爲) 활동 상태를 뜻한다.

앤더슨(Anderson)에 의하면 그리스인들의 'schole'와 로마인들의 'otium'은 그 자체가 그들 생활의 중요한 부분을 차지하였다. 즉 그들은 정치나 정치적 토론에 참여하고, 음악을 배워서 연주하며, 스포츠 등의 육체적 기술연마, 지적인 대화 등에 많은 시간을 소비하였다. 그러나 그들은 수공업과 일상적인 노동의 의미를 이해하고자 하는 마음이 없었다. 그들은 서두르지 않았으며, 학자나 종교인에게 있어서 아무 것도 하지 않으면서 명상하는 고요함이 여가의 개념에 해당되는 것이었다.

제2절 여가의 정의

'여가'에 대한 여러 가지 정의는 일반적으로 크게 5가지로 분류할 수 있다. 앞 절의 여가의 어원에서 살펴본 것처럼 여가를 하나로 정의하는 것 자체는 매우 어렵고 복잡하다. 따라서 본서에서는 시간, 활동, 상태, 제도적 관점에서 여가의 정의를 분류해 보고, 나아가 포괄적 정의를 통하여 여가의 실체를 정립해 보고자 한다.

1. 시간적 정의

여가를 시간적인 측면에서 정의하면, '일이나 그 밖의 의무적인 활동에서 벗어난 자유로운 시간(free time)'을 말한다. 인간의 시간을 크게 생활필수시간, 노동시간 및 자유시간으로 나누었을 경우, 여가는 보통 1일 24시간이라는 절대적인 시간의 한계 속에서 생활필수시간과 노동시간 등 구속시간을 뺀 나머지 자유시간으로 볼 수 있다. 이처럼 여가를 시간적인 측면에서 정의하는 것은 산업혁명의 결과라고 할 수 있다. 산업혁명 동안 개인의 생활은 일하는 시간과 자유시간으로 나누어져 있었다.

'사회학 사전(The Dictionary of Sociology)'에 의하면, 여가는 24시간 중에서 일하는 시간, 잠자는 시간 및 기타 생활필수적인 일을 처리하는 기간을 빼고 남는 시간으로 정의하고 있다. 이론가들에 의하면, 파커(Parker)는 일과 생존을 위한 기초적 욕구가 충족되고 남은 잔여시간(residual time)을 여가로 보고 있다. 브라이트 빌(Brightbill)은 여가를 일이나 의무적인 시간에서 남는 잔여적인 시간(residual time)으로 정의하였다. 머피(Murphy)는 여가를 개인이 자기 결정적 상황 하에서 재량껏 이용할 수 있는 시간으로 보고 있다.

켈리와 크라우스(Kelly and Kraus)는 여가시간을 두 가지 관점에서 정의했는데, 첫 번째 관점은 여가시간을 잔여시간, 즉 의무적인 활동에서 남는 시간으로 보고 있다. 이러한 여가시간은 비계획적으로 발생하는 것이며, 선택되지 않은 시간으로 보고 있는데, 여가활동에 있어서 이러한 시간은 우연한 기회, 조직화되지 않은 여가활동기회를 제공해준다. 두 번째 관점은 여가시간을 일이나 생활필수적인 활동에서 남는 자유재량적인 시간으로 보는 것이다. 자유재량적인 시간은 여가경험에 대한 개인에게 선택과 자율성(autonomy), 자유를 제공해 준다.

이상 여가의 시간적 정의를 살펴보면, 사회학 사전과 파커의 정의는 시간적인 속성을 중시하는 반면, 브라이트 빌, 머피의 개념은 시간적인 속성 외에 자유와 재량의 의미적인 성격도 주시하고 있다고 볼 수 있다.

여가를 자유시간이라고 정의할 경우, 노동과 여가를 명확하게 대비시켜 줄 수 있고, 여가 자체를 계량화하기가 용이한 장점이 있다. 그러나 수치로 측정하기에는 의무적인 시간과 자유시간의 뚜렷한 경계를 설정하기가 어렵다. 일요일에 행하는 종교활동은 개인과 사회의 통념, 문화에 따라서 자유로운 활동이 될 수도 있고, 의무적인 시간과 활동이 될 수도 있다. 외식의 경우에도 단순히 식욕을 채우는 필수적인 활동이 아닌 자유시간에 행하는 선택적이고 자유로운 여가가 될 수 있다. 활동의 주관적이고 다중적 의미 때문에 자유시간과 의무적인 시간을 분류할 기준이 모호한 것이다.

여가의 성립은 활동 자체가 참가자의 자의에 의해서 선택되어야 하고, 노동과는 전혀 관계가 없어야 한다. 여가가 노동과 관련이 있거나 활동이 자의가 아닌 타의에 의해 선택된 경우에는 순수한 여가라고 볼 수 없으며, 노동과 여가의 성격이 공존하는 활동을 듀마즈디에(Dumazedier)는 'semi-leisure(準餘暇, 半餘暇: 준여가, 반여가)'라고 하였다.

2. 활동적 정의

여가의 활동적 정의는 여가를 '자유시간 중에 행하는 활동 그 자체'로 보는 견해로서 직장에서의 업무, 가정에서의 일, 공동사회의 임무에서 벗어나 휴식을 취하고 교양을 증진시키는 활동 및 각종 레크리에이션 활동을 모두 여가활동으로 보며, 위락적인 측면을 강조한다.

듀마즈디에는 '여가는 개인이 노동, 가족, 그리고 사회의 의무로부터 벗어나 휴식을 취하거나, 기분전환을 하거나 혹은 지식을 확대하고, 자발적으로 사회에 참여하며, 자유로운 창조력을 발휘하기 위하여 이용되는 임의적 활동의 총체'라고 정의하였다. 또한 여가의 결정요인은 활동내용이 중요한 역할을 한다고 하였다. 인간활동을 보상적 활동, 가사 활동, 사회 · 종교적 활동, 자기실현적 활동 등 4가지로 구분하였고, 여가는 이 중 자기실현적 활동에 속한다고 하였다. 이 정의에는 여가의 활동적 속성뿐만 아니라 제도적, 기능적 속성까지도 포함되어 있다. 듀마즈디에는 여가와 대립되는 활동으로 다음의 6가지 활동을 들고 있다.

① 직업상의 일
② 부대적 혹은 보조적 업무
③ 가정에서의 일(예 가사, 가축사육, 부업, 정원손질 등)
④ 인간의 생리적인 활동(예 식사, 목욕, 몸단장, 수면 등)
⑤ 가족 간 의례 및 의식, 사회적 혹은 종교적 의무(예 방문, 기념일, 정치집회, 교회봉사 등)
⑥ 필요한 공부(예 학습모임, 학교 혹은 직업상의 시험을 위한 것 등)

버거(Berger)도 여가를 활동의 형태로 보았으며, 여가를 "경제적인 관점에서 필요하고, 보상을 주는 일과는 대조적인 것이며, 자유시간에 수행되는 자발적 활동"이라고 정의하였다.

윌슨(Wilson)은 여가를 활동과 기회라는 두 가지 요소의 결합으로 인식하면서, "노동, 가족, 사회 및 기타 의무가 실현되고 난 후에 자신의 의사대로 할 수 있는 활동일 뿐만 아니라 휴식, 회복, 오락, 자기실현, 정신적 재생, 지식의 향상, 기술의 개발, 사회활동의 참여를 제공해 주는 기회"로 정의하고 있다.

이와 같이 여가는 개인이 생활의 만족을 위한 질(quality)을 추구하고자 자유로이 선택하는 활동으로서 수면, 식사, 노동과 같이 고도로 상례화된 활동(routinized activity)이 아닌 것을 말한다. 그러나 여가에 대한 활동적 정의는 관찰상의 용이성이 장점인 반면에, 계량화를 시도하는데 있어서는 다소 어려움이 있다.

3. 상태적 정의

여가의 상태적 정의는 여가를 단순히 시간적인 관점에서 정의하는 것이 아니라 참여하는 활동이나 참여자의 정신적 상태에 의해 여가를 정의하는 것이다. 즉 "여가는 주관적인 태도이며, 참여자의 관점, 느낌, 가치, 과거의 인생경험을 기초로 한 경험으로 보는 것"이다. 이러한 정의는 대개 종교적이거나 철학적인 저술가들에게 선호되는 정의이다.

그리스 시대의 여가는 즐거움이나 행복을 느끼게 하는 마음의 상태로 규정하고 있는데, 이러한 상태를 명상의 상태로 규정하고 있다. 또한 여가를 몰입(flow)의 상태로 규정하고 있는데, 동양에서는 선의 상태를 의미하는 것이다. 즉 여가는 시간이나 활동과는 상관없는 고요한 상태라고 할 수 있다.

여가의 상태적 정의는 그리스의 고전적 개념의 여가에서 출발한 정의로서, 여가를 "물질적인 것으로부터 마음을 비운 심리적 상태 혹은 경험의 상태"로 규정하고 있다. 이러한 견해는 고대 그리스 시대부터 내려온 순수한 여가의 개념으로, 여가를 무엇인가를 달성하고자 하는 것이 아니라 그 자체가 목적이라고 간주하는 것이다.

[그림 1-1] 아리스토텔레스
출처: http://cafe.naver.com/tvision0/1699

아리스토텔레스가 주장하는 여가는 정치, 철학적인 토론, 예술추구, 음악에의 심취, 명상 등과 같은 활동에서 오는 심오한 경지 또는 즐거움 같은 것으로, 상류계층에게만 부여된 특권으로 볼 수 있다.

켈리(Kelly)는 "여가는 개인의 의식 속에 내재해 있는 마음의 상태"라고 정의하면서, 여가활동은 개인이 경험적으로 참여할 때 마음속에서 발생하는 것이라고 강조하였다.

뉴우링거(Neulinger)는 "여가는 그 자체의 목적을 위하여 몰입(flow)하며, 그것으로 인하여 기쁨과 만족감을 부여받고, 개인의 존재의 깊은 내면세계와 관련되는 것"이라고 정의하였다. 그리스 학자들의 이론처럼 여가란 경험 및 마음의 상태임을 강조하였다.

그라지아(Grazia)는 인간에게 남는 시간이 있다고 해도 그것이 곧 여가가 될 수는 없다고 주장하였다. 즉 남는 시간을 아리스토텔레스가 말한 대로 명상, 예술추구와 같은 심오한 경지를 맛볼 수 있게 사용할 수 있는 사람이 많지 않기 때문에, 자유시간은 모든 사람들에게 가능한 것이지만, 누구나 다 여가를 누릴 수 있는 것은 아니라고 주장했다.

피이퍼(Pieper)는 "여가는 단순히 외재적인 요인들의 결과이거나, 혹은 남는 시간, 휴일 · 주말 · 휴가의 결과가 아닌, 마음의 태도이며, 영적인 상태"로 간주하였다. 또한 여가를 신체적 · 심리적 · 영적 자기계발을 위한 기회로 보았다.

이와 같은 여가의 정의는 시간도 아니고 활동도 아닌 마음의 상태(a state of being)인 동시에 자유의지(free spirit)인 것이므로 명상과 예배, 기도 등을 여가의 최고 형태라고 인식했다. 따라서 양적인 측면을 나타내는 자유시간과 질적인 측면을 강조하는 여가는 분명히 구분될 수 있으나 여가의 상태적 정의는 관찰하거나 계량화하기는 어렵다.

4. 제도적 정의

여가에 대한 제도적 정의는 여가의 본질을 노동, 결혼, 교육, 정치, 경제 등 사회제도의 상태나 가치패턴과의 관련성을 검토해서 그 의미를 규정하고자 하는 것이다. 카플란(Kaplan)은 "여가란 경제적으로 자유시간의 영역에 속하며, 참여자에 의해 여가로 간주되며, 심리적으로 유쾌하게 참여하고, 회상하며, 잠재적으로 모든 영역의 의무와 노력을 포괄하여 독특한 규범과 제약을 수반하고, 위락, 개인발전, 타인에 대한 기여를 하게 되는 자율적 활동경험(autonomous activity-experience)"이라고 정의했다.

베블렌(Veblen)은 여가를 상류사회계층들의 소유욕과 사회적 위신 때문에 생겨난 것으로 보고 있다. 즉 '여가는 사회의 한 계급을 대표하는 것'으로 상류사회계급의 상징으로 규정할 수 있다. 상류사회계층의 여가를 비생산적 소비와 과시적 소비(conspicuous consumption)로 보고 있다. 따라서 노동으로부터 해방되어 여가를 향유한다는 것은 부의 증거이며, 높은 사회계급을 의미하는 것으로 간주하였다. 산업사회에서 경제적 부의 정도에 따라 소비가 좌우된다고 보며, 부를 통한 신분을 과시하기 위한 방편으로 과소비를 하고, 여가에 대한 지출도 많이 한다고 파악한다. 소득수준과 신분에 맞는 여가형태, 지출규모, 여가의 운용방식이 결정된다고 보고 있는 것이다. 소득이 많을수록 소비를 많이 하며, 고급상품, 고가의 여가장비를 선호한다는 것이다. 또한 휴가와 휴일이 증가할수록 여가의 지출을 증가시키게 된다. 따라서 여가의 양적 · 질적 수준은 소득수준과 신분에 따라 다르게 나타난다고 본다.

현대인들도 여전히 사회적 지위를 나타내는 방법으로 여가를 소비한다. 예를 들어 스포츠 용품의 브랜드명은 상품을 소유한 사람의 특정한 사회적 지위를 나타내주는데, 클럽메드(Club Med)에서의 휴가 또한 사회적 지위를 나타내주는 것이다. 여가활동에 필요한 상품이나 서비스는 여가를 소비하는 사람의 이미지나 사회적 신분을 나타내는 명백한 외적인 상징이 된다. 사람들은 의식적으로 여가활동을 통해서 그들의 이미지를 표현하려고 한다.

이는 18세기 미국 초기 자본주의사회의 소수 부유층의 생활을 경제학적인 측면에서 논의한 것으로서, 당시 사회의 한 단면을 설명해 주고 있다. 따라서 오늘날 대중화된 여가시대에 여가의 계급설이 일반적인 이론으로 타당성을 인정받기는 어렵다.

[그림 1-2] 베블렌 & 과시적 여가활동

출처: http://blog.naver.com/ilyeon11/150013932846

5. 포괄적 정의

여가는 복합적인 것으로 어느 한 가지 측면으로는 여가의 본질을 충분히 설명할 수 없다. 즉 여가란 시간적 · 활동적 · 상태적 · 제도적 요소를 가진 통합적인 속성을 갖고 있는 것으로 본다. 포괄적으로 보면 여가는 "개인이 노동 혹은 그 밖의 의무로부터 자유로우며 휴식, 기분전환, 사회적 성취, 개인적 발전을 위한 목적에 활용되는 시간"으로 정의한다. 또한 여가를 "개인이 자신의 자유의지에 의해 탐닉하는 일로서 직업, 가정 및 사회적 의무를 이행한 후에 휴식을 취하거나 즐기거나, 지식증대, 기술향상, 지역사회봉사에의 자발적인 참여 등을 수행하는 활동"으로 본다.

[그림 1-3]에서 쉽게 파악할 수 있듯이 여가는 시간적 · 활동적 · 상태적 · 제도적 요소를 가진 통합적인 속성을 가지고 있다. 여가의 통합적인 개념은 노동, 놀이, 교육 및 기타 사회적 측면에 있어서 인간행위의 모든 측면에 걸쳐 표출될 수 있는 여가의 요소들을 이론적인 관점에서 종합한 것으로 간주한다.

머피(Murphy)는 인간의 모든 행동-일, 놀이, 교육, 그리고 다른 사회적 현상들-에서 여가의 포괄적 개념의 요소를 찾을 수 있다고 했다.

카플란(Kaplan)은 여가의 기본적 속성을 다음과 같이 7가지로 설명하고 있다.

① 원칙적으로 경제적 기능을 하는 일과 반대되는 것
② 즐거움을 가질 수 있다고 기대되거나 즐거운 것으로 회상될 수 있는 것
③ 비자발적으로 사회적 역할을 수행해야 하는 의무성이 최소한인 것
④ 심리적으로 자유를 느낄 수 있는 것
⑤ 문화적 가치에 위배되지 않는 것
⑥ 중요성과 심각성의 정도가 다양한 것
⑦ 반드시는 아니지만 가끔 놀이의 요소를 포함하고 있는 것

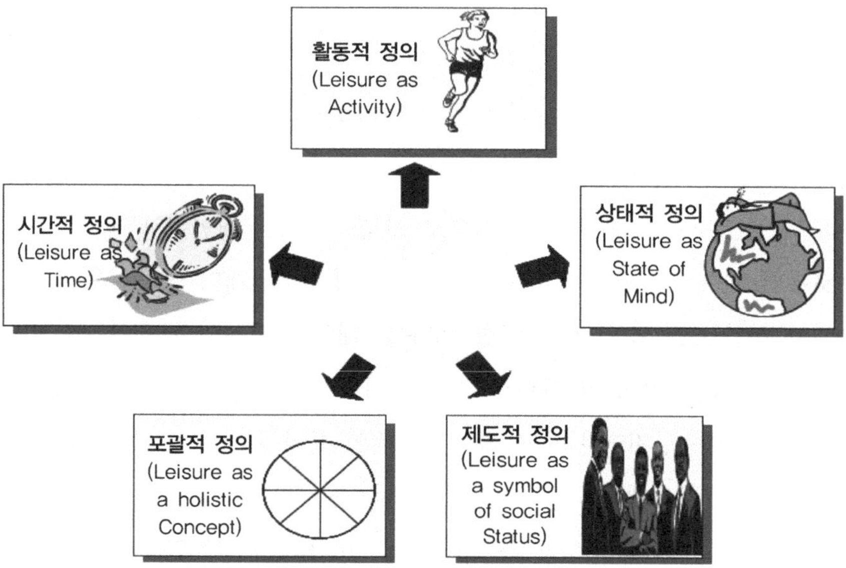

[그림 1-3] 여가의 정의

제3절 여가의 기능

오늘날 여가현상은 노동, 가정생활, 문화 및 사회전반에 걸쳐 여러 가지 형태로 그 영향을 미치고 있으며, 그 기능 또한 다양하다. 여가기능은 개인이 가지고 있는 여가활동에 대한 주관적인 생각으로서 비교적 일관성 있는 여가활동능력으로 여가를 통해 나타나는 여러 가지 효과적인 결과를 의미한다. 이 절에서는 여가의 긍정적 기능과 부정적 기능을 살펴봄으로서 여가현상이 인간활동에 미치는 영향을 살펴보고, 어떤 기능을 중심으로 여가활동을 발전시킬 때 긍정적인 효과를 가져올 것인지 조명해보기로 한다.

1. 여가의 긍정적 기능

1) 신체적 기능

고도 산업화로 인한 노동의 분화로 노동밀도의 증대, 생산공정의 복잡화, 통근거리의 장대화 등은 현대인들에게 정신적 · 신체적 피로와 긴장을 축적시키고 있어 휴식의 필요성을 절실하게 만들고 있다. 그에 따라 대두한 여가문화는 정신적 · 육체적 피로를 풀고 생명력을 순화시켜 재생산을 위한 에너지를 보충하면서 다시 일할 수 있는 힘을 회복시키는 생리적 기능을 가지고 있다. 러스크(Rusk)는 여가를 "미래의 예방약(preventive medicine of the future)"이라고 했는데, 이는 여가가 노동으로 훼손된 인간신체의 평형적 건강유지에 적극적인 효험이 있기 때문에 여러 가지 질병요인을 사전에 예방하는 역할을 담당한다는 것을 의미하는 것이다.

2) 심리적 기능

현대인들에게 변화 없는 생활, 단조로운 작업의 반복, 노동의 기계화 및 자동화에 의한 인간소외현상이나 자기상실 등은 스트레스로 작용하며, 생활 자체를 단순화하고 억제시킨다. 그러나 여가를 활용함으로써 스트레스·고독·정서불안·욕구불만·좌절감 등을 해소하고, 아울러 성취감·욕구충족·쾌락 및 심적 안정을 획득할 수 있다.

여가의 심리적 기능은 아주 다양하며, 여러 가지로 분류되어 있는 수많은 여가기능과도 관련되어 있다. 틴슬레이(Tinsley), 위트(Witt)와 비숍(Bishop) 등이 연구한 심리적 여가기능에 대한 연구결과는 〈표 1-1〉과 같다.

〈표 1-1〉 여가의 심리적 기능

연구자	내용
틴슬레이 (Tinsley)	성취의식, 지적 심미성, 인간관계 개선, 고독, 자율성, 봉사, 보상, 자기표현, 자기실현, 심리적 안정
하빙거스트 (Havinghust)	시간 소일, 쾌락, 성취감, 창조성, 친구 접촉, 노동 이탈, 사회봉사
굿맨 (Goodman)	성취, 자기표현, 변화, 쾌락, 휴식
피스 (Piece)	시간 소일, 휴식, 성취, 친밀성, 권력 추구, 지적 향상
로스맨 (Rossman)	위험 추구, 신체 교정, 성취감, 사교성, 환경변화, 자율성, 가족이탈
위트와 비숍 (Witt & Bishop)	순화, 휴식, 보상, 과업 보충
로취 (Loesch)	행복, 창조적 표현, 자기계발, 자아충실, 자아개념, 인지, 욕구충족, 자율성, 모험심 고양
에딩튼 (Edigntin)	개인적 발전, 사회적 연대, 심리적 치료, 신체적 안녕, 자극 추구, 자유와 독립, 향후 개발

3) 자아실현의 기능

현대인들은 경제수준의 향상에 따라 자유시간이 증대되었고, 소득수준의 향상, 교통통신의 발달과 고속화로 인해 행동반경이 확대되었으며, 기계문명의 발달, 도시의 과밀화로 자연과 인간성의 회복추구 등을 본능적으로 요구받게 되었다. 따라서 인간의 정신적 가치를 중시하기에 이르렀고 전보다 새로운 것을 찾고 만들어가며, 자신에게 잠재되어 있는 어떤 가능성을 발휘하고 계발하여 나가는데 많은 시간을 소비하고 있다.

또한 노동은 점차 인간의 내면적 세계에서 소외되었고, 분화되고 복잡한 현대사회에서 더 이상 자기실현을 위한 주된 역할을 하지 못하고 있기 때문에 여가의 기능이 보다 중요시되고 있다. 게다가 노동과 여가의 시간적 · 관념적 분리가 확대되어가는 현실로 인해 여가가 인간의 자기실현을 위한 역할의 상당부분을 떠맡게 된 것이 여가의 현재형이다.

여가는 상실된 인간성을 회복하고 자신의 인격형성 및 표현의 기능을 가지고 있다. 즉 여가는 직업과 관계없이 자신이 소질 있는 분야에 집중하여 취미 · 특기를 살릴 수 있으며, 급속한 사회변화에 의해 뒤떨어지기 쉬운 지적 능력을 보완하고, 폭넓고 자유로운 사회활동에 자발적으로 참여함으로써 자신의 발전과 사회발전에 이바지할 수 있는 자아실현의 기능을 수행하고 있다.

4) 사회적 기능

여가는 사회관계 속에서 각자의 위치를 자각하게 하고, 사회적 역할을 배우게 하며, 인간관계의 조화적 태도와 기술을 익히게 하는 사회적 기능을 갖는다. 또한 여가활동에 전 사회구성원이 참여함으로써 보이지 않는 벽을 헐어 버릴 수 있게 된다. 한편, 여가활동에는 상대(partner)가 존재하는 경우가 상당하다. 이때 상대에게 반응하여 서로 영향을 끼치고 자극을 주게 되는데, 여가활동을 통해서 상호간의 권리와 즐거움에 대한 이해를 향상시킬 수 있으며, 사회생활 속에서 자신의 위치를 정립하여 역할을 자각하게 해 준다.

여가는 인간의 사회적 적응이라는 측면에서 긍정적인 기능을 가지고 있다. 즉 인간은 여가를 통해 보다 폭넓은 사회적 접촉으로 가족 또는 사회구성원으로서 자신의 역할을 인식하고, 상대방의 존재를 인정하며, 단체정신을 함양하는 등 공동체 일원으로서의 자각을 경험할 수 있게 된다.

머피(Murphy)는 여가가 사회적 역할수행을 습득시키고, 사회 또는 집단의 목적수행을 도우며, 사회적 결속을 유지시키는 기능을 발휘한다고 주장했다. 파커(Stanley Parker)는 여가가 사회에 대해 갖는 기능으로 다음의 3가지를 들고 있는데, 첫째, 구성원에게 사회에 대한 책임을 다하도록 가르치며, 둘째, 사회적 목표에 각자가 동참하도록 유도하고, 셋째, 사회적인 결속을 강하게 한다.

5) 교육적 기능

사람들은 여가활동을 통하여 규율을 존중하는 정신과 기회의 균등, 타인에 대한 인식 등 민주주의의 기본정신을 배우게 된다. 이는 여가가 그 본질을 자유에 두고 있고, 각 개인에게 순수한 만족과 창조적 표현 및 자기능력의 계발을 위한 기회를 제공하는 적극적인 인간활동이기 때문이다.

여가를 통해 지적 능력을 향상시킬 수 있다면 이는 교육목표와 상통한다. 또한 가장 훌륭한 교육의 형태는 여가 및 레크리에이션 성격을 갖는다고 가정해 볼 때, 여가는 교육적 기능을 가지고 있다. 여가는 새로운 사회의 구성원에게 그들이 공동체의 일원으로 살아갈 수 있도록 교육하고, 타인과의 사회적 관계 속에서 자아를 찾아 남과 더불어 살아갈 수 있도록 가르치는 기능을 한다.

6) 문화적 기능

현대사회에서의 여가가 개인이 시간적 · 정신적으로 자유로운 상태에서 재창조와 자아발견을 위한 것이라고 전제할 때, 여가시간에 이루어지는 음악 · 미술 · 연극 · 영화 등의 예술활동은 문화를 건전하게 발전시키는 수단이 된다. 이로써 여가는 문화 창조의 토양이 되며, 여가활동 그 자체가 하나의 문화를 형성하여 이를 향상 · 발전시켜 나가기도 한다.

호이징가(Huizinga)가 인간의 문화는 놀이 속에서 놀이로서 발생하고 전개되어 왔다고 밝히고 있듯이, 여가는 인간의 문화에 있어서 핵심적 요소일 뿐만 아니라, '여가문화'라는 용어에서처럼 그 자체로서 하나의 문화를 형성할 수 있다. 즉 여가는 인간의 삶 속에서 문화를 창조하고, 전승하며, 발전시키는 기본 토양이 된다.

7) 경제적 기능

여가를 경제적 관념으로 보면 생산성과 소비성을 향상시키는 기능을 한다. 여가는 생산적인 경제력을 얻기 위한 재충전의 장(場)으로서 간주된다.

생산성을 향상시키는 기능으로서, 여가는 정신적 · 육체적인 건강을 향상시켜 준다. 이에 대하여 두 가지 적절한 설명이 있다. 실용주의 관점으로 볼 때 여가는 건설적인 것이라고 할 수 있다. 레크리에이션은 생산성을 감소시키기보다는 오히려 보충해 주는 것이다.

또한 여가는 소비를 향상시키는 기능을 한다. 미국에서는 여가소비의 90% 이상이 여가시장에서 발생한다. 여행, 스포츠, 대중매체와 유행, 문화뿐만 아니라 모든 종류의 장비, 의복, 장소 및 다른 기능들의 대부분이 여가시장 부문에서 제공되어진다. 레크리에이션은 경제발전에 있어서 매우 큰 부분을 차지하는 사업이다.

8) 기분전환 기능

여가는 한정된 시간이나 공간의 범위 내에서 행해지는 인간의 창조적인 활동으로서, 일상적 · 직업적으로 받게 되는 스트레스나 긴장으로부터 긴장완화(relax)하거나 원기회복(refresh)함으로써 삶의 정상적인 리듬을 유지하는 기능을 가지고 있다. 여가활동은 현대인에게 세련된 의식과 태도를 나타내게 해주며, 새로운 활력의 충전과 새로운 경험의 축적, 그리고 충만한 인생의 기쁨과 행복을 기대하게 해준다.

여가는 인간을 일상생활의 반복에서 오는 권태로부터 빠져 나올 수 있도록 하는 감정적 기능을 갖는다. 인간이 일상에서 오는 권태로부터 적절하게 벗어나지 못할 경우 그는 일종의 자기상실의 상태에 빠져 일상으로부터 탈출을 시도하게 되고, 그 결과는 대부분 법률적 또는 도덕적 사회규범을 깨는 결과로 나타난다. 따라서 이런 탈출의 욕구를 좀더 사회적인 공감대가 형성될 수 있는 방향으로 유도하려는 노력이 필요하다. 즉 인간은 오락이나 취미활동 · 종교생활 · 자아실현 등의 다양하고 건전한 여가활동을 통하여 일상의 권태에서 벗어나 새로운 기분을 획득할 수 있다.

〈표 1-2〉 코헨(Cohen)의 여가기능

구분	단기적 효과	장기적 효과
개인적 차원	• 신체적, 정신적 건강 증진 • 스트레스 해소 • 노동의 재창조	• 자아실현 • 몰입 경험 • 개인적 발전
사회 · 문화적 차원	• 일탈 방지 • 사회집단의 응집력 강화 • 사회적 통합 유지	• 사회변화 • 문화적 창조성

코헨(Cohen)은 2개의 기준을 가지고 여가의 기능을 설명하였는데, 하나의 기준은 여가의 기능이 단기적인 문제 해결 혹은 장기적인 삶의 질에 영향을 주는지 여부이다. 그리고 또 다른 하나의 기준은 개인적 수준인지, 아니면 사회적 수준인지에 의해서 구별하였다.

2. 여가의 부정적 기능

1) 획일화 기능

여가는 개별적 활동이 이루어지는 시간에 일어나는 활동이지만 대중성 · 동질성 · 획일성 등이 작용하여 인간의 주체적 사고나 판단이 소외당하는 경향을 띠기도 한다. 또한 다수가 즐기는 획일적 여가활동을 값지고 보람 있는 것으로 여겨 궁극적으로는 각자의 인간성 상실을 초래하고, 사회관계 속에서 이루어지지 않으면 가치가 없는 것으로 판단할 수 있는 부정적인 면을 지니고 있다.

이러한 여가생활의 획일성은 매스미디어(mass media)의 영향과 여가의 상업화(commercialization of leisure)로 인한 결과라고 할 수 있다. 자본주의 사회에서는 특정기업의 이윤추구를 위하여 각종 매스미디어를 통해 특정여가가 강요되면서 대중들이 획일적인 여가를 선택하고 있으며, 획일적인 정보와 지식들이 대중들에게 전달되면서, 대중들은 사회적인 유대에 집중하여 자아를 상실하고 점차 동질화·획일화 되어가고 있다.

2) 모방적 기능

여가는 대중적 획일화가 그런 것처럼 유행심리에 따른 모방성이 크게 작용하므로 맹목적인 행동이 앞서게 되며, 이러한 경향이 사회풍조를 이루게 되면 결국 대중문화의 중독현상으로 나타날 수 있다.

이와 같이 현대사회에 있어서 여가생활은 반드시 자기 자신이 지향하는 방향으로 영위되기보다는 주변의 여건과 사회환경에 의하여 많이 모방되고 있다.

3) 위장화 기능

대중여가는 개인의 과시욕구를 충족시켜주는 대상이 될 수 있으며, 자신을 현재보다 높은 지위에 있다고 나타내 보이기 위해서 분수에 맞지 않은 사치와 낭비를 가져오게 하고, 소비성향을 자극할 우려가 있다. 특히, 현대인의 여가생활에서 문제가 되는 것은 여가를 자기실현의 수단으로 행하기보다는 타인에게 보여주기 위한 수단으로 행하는 경우이다. 또한 조직 속의 인간소외에서 벗어나기 위해서 과도하게 오락에 의존하는 생활을 영위하는 오락 마비증에 빠지는 경우도 있다.

4) 무감각화 기능

나쁘게 조직된 대중오락이나 여가의 그릇된 이용은 개인이나 사회의 의식을 불건전하게 하고 건전한 삶의 의욕을 상실시키는 결과를 가져오게 한다. 여기서 여가의 맹목적 추구는 정치 · 사회문제 등에 대한 무감각화 현상을 조장하고, 국민의 건전여가 발전을 저해할 수도 있다.

여가시간이 잘못 활용되는 것도 문제이지만, 여가시간을 창조적 · 능동적으로 이용하지 못할 때 나타나는 나태함과 무력감도 개인적 · 사회적으로 큰 문제가 된다. 따라서 늘어난 시간적 공백을 얼마나 능동적이고 건전하게 메우느냐 하는 것도 미래에 심각한 사회문제가 될 수 있다.

5) 향락화 기능

여가가 건전하게 행사되지 못하고 향락적 · 순간적 · 쾌락적인 방향으로 흐를 경우 인간은 그 속에서 가치관을 찾지 못하고 혼돈에 빠지게 된다.

또한, 여가의 잘못된 인식 및 활용은 사회를 병들게 하여 국가적 위기를 초래할 수도 있다. 특히 여가의 향락적 · 쾌락적 추구 지향은 매춘 · 마약 · 청소년 범죄의 원인이 되며, 향락 지향적 여가산업은 청소년교육 및 국민의 가치관 형성에 역기능을 가져올 수 있다.

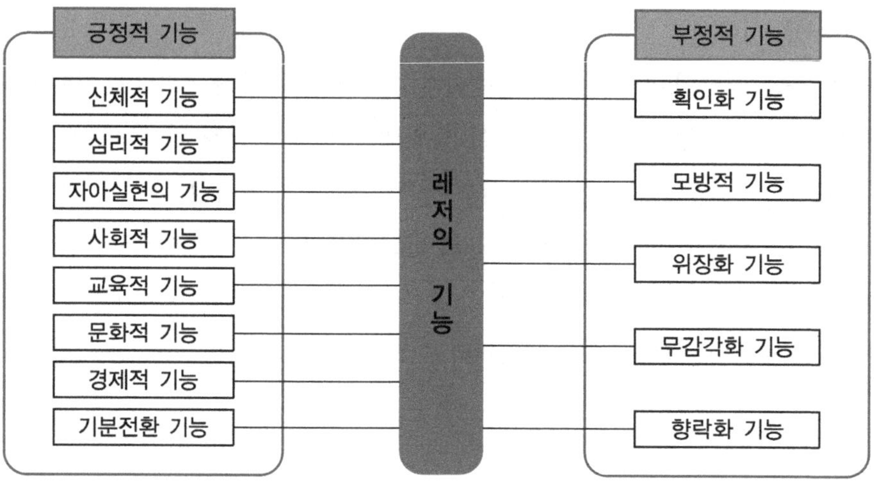

[그림 1-4] 여가의 기능

제4절 여가의 특성

1. 해방감

여가는 일상생활의 의무나 구속, 권태감, 단조로움 등으로부터의 해방이라는 속성을 가지고 있으며, 기본적으로 형식적인 의무에서 자유로워야 하는 특성을 가지고 있다. 여가는 무엇을 해야만 한다(have to)는 당위성과는 구분되는데, 생리적·신체적 유지나 타율적인 제약에서 벗어난 시간 및 활동적인 개념을 의미한다. 여가시간은 우리가 무엇을 하든, 누구와 함께 하는지 등 어떤 책임이나 의무 없이 자유로운 활동을 할 수 있는 시간이다.

2. 자유선택성

여가활동은 자발적이고 자유로운 분위기에서 원하는 활동에 참여함으로써 만족을 얻는 것이다. 타인의 지시라든지 간섭에 의해 강압적으로 참여하는 것이 아니다. 여가는 자신의 의지로 자유시간에 이루어지는 것이기 때문에 자유재량적 속성을 가지고 있다. 하지만 모든 여가가 다 자발적으로 이루어지는 것은 아니다.

여가활동을 하면서도 사회적 제약을 받는다거나 대인관계의 의무, 집단적인 규율을 지켜야 하는 경우도 있는데, 이러한 경우에는 완전하게 자발적인 여가라고 할 수 없다. 여가활동을 자신의 흥미나 요구에 의해 자발적으로 하지 않고, 타인으로부터 강요되어 참여한 경우는 준여가(semi-leisure)라고 할 수 있다. 준여가란 여가행위 속에 비여가적인 요소가 내포된 경우를 말하는데, 의무성, 목적성, 상업성 등이 포함된 경우이다.

3. 자기표현성

여가의 자기표현적 특성이란 여가시간 동안에 아무런 제약 없이 자아를 표현함으로써 만족을 얻는 것을 말하는 것으로, 신체적 · 정신적 · 정서적인 자기표현을 뜻한다. 사람들은 여가를 통해 자신의 개성을 표현하게 되는데, 자기표현은 인간의 가능성을 발휘할 수 있게 해주므로 여가활동을 통해 개성을 발휘할 수 있다.

4. 가치창조성

여가의 행동적 표현은 어떤 성과와 목적을 기대한 것이 아니라 어떤 활동도 할 수 있는 개방성을 가진 창조적 활동이다. 즉 여가는 순수한 즐거움을 얻기 위해 영위되는 가치창조적 활동이다. 가치창조적이라는 것은 여가활동에 참여함으로써 삶의 보람과 의의를 느끼고, 삶의 질이 향상되며, 밝고 명랑한 정신적인 만족감을 얻는 것을 말한다.

5. 노동관련성

노동과 관련해서 여가의 특성을 일과 상호의존적인 관계에 있다고 할 수 있으며, 엄밀한 의미에서 여가는 노동시간을 제외한 자유시간에 제한된다. 예전에 노동과 여가는 따로 분리할 수 없는 서로 공존하는 개념이었지만, 현대사회에서는 점차 노동과 여가가 뚜렷하게 구분되어 있다. 산업사회에서는 여가보다는 노동에 큰 비중을 두었었지만, 점차 후기 산업사회로 이행되면서 노동보다는 여가에 큰 비중을 두게 되면서 여가에 대한 욕구나 중요성이 증가하고 있다.

윌렌스키(Wilensky)는 노동과 여가의 관계를 잉여(spillover)와 보상(compensatory)의 두 가지 관점으로 제시하였는데, 잉여는 노동의 잉여분이 흘러넘쳐 여가가 된 것을 말하며, 보상은 노동에서의 불만족을 여가를 통해 보상받고자 하는 것을 말한다. 또한 파커(Parker)는 여가와 노동의 관계를 2가지 관점에서 파악하였는데, 첫 번째는 노동중심의 관계(priority of work)로 노동이 인간생활의 중심이자 최상의 가치를 가지고 있는 것으로 여가는 노동을 보조하는 수단으로서 노동을 위해 존재하는 경우를 말한다. 두 번째는 노동과 여가가 균형을 이룬 관계(equality of work and leisure)로 노동과 여가를 상호보완적인 관계로 보며, 인간의 삶에 있어서 둘 다 필요한 것으로 본다. 즉 노동과 여가를 둘 다 추구할 때 만족한 삶을 살 수 있다고 강조하는 것이다.

Key Words

- 라이세레(licere)
- 스콜레(schole)
- 오티엄(otium)

과제 조사

1. 일상생활에서 여가의 의미는 무엇인가?
2. 고대 그리스의 여가개념에 대해서 설명하시오.
3. 듀마즈디에가 말한 여가와 대립되는 활동에는 어떤 것들이 있는가?
4. 여가에 대한 다양한 측면의 정의에서 나타난 특징, 장점과 단점은 무엇인가?

사례 여가헌장(Charter for Leisure) - 세계레저협회(World Leisure)

- 제1조 : 여가활동은 인간의 기본적인 권리이다. 모든 정부는 이러한 국민의 권리를 보호하고 인정해야 한다.
- 제2조 : 삶의 질을 위한 여가의 조항들은 건강이나 교육의 조항만큼이나 중요하다. 정부는 국민에게 다양한 여가나 레크리에이션을 위한 높은 질의 기회를 제공해야 한다.
- 제3조 : 개인은 최고의 여가와 레크리에이션 자산이다. 따라서 정부는 여가경험을 최적화하는데 필요한 기술과 이해를 얻기 위한 수단을 제공해야 한다.
- 제4조 : 개인은 여가기회를 국제적인 이해와 협동 그리고 삶의 질 향상을 위해 사용하는 것처럼 자기만족, 개인의 관계발전, 사회융합 증진, 지역과 예술정체성 발전을 위해 사용할 수 있다.
- 제5조 : 정부는 국가의 물리적, 사회적 그리고 문화적 환경을 최상의 상태로 유지하여 미래에도 여가경험을 누릴 수 있도록 보장해야 한다.
- 제6조 : 정부는 개개인의 기술획득을 돕고, 개인의 재능을 발견 · 발전시키기 위해, 그리고 여가와 레크리에이션 기회의 범위를 넓히기 위해 전문적인 교육을 보장해야 한다.
- 제7조 : 국민은 지식확장과 지방 및 국가의 정책결정을 분별할 수 있는 모든 형태의 여가정보에 접근해야 한다.
- 제8조 : 교육기관은 여가의 특성과 중요성, 개인의 삶 안에서 이 지식을 융화시키는 방법을 가르치는 데 많은 노력을 해야 한다.

참고문헌

차석빈 외(1996), 「여가론」, 대왕사.

손해식 외(2004), 「현대여가사회의 이해」, 백산출판사.

한이석(2001), 「여가사회학」, 형설출판사.

김광득(2000), 「여가와 현대사회」, 백산출판사.

스탠리 파커 저, 이연택 역(2000), 「현대사회와 여가」, 서울: 일신사.

노용구(2001), 「여가학」, 대경북스.

베블렌 저, 정수용 역(1978), 「유한계급론」, 광민사.

최성재 · 장인협(2004),「노인복지학」, 서울대 출판부.

곽한병(2005), 「여가문화론」, 대왕사.

엄서호 · 서천범(1999), 「레저산업론」, 학현사.

호이징아 저, 김윤수 역(1993), 「호모루덴스」, 까치.

카이요와 저, 이상률 역(1994),「놀이와 인간」, 문예출판사.

김오중(2004), 「여가 · 레크리에이션 총론」, 대경북스.

한국관광공사(1985), 「국민여가생활의 실태분석과 대책」.

동아대학교 관광 · 레저연구소(1996), "부산시민의 여가유형별 행동특성에 관한 연구".

신현주 · 박시범(1999), "라이프스타일과 레저활동유형간의 상관성 연구", 관광학연구 17.

표영희(1996), "기혼여성의 가족생활주기와 여가활동과 여가제약과의 관계", 이화여대 박사학위논문.

Christopher R. Edginton(1995), 「Leisure and Life Satisfaction」, Brown & Benchmark.

John R. Kelly(1982), 「Leisure」, Prentice-Hall, Inc, Englewood Cliffs.

Thomas L. Goodale, Peter A. Witt(1991),「Recreation and Leisure」, Venture Publishing, Inc.

Gene Bammel and Lei Lane Burrus-Bammel(1982), 「Leisure and Human Behavior」, Wm. C. Brown Company.

Seppo E. Iso-Ahola, Edger Jackson and Elaine Dunn(1994), "Starting Ceasing, and Replacing Leisure Activities Over the Life-Span", Journal of Leisure Research, Vol. 26.

P. Clough, J. Shephered and R. Maughan(1991), "Motives for participation in Recreational running", Journal of Leisure Research, Vol, 21. 4.

제2장 여가와 유사개념

여가는 다의적 특성과 다양한 활동유형을 포함하고 있다. 따라서 여가와 인접유사개념인 레크리에이션(recreation), 놀이(play), 관광(tourism), 스포츠(sports)와의 상관관계의 규명은 매우 중요하다고 말할 수 있다. 특히 본 장에서 제시한 스포츠의 경우는 단순히 체력향상과 건강유지 등 운동측면의 관점이 아니라 레저스포츠측면에서 여가와의 상관관계를 살펴보고자 하였다.

제1절 여가와 레크리에이션

1. 레크리에이션의 개념

레크리에이션은 여가와 유사하게 정의될 수 있다. 많은 레크리에이션 학자들은 레크리에이션을 가능하면 포괄적으로 정의하는 경향이 있다. 따라서 레크리에이션을 참여자에게 이득이 되는 일에서 벗어난 모든 활동(nonwork)이라고 정의한다. 반면에 어떤 학자들은 레크리에이션을 변별적인 특징을 가진 일종의 여가활동이라고 정의하기도 한다.

레크리에이션은 라틴어 레크레티오(recreatio)에서 유래된 말로서, 어떤 것으로부터의 회복이나 재생을 의미한다. 또한 레크레티오(recreatio)의 어원인 re-creo는

'새로워지는', '원기를 회복하는', '재생하는' 등의 의미를 가지고 있다. 즉 에너지의 재생, 기능의 회복을 의미하는 것으로, 마음, 정신상태, 신체 등의 전반적인 회복의 의미를 혼합되어 있다.

레크리에이션은 '새롭게 하다'라는 의미의 라틴어 레크레티오(recretio)와 '회복하다'라는 의미의 '레크레어(recreare)'에서 파생된 단어이다. 따라서 대부분 사전적 정의에는 재생과 회복의 의미가 포함되어 있다.

크라우스(Kraus)는 레크리에이션에 대한 정의에는 다음과 같은 요소들이 포함되었다고 했다.

① 레크리에이션은 완전한 나태, 휴식과는 대조되는 활동으로 간주된다.
② 레크리에이션은 다양한 종류의 활동들이 포함된다. 활동에는 짧은 기간 동안 행해지는 활동과 인생 전반에 걸쳐 행해지는 활동도 포함된다.
③ 레크리에이션은 자발적인 것이며, 외부의 압력이나 강제적 · 의무적으로 발생하는 것이 아니다.
④ 레크리에이션은 사회적으로 실행되는 유익한 활동으로서 사회의 발전에 공헌한다.
⑤ 레크리에이션은 자유시간에 이루어지는 활동이다.

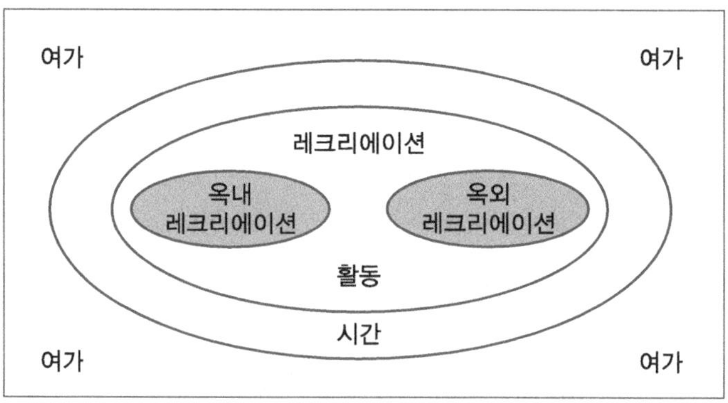

[그림 2-1] 레크리에이션의 개념

크라우스(Kraus)는 "레크리에이션 활동은 개인의 일생에 걸쳐 광범위하게 지속적으로 발생할 수 있으며, 자발적으로 행해지는 활동"이라고 정의한다. 또한 레크리에이션 활동에는 사회화된 행동, 경쟁적 행동, 탐색적 행동, 대리적 경험, 감각적 자극, 신체적 표현 등을 포함한다고 했다. 또한 레크리에이션과 관련된 다양한 정의에는 활동, 사회적 수용성, 참여에 대한 자발적인 선택, 참여에 대한 내재적 동기, 태도, 바람직한 결과의 요소들을 포함하고 있다고 했다.

페어칠드(Fairchild)는 "레크리에이션은 개인이나 집단에 의해서 여가 중에 영위되는 활동으로, 직접적 또는 간접적 이익에 의해 강요되는 것이 아니라 활동 자체에 의해서 직접적으로 동기가 주어진 자유롭고 즐거운 활동"이라고 정의하였다.

그라지아(Grazia)는 레크리에이션을 "인간이 노동으로부터 휴식을 취하게 하고, 기분전환 및 노동을 대비한 재생산을 위한 활동"으로 정의하고 있는데, 레크리에이션은 재생 및 사회적 편익을 증진하고자 하는 자발적 활동으로서 다음과 같은 특징을 가지고 있다.

첫째, 레크리에이션은 육체 · 정신 및 감정의 활동을 포함하기 때문에 휴식과 구별된다.

둘째, 레크리에이션의 동기는 개인적 향락과 만족의 추구이므로 노동의 동기와는 구별된다.

셋째, 레크리에이션은 선택의 범위가 무한하기 때문에 다양한 형태로 나타난다.

넷째, 레크리에이션은 여가시간에 행해지는 활동이다.

다섯째, 레크리에이션은 자발적 의사에 의해 참여된다.

여섯째, 레크리에이션은 시간, 공간, 인원 등의 제한이 없고 실행과 탐구라는 보편성을 지닌다.

일곱째, 레크리에이션은 진지하며 목적을 가지고 행해진다.

이상 여러 학자들의 레크리에이션에 대한 정의를 정리해 보면, 레크리에이션은 "여가시간에 행해지는 자발적 활동으로서, 스스로 선택하고 자유롭게 참가하여 만족과 즐거움을 느낄 수 있는 활동으로, 사회·문화적으로 수용될 수 있는 건설적이고 창조적인 여가활동"이라고 할 수 있다.

〈표 2-1〉 레크리에이션의 정의

연구자	정의
그라지아 (Grazia)	인간이 노동으로부터 휴식을 취하게 하고, 기분전환 및 노동을 대비한 재생산을 위한 활동
페어칠드 (Fairchild)	개인이나 집단에 의해서 여가 중에 영위되는 활동으로, 직접적 또는 간접적 이익에 의해 강요되는 것이 아니라 활동 자체에 의해서 직접적으로 동기가 주어진 자유롭고 즐거운 활동
듀메이어스 (Deumeyers)	개인적 혹은 단체적인 여가 중의 활동으로 활동 그 자체에 목적을 갖는 자유롭고 즐거운 것
메이어 (Meyer)	여가시간에 행해지는 활동이며, 그 활동 자체로부터 연유되는 만족이 주 동기임
버틀러 (Butler)	인간이 직접적으로 느낄 수 있는 기쁨과 만족으로 인하여 개인이 자유로이 행하는 모든 경험 및 활동의 형식
볼 (Ball)	여가시간에 있어서 각자가 선택한 활동에 자발적 참가함으로써 만족을 나타내는 여러 가지 경험을 포함하는 활동
부쳐 (Bucher)	일 이외의 여가시간에 사람이 참가하는 활동과 관련된 것이며, 자기의 내적 활동욕구에 의하여 자발적으로 행하며 임의로 선택한 활동
칼슨 (Carlson)	각 개인이 자발적으로 행하여 그 행위로부터 직접 만족감을 얻어 즐길 수 있는 모든 여가의 경험
켈리 (Kelly)	활동과 경험의 직접적 결과로서 발생하며, 시간·공간적 의미보다는 감정적 상태
크라우스 (Kraus)	레크리에이션 활동은 개인의 일생에 걸쳐 광범위하게 지속적으로 발생할 수 있으며, 자발적으로 행해지는 활동
김오중	각자가 선택한 활동에 스스로 참여하여 만족을 느낄 수 있으며, 동시에 문화적·사회적으로 받아들일 수 있는 건설적이고 창조적인 여가활동

2. 여가와 레크리에이션과의 관계

여가와 레크리에이션을 정의할 때, 여가를 시간의 개념으로 보고 레크리에이션을 활동개념으로 구분·규정하려고 하나, 여가는 레크리에이션보다 시간·공간·활동적 차원에서 보다 광의의 개념이다. 또한 레크리에이션은 일반적으로 보다 조직화된 활동을 의미하는 것으로, 사회적으로 조직화된 활동이다.

레크리에이션은 자유시간에 행하는 자발적인 활동이라는 점에서 여가와 유사하지만, 레크리에이션은 인간을 재생시키고 활력을 회복시키며 노동에서 휴식을 취하고 노동을 준비하게 하는 활동으로서 여가보다는 노동과 많은 관련이 있다.

레크리에이션 프로그램과 서비스는 사회제도의 하나로 실행되었다. 산업혁명 시기에 각 개개인들은 노동시간과 여가시간을 가졌다. 여가시간을 제대로 활용하지 못하는 것은 하나의 사회적인 문제가 되었다. 건전하고 유익한 레크리에이션 활동은 이러한 사회적 문제를 해결하는 하나의 수단이 되었다. 이러한 의미에서, 레크리에이션은 특정계급(노동자 계급)을 통제하고, 생산성을 유지시키고, 그들로 하여금 노동력을 재생산하는 기회를 마련하기 위해서 실행되었다.

또한 레크리에이션 도입과정을 보면 알 수 있듯이 개인이나 사회에 유익한 여가활동이라는 가치론적 측면에서 여가와는 차이가 있다. 즉 레크리에이션은 가족, 직장, 공동체와 같은 사회시스템의 결속을 강화하기 위한 하나의 사회적 목표를 동반한 활동이라고 할 수 있다.

레크리에이션과 여가의 차이점을 살펴보면, 여가는 포괄적이고 덜 조직적이며 개인적인 동시에 내적 만족을 추구하는 반면에, 레크리에이션은 범위상 한정적이며 조직적인 동시에 사회적 편익을 강조하고 있다. 또한 여가가 시간의 개념이나 마음의 상태를 말하는데 비하여, 레크리에이션은 공간에서의 활동을 가리킨다. 나아가 여가가 쾌락과 자기표현을 위한 것이라면, 레크리에이션은 활동과 경험의 직접적인 결과로서 발생한다.

결국 레크리에이션은 '여가에 참여할 수 있는 활동', '노동과 관련되는 개념(심신의 회복)', '생산적 목적지향의 여가활동', '일상생활권 내에서의 반복성을 갖는 여가활동' 등으로 인식되며, 이를 종합하면 "노동과 관련되며 생산적인 목적을 지닌 일상생활권에서의 여가활동"으로 정의할 수 있다.

〈표 2-2〉 여가와 레크리에이션의 차이점

여가	← →	레크리에이션
포괄적 활동범주	← →	한정적 활동범주
비조직적	← →	조직적
개인적 목적 우세	← →	사회적 목적 우세
자유시간	← →	자유시간 내의 활동
자유·내적 만족 강조	← →	재생·사회편익 강조

제2절 여가와 놀이

1. 놀이의 개념

놀이(play)는 '갈중'을 의미하는 라틴어 플라가(plaga)와 독일어 스피엘(Spiel)에서 유래된 말로 인간의 본능적이며 무조건적인 요구를 반영하는 행동을 말한다. 그리스어에서는 놀이라는 말과 어린이라는 말의 어원이 같으며, 놀이를 뜻하는 파이디아(Paidia)라는 말의 억양을 바꾸면 어린애 같은(childlike)이라는 뜻이 된다. 이는 놀이가 진지한 것이기보다는 진지하지 않은 행동을 뜻하며, 이성적이거나 의무적인 행동이기보다는 본성적이거나 자발적인 행동임을 뜻한다. 영어의 놀이(play)라는 말 속에도 가상적이거나 모의적인 것이라는 의미를 내포하고 있는데, 이는 놀이란 일상적인 생활과는 다르다는 의식을 동반한 행동을 뜻하는 것이다.

놀이는 레크리에이션과 마찬가지로 자유와 만족을 강조하는 개념으로 자유롭고 자발적이며 비예측적인 성격을 지닌다. 놀이는 활동 자체에서 만족감을 찾는 것이어야 하며, 결과나 목적을 지향하기보다는 활동의 과정이나 활동 그 자체가 주는 쾌락이 중시된다.

로제 카이와(Roger Caillois)는 놀이의 유형을 문화적인 차원에서 다음과 같이 아곤(argon), 알레아(alea), 미미크라이(mimicry), 일링크스(ilinx)의 4가지로 분류했다.

[그림 2-2] 로제 카이와 (Roger Caillois)

출처: www.yahoo.com

아곤(agon)은 그리스어로 '경쟁 또는 관계'라는 의미로 이는 평등한 관계에서 외부의 간섭 없이 기술, 힘, 속도, 기억력 등의 재능으로 상대방과 즐기는 놀이이다. 아곤의 범주에 포함되는 놀이로는 육상경기, 레슬링, 복싱, 당구, 배구, 펜싱, 당구, 축구, 체스 등이 속한다.

알레아(alea)는 '주사위 놀이'라는 의미로 운수를 뜻한다. 이는 아곤과는 반대로 놀이하는 자가 전혀 영향력을 행사할 수 없는 결정에 기초하는 놀이들을 지칭한다. 또한 승패가 놀이하는 사람의 능력이 아닌 운명에 달려 있기 때문에 놀이하는 자는 수동적이며, 자신의 자질, 능력, 기량 등을 발휘하지 못한다. 놀이의 결과는 제의적 상황에서 신의 뜻으로 받은 것으로 여겨지며, 복권 뽑기, 카지노, 로울렛, 노래 부르기 등이 이 범주에 속한다.

미미크라이(mimicry)는 라틴어로 '게임의 시작', 영어로는 '환상'이라는 뜻이다. 모든 놀이를 환상이라고는 말할 수 없지만 최소한 약속에 의해 결정되고, 허구적인 세계를 일시적으로 받아들이는 것을 전제로 한다. 놀이는 자신이 가공의 인물이 되어 그것에 어울리게 행동하는 것인데, 즉 자신을 자기가 아닌 다른 존재라고 믿거나, 자기나 타인에게 믿게 하면서 논다. 어린이들의 어른 흉내 내기, 카니발, 술래잡기, 가면놀이, 연극 등이 이에 속한다.

일링크스(ilinx)는 현기증을 추구하는 놀이로 일시적으로 지각의 안정을 파괴하고 일종의 기분 좋은 패닉(panique: 공포)상태를 일으키려는 시도로 이루어진다. 현실을 어리둥절하게 만드는 일종의 경련, 흥분, 크게 놀람(얼떨떨함)으로 들어가는 것을 말한다. 팽이놀이, 회전목마, 롤러코스터, 그네타기, 스키, 스포츠카, 오토바이 등이 일링크스에 속한다.

〈표 2-3〉 여가의 제도적 및 문화적 유형

구분	사회질서의 범주 내에서 발견되는 문화형태	사회생활로 통합되는 제도적 형태	타락형태
agon(아곤)	스포츠	경쟁시합, 경제적 환경	폭력, 트릭
alea(알레아)	복권 뽑기, 카지노 등	증권시장에서의 관전	미신, 점성술
mimicry (미미크라이)	카니발, 연극, 영웅숭배 등	획일성, 의례적 범절	소외, 성격파행
ilinx(일림스)	등반, 스키, 곡예 줄타기 등	고도의 위험성	술 및 의약중독

Agon(아곤) Alea(알레아) Mimicry(미미크라이) Ilinx(일링크스)

[그림 2-3] 로제 카이와(Roger Caillois)의 놀이유형

호이징가(Huizinga)는 놀이를 '자유활동'이라고 정의하였으며, 문화보다 오래된 것이라고 했다. 또한 "놀이란 인간에게 있어서 가장 높은 가치를 가지는 활동이고, 인간의 문화는 놀이 중에서 발전했다"고 주장하였다. 호이징가는 인간을 놀이하는 존재인 '호모 루덴스(homo ludens)'라고 규정지었다. 호이징가는 놀이의 특성을 자유성, 실생활 외의 일시성, 몰이해성, 시 · 공간의 분리성, 특정규칙의 지배성 등으로 구분하였으며, 특히 규칙 있는 놀이를 문화창조의 요소로 보았다. 그는 놀이의 특징을 다음과 같이 제시하였다.

첫째, 놀이는 자발적이다. 모든 놀이는 스스로의 판단에 의해 자발적으로 행해지는 것이며, 명령에 의한 것은 놀이가 아니다.

둘째, 놀이에는 물질적인 이해관계가 없다. 놀이는 단순히 즐기는 것이지 물질적인 목적을 갖지 않는다.

셋째, 시간과 공간의 한계를 갖는다. 놀이는 일상생활에서 벗어난 행위로 놀이를 위한 영역으로 진입해야만 가능하다. 곧 놀이는 놀이에 참가하는 자들이 인정하는 제한된 시간과 공간에서만 이루어질 수 있다.

넷째, 고유한 질서를 갖는다. 놀이에는 놀이공간과 놀이시간을 관장하는 배타적 규율이 존재한다.

카이요와(Caillios)는 놀이를 "인간의 본능인 동시에 문화의 원천"이라고 규정지으면서, 놀이의 특성을 다음과 같이 6가지로 제시하였다.

첫째, 자유로운 활동이다. 놀이하는 사람은 외부로부터 강요당하지 않는다.

둘째, 분리된 활동이다. 명확하게 정해진 시간과 공간의 범위 안에서만 놀이가 진행된다.

셋째, 확정되어 있지 않은 활동이다. 놀이의 전개와 결과는 정해지지 않고 놀이 참가자들이 자율적으로 결정할 수 있다.

넷째, 비생산적 활동이다. 놀이를 통해서는 경제적 이익이 생산되지 않는다.

다섯째, 규칙이 있는 활동이다. 놀이에는 놀이마다 규칙과 질서가 있어 놀이참가자들은 이를 준수해야 한다.

여섯째, 허구적인 활동이다. 현실과 비교하여 허구적이고 비현실적이라는 명백한 인식 속에서 활동한다.

밤멜(Bammel)은 놀이의 특성을 6가지로 설명하고 있다.

① 내재적 보상

놀이는 그 자체가 목적인 자기충족적인 활동이다. 놀이행위자는 어떤 외적보상에 의해 활동을 수행하도록 동기화된 것이 아니기 때문에 선택된 놀이 활동에 참가한 것만으로도 즉각적인 보상이 된다. 따라서 호의적인 상태에서 생각할 수 있는 활동은 어떤 것이든 그 활동에 참여하고 있는 사람들에게는 놀이가 될 수 있다.

② 자발성

놀이는 자유롭고 자발적이다. 따라서 놀이행동은 개인에게 강요하거나 강제로 시킬 수 없다. 또한 놀이를 하고 싶어 하는 사람은 놀고 싶을 때를 사전에 계획하거나 인식하고 행하는 것이 아니기 때문에, 자발성을 요구한다. 따라서 놀이란 자유롭고, 자발적이며, 그 자체를 위해 추구하는 활동이라고 할 수 있다. 놀이를 하는 사람은 놀이규칙을 장소나 상황에 따라 임의적으로 정할 수 있다.

③ 즐거움

놀이는 강요받지 않고 외적보상(external rewards)이 주어지지 않는 것이므로, 놀이는 즐거워야 하며, 재미있지 않을 경우에는 계속해서 놀이에 참여하지 않을 것이다. 놀이는 스스로 선택한 활동에서 비롯되는 즉각적인 만족 때문에 즐거운 것이다.

④ 몰입

놀이는 놀이를 하려는 개인의 심리적 환기와 흥미를 유발해야 한다. 놀이에 열중함으로써 지속적으로 놀이에 참여할 수 있다. 어린이들의 놀이가 단순성을 가지고 있기는 하지만 놀이하는 순간 그들은 마치 세상의 다른 모든 것이 정지된 듯 놀이에 완전히 빠져 일상생활에서 찾아볼 수 없는 높은 집중도를 보인다. 이처럼 놀이는 개인이 자각되어서 행동을 시작하도록 흥미를 가져야 한다. 호이징가(Huizinga)는 '놀이하는 인간(homo ludens)'에서 다음과 같이 말했다. "놀이는 우리의 마음을 사로잡는 것이다. 놀이는 놀이참여자를 열렬히, 그리고 완전히 몰두하도록 하는 황홀하고 매혹적인 것이다."

⑤ 자아표현

놀이는 참여자들의 성격(personalities)을 나타내준다. 즉 놀이를 통해서 개성을 파악할 수 있다. 놀이는 탈개성화된 사회(depersonalization)에서 개성을 살릴 수 있는 활동이다.

⑥ 도피성

놀이를 하는 동안 개인은 현실세계의 한계를 벗어나 놀이의 세계로 들어가게 된다. 즉 현실의 물리적·사회적 세계를 지배하고 있는 일상의 규칙과 법을 따르지 않아도 된다. 놀이를 하는 사람은 자신의 마음속에서 현실세계의 한계를 무너뜨리거나 초월할 수 있다.

크라우스(Kraus)는 "놀이는 인간의 경험이나 행동들 중에서 가장 긍정적인 형태이다"라고 정의하였는데, 그가 제시한 놀이의 특성을 다음과 같다.

첫째, 놀이는 목적을 가지고 있지 않은 하나의 행동양식이다.

둘째, 놀이는 즐거움과 창의력의 정신으로 행해지는 것이다.

셋째, 놀이는 목적이 없으며, 무질서하고, 자유로운 활동이지만, 고도로 조직화된 것이며 복합적인 것이다.

넷째, 놀이는 주로 어린이들이 행하는 활동이라고 간주되지만, 어른들도 놀이에 참여한다.

다섯째, 많은 놀이행위가 문화적으로 학습되었지만, 놀이는 본능적으로 발생하는 것이다.

여섯째, 위험과 몰입의 요소를 포함하고 있지만, 놀이는 자발적이고, 즐거우며, 심각하지 않는 것으로 여겨진다.

일곱째, 놀이는 모든 문화에서 발견되는 요소이다.

여덟째, 놀이는 법 · 종교 · 복지 · 예술 · 상업 등과 같은 중요한 사회적 기능과 관련된다.

호이징가와 카이요와, 밤멜, 크라우스의 놀이특성을 토대로 놀이를 종합하여 정의해 보면 "놀이는 일상생활 외에 일정공간이나 시간 내에서 행해지는 자발적인 활동"이다. 이러한 활동 내에는 규칙과 질서가 존재하고, 절대적 구속력을 가지며, 즐거움과 긴장감 등을 수반하고 있다.

2. 여가와 놀이와의 관계

놀이란 즐거움과 재미 그리고 진지함이 동시에 공존하는 행위라고 할 수 있다. 다시 말해 자유와 질서 혹은 재미와 진지함을 동시에 추구하는 행위를 놀이라고 할 수 있다. 여기서 재미란 인간의 본질적인 욕구로서 자유, 즐거움, 열광, 흥분 등을 말하며, 진지함이란 인간의식의 산물로서 질서, 규율, 성스러움 등의 요소가 포함된다.

모든 놀이는 정신적인 것이며, 이러한 놀이정신을 적절히 응용한다면 인간이 가지고 있는 많은 어려움과 고민을 근원적으로 해결할 수 있다. 현대의 모든 사회문제는 진정한 놀이정신의 부재에 기인한다는 주장이 가능하다. 현실적으로 놀이는 개인이나 집단의 문제해결에 다양하게 응용되고 있다. 예를 들어, 놀이를 통해 학습의 목적을 달성하는 유치원 등의 유아교육은 물론이고, 연극의 기법을 동원하고 역할바꿈을 통하여 상대방을 이해하는 능력을 키우고 갈등을 해소하는 사이코드라마가 있고, 갈등과 어려움을 대동적 놀이마당을 통하여 해소하려는 집단적 축제의 장을 들 수 있다.

여가와 놀이는 둘 다 내적 만족을 추구하기 위한 자유선택적 활동이라는 공통점을 지니고 있지만, 그 주체자가 여가는 성인들이 참여하는 활동이며, 놀이는 어린이들이 참여하는 활동이라는 점에서 차이를 보인다. 어린이들은 자발적으로, 제약없이, 즐겁고 자유롭게 놀이에 참여한다. 반면에 어른들의 놀이는 어린이들에 비해 보다 제약적이다. 여가나 레크리에이션 활동들은 자유로운 놀이를 표현하기보다는 목적이나 수단을 포함하고 있다. 예를 들어서, 어른들은 신체적 건강, 사회적 지위, 직업에서의 성공, 자기계발, 엔터테인먼트, 교육, 문화적 지식, 휴식, 스트레스 해소 및 그 밖의 목적을 위해서 놀이를 한다.

놀이는 인간의 본능적이고 무조건적인 욕구를 반영하는 행동을 뜻한다. 여가와 놀이는 자유시간에 발생한다는 점에서 공통점이 있지만, 여가는 목적 지향적인 활동이고 여가시간 중에 발생하는 반면에, 놀이는 활동이 아니라 인간의 행태이며, 일 또는 여가시간에 언제든지 자유롭게 일어날 수 있다.

놀이란 자유롭지만 내재적이고 강력한 규율을 가지고 있으므로, 놀이정신이 제대로 효과를 발휘하기 위해서는 내적규율이 중요하다. 놀이의 개념, 특성, 기능 등을 제대로 이해해야만 여가활동을 진정으로 즐길 수 있을 것이다.

3. 놀이이론

오늘날 놀이와 관련된 이론들은 상당히 많지만, 인간행동이 복잡하기 때문에 놀이에 대한 명확한 이론이나 정의를 내리기 어렵다. 교육학자, 심리학자, 체육학자 등에 의해서 놀이에 대한 다양한 이론들이 제기되었다. 놀이에 대한 이론은 다음과 같다.

[그림 2-4] 놀이관련 이론

* 자료: Richard Kraus,「Recreation and Leisure in modern Society」

① 잉여에너지이론(Surplus Energy Theory)

Schiller(1875)와 Spencer(1873)가 제안한 이론으로서, 놀이는 생존에 필요한 기본적인 욕구가 충족된 이후에 남는 과잉에너지를 방출함으로써 발생한다는 것이다. 술래잡기와 같은 자발적인 게임, 뚜렷한 목적 없이 하는 달리기 등의 놀이가 이에 해당한다.

② 사전연습이론(Preexercise Theory)

사전연습이론(Karl Groos,1898)은 다윈이론의 영향을 받은 이론으로서, 놀이를 내적요인에 의한 본능적인 행위로 본다. 예를 들어, 어린이들이 인형을 가지고 엄마와 아빠 역할을 흉내 내는 역할놀이가 이에 해당된다. 놀이는 본능적인 것이며, 어린이들이 어른의 역할을 연습하고 준비하는 행위라고 보는 것이다.

③ 반복이론(Recapitulation Theory)

1900년대 초 G. Stanley가 제안한 반복이론에 따르면, 놀이는 인간의 발달단계에서 나타나는 선천적인 요소들을 포함하고 있다. 놀이를 통해서 어린이들은 조상들의 생활행동을 반복한다.

④ 레크리에이션이론(Recreation Theory)

Moritz Lazarus(1883)는 신체의 에너지를 잘못 사용하거나 과용해서 피곤하게 될 경우 놀이에 대한 욕구가 발생한다고 제안했다. 이러한 경우 놀이는 피곤한 신체를 회복시켜주고 재생시켜주는 역할을 한다. 이 이론에 따르면, 피곤할 때 신체를 회복하기 위해서 조깅을 한다는 것이다.

⑤ 휴식이론(Relaxation Theory)

G.T.W. Patrick(1916)이 레크리에이션 이론을 확장시켜 제안한 이론이다. 잉여에너지 이론과 상반되는 이론으로 놀이에 대한 욕구는 휴식을 위한 욕구에서 발생한다고 본다.

⑥ 정화이론(Catharsis Theory)

H.H. Carr와 E. Claparede가 1900년대 초반에 제안한 이론으로, 놀이는 개인의 내재된 에너지를 발산함으로써 생기는 결과로 과잉에너지와 감정을 발산시켜준다. 정화이론은 반사회적인 경향이나 충동을 해소시켜주는 요소를 가지고 있다.

⑦ 보상이론(Compensatory Theory)

M.J. Reaney(1916)와 E.S. Robinson(1920)이 제안한 이론으로 어떤 목표나 욕구를 성취하지 못하게 될 경우 놀이를 통해 이를 충족시킴으로써 놀이가 대체적인 수단이 된다.

⑧ 심리분석이론(Psychoanalytic Theory)

심리분석이론은 R.Waelder(1933), L.E. Peller(1952), Erik Erikson(1973)이 제안한 이론으로 개인의 의식에서 기억, 욕구, 소망들이 제거될 수 있지만, 이것들은 개인의 행동에서 지속적으로 표출된다는 것이다. 이 이론에 따르면, 놀이를 통해 개인의 욕구나 욕망이 표현된다.

⑨ 발달이론(Developmental Theory)

스위스의 아동심리학자 Jean Piaget(1952, 1961)이 제안한 이론으로 어린이들의 현실에서의 행동과 놀이에서의 행동은 각각 인지적인 단계와 일치한다는 것이다. 유아기에는 자신의 신체적, 지적능력의 범위 내에서 놀이를 한다. 5~6세의 아동들은 보다 발달된 놀이를 하며, 9~10세의 어린이들은 5~6세의 아동들의 놀이보다 더 발달된 형태의 놀이를 한다.

⑩ 일반화이론(Generalization Theory)

일반화이론에 따르면, 학습된 놀이행동은 참여자들의 다른 환경과 행동으로 일반화된다는 것이다. 예를 들어, 일할 때 느끼는 흥미의 요소가 놀이환경으로 침투된다는 것이다. 이는 과잉여가설(spillover leisure)과 유사한 이론이다.

⑪ 갈등–문화화이론(Conflict–Enculturation Theory)

놀이는 참여자들에게 안전한 환경에서 새로운 행동을 경험하고 학습할 수 있는 기회를 제공한다. 놀이에 참여함으로써 감정적인 위험을 최소화하면서 사회성 및 그 밖의 기술(Skill)을 배울 수 있다. 이 이론에 따르면, 어린이들은 놀이경험을 통해서 성인의 역할을 준비할 수 있으며, 협동 · 경쟁 · 공평성 등의 능력을 훈련한다.

⑫ 속성이론(Attribution Theory)

속성이론에 의하면, 각 개인의 통제력은 참여하는 놀이의 형태에 영향을 미치는 주요한 요소이다.

⑬ 성취–동기이론(Achievement–Motivation Theory)

놀이를 하는 사람들은 성공하고, 경쟁에서 이기려하고, 정복하려는 욕구를 가지고 있다. 즉 놀이를 하는 사람들은 자신의 능력을 향상시키기 위해서 자신보다 뛰어난 능력을 가진 다른 사람들을 참여시키는 경향이 있다.

⑭ 최적각성이론(Optimal Arousal Theory)

Ellis(1973)의 이론으로 놀이에는 복합성, 신기함, 불일치의 요소가 포함되어 있다. 사람들은 따분할 때 자극적인 환경을 추구하게 된다. 따라서 주변 환경에서 자극을 추구하게 되고 놀이를 하게 된다.

⑮ 자기목적적인 경험/몰입경험이론(The Autotelic or Flow Experience)

칙센트미하이(Csikszentmihalyi, 1975, 1990)는 몰입(Flow)과 자기목적적인 경험(Autotelic Experience)이라는 개념으로 놀이에 대한 관점을 설명하였다. 몰입경험이란 개개인의 능력과 주어진 환경 사이의 상호작용을 통해 발생하는 것으로 어떤 활동을 하면서 깊이 몰두하여 외적인 보상이 없더라도 활동 그 자체가 즐겁고 활동에 심취하여 시간가는 줄도 모르고 마침내 그 활동에 자신이 일체화되는 것을 말한다.

몰입경험의 특징으로는 행동과 지각의 일치(the merging of action and awareness), 주의집중(a centering of attention), 자아상실(loss of ego), 자아의식의 상실(loss of self-consciousness), 도전과 기술의 균형(challenge-skill balance), 명확한 피드백(unambiguous feedback), 자기목적적 경험(autotelic experience), 통제 감각(sense of control) 등이 있다. 놀이는 몰입경험이 발생할 수 있는 환경이라고 할 수 있다.

제3절 여가와 관광

1. 관광의 개념

일반적으로 관광은 일상생활로부터 일시적으로 이동하는 기본적인 특성을 가진 행위로서, 사람이 기분전환을 하고 휴식을 취하며, 인간생활의 새로운 국면이나 미지의 풍경을 접하고 경험과 교양을 넓히기 위하여 여행을 하거나 정주지를 떠나 체재함으로써 성립되는 여가활동의 일종이다.

관광은 일상생활로부터 벗어나 다시 돌아올 목적 하에 이동하는 행위로서 인간의 관광욕구를 충족시키기 위한 경제적 소비를 하는 일시적 이동이며, 타국이나 타지역의 문물과 풍경을 접하고 즐김으로써 정신적 · 육체적 상태를 새롭게 하는 행위이다.

관광의 개념은 다음의 7가지 요건으로 정의할 수 있다.

첫째, 이동성이다. 관광은 거주지에서 목적지까지의 일정거리를 이동하는 여행을 수반한다.

둘째, 회귀성이다. 집을 떠나 여행 중인 사람이 다시 집에 돌아올 의사가 없다면 그건 관광이 아니다.

셋째, 일상적 신분의 유지이다. 관광을 위해 일상의 신분과 책임 등 생활패턴을 바꾸어 가면서(예 휴직, 휴학 등) 일정기간 이상을 타지에 머무르게 되는 경우(예 유학, 이민)는 관광이라 할 수 없다.

넷째, 심리적 거리의 이탈이다. 관광을 통해 얻을 수 있는 경험 중의 하나는 탈일상성이다. 이러한 탈일상성은 거주지에서 목적지로의 이동 자체로써 형성될 수 있지만, 이러한 탈일상성 요소를 이동거리만 가지고 규정하는 정의는 모순이 있을 수 있다. 여기서 심리적 거리란 물리적 이동거리와 탈일상성이 하나로 집약된 개념이다.

다섯째, 자유의사이다. 관광도 여가활동의 하나로 여가시간에 일어나는 자유활동의 하나이다.

여섯째, 관광은 사회적 일치욕구와 문화적 욕구, 활동욕구 등을 충족하기 위한 행동이다.

일곱째, 관광은 관광객의 경제적 · 시간적 · 기술적 능력에 따른 소비행동이다. 따라서 관광객은 그들의 욕구를 충족시키면서 동시에 경제적 · 시간적 · 기술적 능력에 부합되는 목적지를 선정하게 된다.

[그림 2-5] 관광활동

2. 여가와 관광 간의 관계

여가와 관광은 육체와 정신적인 면에서, 곧 회복과 발전이라는 측면에서 출발된 행위이다. 그렇지만 자유시간적 개념의 여가는 관광이나 레크리에이션을 모두 포함하고 있는 광범위한 영역이다. 즉 여가는 관광, 레크리에이션, 놀이, 스포츠의 본질적 속성을 모두 포함하고 있다. 이 가운데 관광은 다른 활동들에 비해 회복보다는 발전적인 측면을, 육체보다는 정신적인 측면을 강조하고 있다.

관광은 일상생활로부터의 일시적 이동(temporary movement)이 가장 큰 속성으로 여겨지고 있는데, 이것은 관광이 여가시간 내에 이루어지는 것으로서 장소의 이동에 따른 현상임을 나타내주는 것이다. 또한 여가가 개념상 비경제적인 목적으로 이루어지는 것이기 때문에, 관광활동도 경제적 이익을 수반해서는 안 된다. 또한 관광은 시간과 금전의 지출이라는 특징을 가지고 있어 여가와 일맥상통하고 있다.

여가시간에 추구되는 주요 활동내용이 레크리에이션이라고 볼 때, 관광은 관광객이 자신의 욕구충족을 위해 일상생활권을 떠나 이질적인 장소에서 경험하게 되는 옥외 레크리에이션(outdoor recreation)형태의 여가활동이라고 할 수 있다. 즉 대부분의 관광활동은 여가 가운데서 이동을 수반한 여가활동의 일종으로 주로 여가시간 내에서 이루어지고 있다.

관광은 일상생활 밖에서 이루어지는 대표적인 여가활동으로서 여가에 포함된다. 그러나 관광은 일과 관련해서 이루어질 수도 있고, 특히 공간적 이동을 전제로 하는데 반해, 여가는 공간적 이동을 전제로 하지 않으며, 시간적 의미가 강하게 의식된다는 점에서 구분된다.

제4절 여가와 스포츠

1. 스포츠의 개념

19세기에 이르면서 스포츠(sports)는 영국을 중심으로 전 세계로 확산되기 시작했고, 운동경기의 의미 외에도 오락 · 레크리에이션 등의 의미도 포함하게 되었다. 스포츠라는 용어의 어원인 라틴어 'de-portare'와 프랑스어인 'desport'는 일에서 벗어나는 것을 의미하며, 영어에서는 오락과 기분전환을 의미한다. 따라서 스포츠의 어원적 의미는 일에서 벗어나 즐기는 기분전환적 놀이나 활동이라고 할 수 있다. 스포츠는 건전한 오락활동의 하나로서 보수나 대가와는 관계없이 즐거움을 추구하는 신체활동이다.

스포츠는 공식적인 규칙과 경쟁을 통하여 육체적인 노력을 행하는 활동으로 유 · 무형의 목표를 달성하고자 하는 사람들에 의해 이루어지는 활동으로 정의되고 있으며, 경쟁적이고 제도화된 형태만을 스포츠로 간주하고 있다. 그러나 켈리(Kelly)는 스포츠의 범주에 개성적이고 비공식적인 활동까지 포함시키고 있으며, 이미 정한 규칙과 형식 하에서 상대방에 대응하는 육체적 노력을 통해 그 결과에 대한 상대적 평가를 내리는 조직활동으로 정의하고 있다.

스포츠에는 본질적으로 4가지 요소들이 내재되어 있으며, 그 요소는 다음과 같다.

첫째, 놀이성이다. 스포츠는 경쟁 · 우연(운) · 모의 · 현훈의 4가지 놀이적 속성으로 이루어진 자유스러운 활동이며 임의의 활동으로 기쁨과 즐거움의 원천을 지닌 활동이다.

둘째, 경쟁성이다. 스포츠는 기쁨과 즐거움 등에 바탕을 두고 있지만, 경쟁성이 부가되어 놀이와 스포츠가 구분되는 것이다.

셋째, 활동성이다. 모든 스포츠는 신체활동을 통해서 이루어지고 있으며, 스포츠는 신체적으로 활발하게 움직임으로써 재미와 건강증진을 도모한다. 그러나 경쟁성에 의한 승패가 있으므로 기술향상을 위해 강렬한 신체적 훈련도 이루어진다.

넷째, 규칙성이다. 스포츠는 운동규칙이 존재한다. 경쟁이나 우연의 놀이에 운동규칙이 전제되지 않으면 스포츠로 즐길 수 없으므로 운동의 규칙성은 기본적 요소가 된다.

따라서 스포츠란 "일에서 벗어나 기분전환을 하거나 운동기술의 향상과 건강한 체력을 유지하기 위해 하는 신체적인 활동"으로 정의할 수 있다.

[그림 2-6] 스포츠

* 출처: www.google.com/webhp

2. 여가와 스포츠와의 관계

스포츠는 여가활동의 중요한 형태이지만 모든 스포츠활동이 여가인 것은 아니다. 여가는 인간의 자유의지를 기본으로 하기 때문에 자유의사에 의해 선택되어 즐기는 스포츠만이 여가활동이라고 할 수 있다. 스포츠는 여가활동의 하나이지만, 신체적인 활동과 적극적인 노력하의 기술·역량으로 체력을 소비하고, 협동성과 정해진 규칙, 목표와 경쟁, 승패, 도전과 정복으로 최선을 다하는 점에서 놀이와는 다른 점을 가지고 있다.

스포츠는 기본적으로 체력을 향상시키고 건강을 유지할 수 있게 해 줄 뿐만 아니라, 스포츠를 통해 순수한 즐거움의 욕구를 충족시킬 수 있다. 또한 다양한 스포츠활동을 즐김으로써 다른 사람들과 교류할 수 있어 대인관계의 원활함과 확대를 도모할 수 있다. 또한 도시화 현상과 환경오염으로 심신이 지친 현대인들은 자유시간에 다양한 스포츠활동을 함으로써 건전하고 생산적인 여가활동을 즐길 수 있다. 따라서 스포츠는 중요한 여가활동의 하나라고 할 수 있다.

여가와 스포츠 간의 관계는 여가측면에서 보면 활동적인 종목만이 포함되는 반면, 스포츠 측면에서는 여가시간을 이용한 스포츠만이 포함된다. 여가와 스포츠 모두가 요구되는 오늘날에는 레저스포츠(leisure sports) 또는 레포츠(leports)라는 용어가 새로 등장하였다. 레저스포츠 혹은 레포츠는 leisure와 sports의 합성어로서 여가시간에 자발적으로 선택하고 즐기는 스포츠활동이다. 레저스포츠는 여가시간에 이루어진 스포츠활동으로서 생계유지의 목적이 아닌 순수한 스포츠활동이며, 자신의 건강을 유지 · 증진하기 위하여 자기계발과 기분전환을 위하여 직간접적으로 참여하는 활동적인 스포츠를 말한다.

Key Words

- 레크리에이션(recreation)
- 놀이(play)
- 호이징가(huizinga)
- 호모 루덴스(homo ludens)
- 관광(tourism)
- 스포츠(sports)

과제 조사

1. 여가와 레크리에이션, 놀이, 관광, 게임과는 어떠한 차이가 있는가?
2. 놀이의 특성은 무엇인가?
3. 레크리에이션과 여가의 차이점에 대해서 설명하시오.
4. 학자들이 제시한 놀이의 특징에서 나타나는 공통적인 요소는 무엇인가?
5. 여가와 관광의 공통점과 차이점은 무엇인가?

사례 진정한 변화를 위해 여가를 즐기는 10가지 방법

1. 여가는 선택이 아니라 필수

호모 루덴스(homo ludens), 즉 놀이하는 인간이다. 인간은 휴식과 여가를 통해 새로운 사실을 보고 들음으로써 반복적인 일상을 다르게 바라볼 수 있는 계기를 마련한다. 여가는 지식기반사회를 지탱하는 창조력의 원천이다. 이제 '일을 위한 짧은 여가'가 아닌 '여가를 위해 일'하는 시대이다.

2. 나만의 시간을 확보하라

핸드폰, 인터넷, 네트워크 등 우리는 그물(web) 속에 갇혀 산다. 언제 어디서든 누구와도 접속할 수 있는 일상을 살고 있다. 때로는 과감하게 그물을 벗어 던지고 일상을 탈출할 때 '진정한 나'를 찾을 수 있다. 나만의 시간을 확보하고 혼자 흐뭇하게 미소 지을 수 있는 취미를 즐겨라. 현장체험, 자원봉사도 좋다.

3. 자신만의 여가스타일을 찾아라

디지털 시대에는 차이가 곧 가치이다. 노는 것도 차별화가 필요하다. 물론 그냥 튀는 것이 아니라 자기 정체성에 충실한 차이어야 한다. 여가를 즐기는 방법도 백인백색(百人百色)일 수밖에 없다. 주변의 유행을 따르기보다는 자신의 체질, 내면적 욕구, 환경에 따라 다양한 여가활동을 놓고 포트폴리오를 구성하라.

4. 여가를 디자인하라

낮잠이나 자는 휴일, TV 보는 주말은 이제 그만. 여가도 공짜라는 생각을 버리고 계획과 사전준비에 시간과 노력을 투자해야 한다. 여가를 100% 즐기기 위해서는 치밀한 전략과 계획이 필요하다.

5. 네트워크를 구축하라

여가를 통해 각종 동호회, 연구회 활동에 참여함으로써 교류의 폭을 넓히고 친분을 쌓는 기회로 삼아라. 새로운 정보와 지식을 주고받을 수 있는 자신만의 훌륭한 네트워크가 된다.

6. 모험과 여행을 즐겨라

자연과 단절되기 쉬우며 늘 변화무쌍한 것이 디지털 환경이다. 그럴수록 자연으로 돌아가 생명의 소중함을 느끼고 자연과 부딪치며 모험을 즐겨라. 또 여행을 하면서 만나는 낯선 환경과 예기치 않은 상황을 즐기면서, 모험과 여행을 통해 임기응변, 위기대처능력을 키워라.

7. 감성을 자극하라

디지털 세상은 단순히 0과 1이 조합된 세계가 아니다. 유연한 감성이 융합된 세계이다. 그래서 디지털 세상의 진정한 승자가 되려면 감성으로 승부해야 한다. 자신의 감성을 끊임없이 자극하고 풍성한 감성을 키울 수 있는 그런 여가시간을 가져라.

8. 매니아가 되라

취미를 즐기더라도 깊숙이 빠져들어 다양한 분야에서 '프로급 아마추어'가 되어라. 이제 주5일제가 시행되면 여유시간이 늘어난다. 몇몇 매니아들을 중심으로 즐기던 다양한 문화활동에 당당히 도전해보자.

9. 자기계발에 투자하라

앞으로 일하는 시간이 아니라 결과(output)를 중시하는 연봉제, 성과주의 문화가 확산될 것으로 전망된다. 어학이나 정보기술 등 자기계발에 여가시간을 투자하라. 디지털시대의 또다른 특성은 스피드와 복잡성이다. 빠르게 발전하는 지식과 기술을 따라잡기 위해서 여가시간을 학습에 투자하라.

10. 일과 여가의 경계를 없애라

일과 여가를 구분하기보다는 일 속에서 즐거움을 찾고 여가 중에 지식을 습득하라. 일과 휴식의 경계를 자유롭게 넘나들면서 수시로 일을 하고 수시로 쉬는 것에 익숙해져야 한다. 일할 때에는 여가를 준비하고 여가를 즐길 때에는 일할 준비를 하는 유연한 자세를 가져라.

* 출처: www. tourlab. com

참고문헌

한이석(2001), 「여가사회학」, 형설출판사.

김광득(2000), 「여가와 현대사회」, 백산출판사.

호이징가 저, 김윤수 역(1993), 「호모루덴스」, 까치.

카이요와 저, 이상률 역(1994), 「놀이와 인간」, 문예출판사.

김오중(2004), 「여가 · 레크리에이션 총론」, 대경북스.

Christopher R. Edginton(1995), 「Leisure and Life Satisfaction」, Brown & Benchmark.

John R. Kelly(1982), 「Leisure」, Prentice-Hall, Inc., Englewood Cliffs.

Thomas L. Goodale, Peter A. Witt(1991), 「Recreation and Leisure」, Venture Publishing, Inc.

Gene Bammel and Lei Lane Burrus-Bammel(1982), 「Leisure and Human Behavior」, Wm. C. Brown Company.

제3장 여가의 역사

여가라는 용어가 보편화되고 일반화된 것은 18세기 산업혁명 이후의 일이다. 그러나 고대 전통사회에서도 여가현상은 존재하고 있었다. 인류가 이동, 수렵사회의 단계에서 농경을 위주로 하는 정착사회의 단계로 옮겨가면서 계층 간 여가의 분배와 이용이 더욱 두드러지게 되었으며, 여가는 예술 · 문화 · 놀이 · 여행 · 축제 등의 형태로 다양하게 나타나고 있다.

이렇듯 인류사회의 역사는 여가를 통해 발전하여 왔으며, 인간생활의 여러 측면과 결합하며 끊임없는 변화가 수반되었다.

따라서 본장에서는 과거로부터 현재에 이르기까지를 시계열적 분류로 세계의 여가 역사를 살펴보고자 한다.

세계 여가역사에 대한 접근방식은 학자마다 그 견해를 달리하고 있으나, 본서에서는 원시시대를 고대사회의 범주에 포함시키고, 인간문화 발상의 기초인 농경시대를 그리스 · 로마시대로 대별하고자 하였다. 또한 중세시대와 교육여가의 대표적인 르네상스시대, 그리고 근대와 현대로 구분했다.

제1절 세계의 여가발전사

고대사회 → 그리스 로마시대 → 중세시대 → 르네상스 종교개혁기 → 근대사회 → 현대사회

[그림 3-1] 세계 여가발전사

1. 고대사회의 여가

문명 이전 사회의 삶에 있어서 인간의 주된 관심사는 생존이었다. 고대 인류에게 있어 현대적 의미의 여가는 존재하지 않았으며, 자신과 가족의 생존을 위해 노동에 집중했다. 산업사회에서 나타나는 노동시간과 여가시간의 뚜렷한 구분은 고대사회에 존재하지 않았으며, 노동과 여가활동은 뚜렷한 분절 없이 혼합되어 있었다. 크라우스(Kraus)에 따르면, 원시시대 사람들은 일과 여가를 뚜렷하게 구분하지 않았으며, 명확한 구분이 이루어지지 않았다. 현재 여가라고 불리워지는 많은 활동들은 그 당시 일상생활의 한 부분이었다. 현대적 의미의 여가라고 볼 수 있는 당시의 놀이와 여가활동들은 생존을 위한 기술(skill)과 관련된 것들이었는데, 낚시, 사냥, 스키, 보트타기, 수영, 말타기 및 도자기 공예와 같은 예술활동들이 포함되어 있었다. 이들 중 많은 활동들은 후에 문명의 기본바탕으로 발달되었다.

고대사회의 여가는 노동시간 중 휴식을 취하거나 또는 의식주에 참가하는 정도의 적은 부분을 차지하였다. 노동과 여가가 밀접하게 생활 속에 혼합되어 있었다. 또한 상품생산과 가정생활, 자녀교육, 의례, 애정적 표현, 음악과 춤, 사회질서의 유지와 같은 활동 간에도 분명한 구분이 없었다. 여가는 노동의 가치창조와 결합되어 놀이의 단순한 자기표현으로 인식되었고, 노동인 동시에 놀이의 형태를 띠었다.

여가는 고된 노동으로부터 일탈한 형태의 휴식이라고 보기는 어려웠고, 의례적 성격의 정형화된 활동에 참여하는 것 등에 한정되어 있었다. 그러나 이러한 의례에의 참가는 참가자들에게 여가 혹은 잔여시간으로 간주되기 힘들었고, 일상적인 삶의 부분일 수밖에 없었다. 고대사회 인류의 삶은 노동의 연속이었다. 예를 들면 히브리 전통에 영향을 받았던 국가들에 있어서는 안식일 제도가 존재하기는 했었지만, 여가의 날이라기보다는 의례적인 활동과 억제의 날이었다.

고대사회에서 일과 여가는 현대 산업사회보다 훨씬 복합적인 성격을 띠고 있었다. 마오리(Maori)문화에서는 모든 경제적 삶이 레크리에이션 요소와 어우러져 있었다. 고기를 잡든, 새 사냥을 하든, 경작을 하든 혹은 집을 짓든 대부분의 활동들은 놀이문화로서의 특징을 지니고 있었다. 또한 아프리카 지역에서는 일을 하면서 노래를 부르거나 큰소리로 이야기하고 웃는 것을 흔히 볼 수 있다. 아프리카 부족생활에서 부락민들은 일정한 시간에 맞춰 여가를 즐기는 것이 아라 일상생활의 의무로부터 벗어난 시기에는 자유롭게 아무 때나 여가를 즐겼다. 부족생활에서 생일, 착수식, 결혼 혹은 사망과 같은 일로 인한 의례는 극히 종교적인 부분이라고 볼 수 있으나, 축제나 춤 혹은 음주는 단조로운 일상생활로부터 벗어난 휴식이며 여가였다. 당시의 경제활동, 의례적 활동, 종교적 활동 그리고 여가활동은 현대사회와 달리 시간적으로나 공간적으로 명확한 구분 없이 혼합되어 존재했다.

고대시대 역사적 문화의 대표적인 이집트 문화에 대한 다양한 지식들은 이집트인들의 무덤이나 비문(碑文)과 같은 유물을 통해서 알 수 있다. 이집트인들의 계급체계는 잘 발달되어 있었는데, 하류층들은 운동경기 및 신체적인 스포츠 활동과 같은 동적이고 능동적인 여가활동에 참여했고, 상류층들은 게임과 같은 정적인 여가활동에 참여하였으며, 보다 수동적인 여가활동을 즐겼다. 이집트인들이 즐겨하던 게임으로는 바둑 및 주사위 놀이가 있었고, 레슬링 경기, 복싱경기, 투우 등을 즐겼으며, 어린이들은 공기놀이, 공놀이, 텐핀즈(열 개의 공을 사용하는 볼링)와 같은 놀이들을 즐겼다.

앞에서 살펴보았듯이 문명 이전 사회 그리고 전 산업사회에는 오늘날과 같은 의미의 여가가 존재하지 않았다. 의도적인 여가나 자기 선택에 의한 여가도 존재하지 않았다. 고대사회에서 대부분의 시간은 노동이나 구조화된 활동에 사용되었다. 그러나 결혼식, 세례식, 생일, 축제 등의 행사는 의무적인 성격과 함께, 어느 정도는 여가활동으로서의 기능도 가지고 있었다.

원시사회에 있어서 여가가 가졌던 주요한 기능을 살펴보면 다음과 같다.

첫째, 쾌락적 · 향락적인 효력과 함께 회복의 기능을 지니고 있었다.

둘째, 사회적 관계에서 개인 간 또는 쌍방의 안전과 결속을 조정하는 효력과 동시에 갈등과 침해, 적대성 등 강한 감정의 탈출구 역할을 하는 치료적, 승화적 기능을 지녔다.

셋째, 개혁과 자기표현을 지향하는 창조의 기능을 지녔다.

넷째, 어린이와 어른 간의 학습과 관습형성을 조장하는 전달적 기능을 지녔다.

2. 그리스 · 로마시대의 여가

'문화의 최초 형식은 농경문화였다.' 생존방식이 유목문화에서 농경문화로 변화하자 식량이 안정적으로 공급됐다. 인류가 농사를 짓기 시작하게 되면서 정착생활을 시작하게 된 것이다. 농경의 발달로 사람들은 안정적인 생활을 누렸고, 생존을 위해 사냥을 하거나 식량을 비축하는데 예전만큼 에너지의 전부를 쏟을 필요가 없었다. 따라서 사람들은 다른 활동에 참여할 수 있게 되었는데, 이러한 다양한 활동들이 문명의 발달을 가져왔다.

농경문화가 발달하면서 각 사회에서는 문명과 농업을 위한 재산권을 만들게 되었다. 정착생활 이전에는 개인이 재산을 소유할 여건이 마련되지 않았고, 식량이 발견되는 곳에서 사냥을 하고 채집을 했다. 농경시대에 접어들면서 농작물을 생산하는데 있어 사유재산이 필요하게 되었다. 사유재산을 보호하고 유지하기 위해,

노동의 분화가 발생하였고, 엘리트 지배계급이 출현하였다. 계급의 분화가 뚜렷해지면서 관리계급(government officials)들은 토지를 소유하고 운영했고, 군인들은 토지를 보호했으며, 소작농들은 토지를 경작했다. 이전보다 훨씬 더 복잡한 형태의 사회조직이 생겨났다. 인간은 잉여상품을 생산하게 되었고, 생산에 직접적으로 참여하지 않는 계급이 생겨났다. 토지소유주, 관리계급 및 예술가들은 유한계급(leisure class)으로 노동계급(working class)의 노동력을 착취하여 생활을 유지했다.

농경사회생활에서 시간의 개념이 변화했는데, 시간은 규칙적인 생활을 정하는 영역이 되었다. 사람들은 점차 그들의 생활을 계절의 변화에 맞추어갔다. 농작물을 심어야 하는 시기에 사람들은 농작물을 심었고, 수확의 시기가 오면 수확을 하였다. 여가시간과 여가활동은 가을 추수감사제와 같은 축제기간에 행해졌다. 수확시기에 가장 큰 축하의식에는 게임, 음식, 춤, 사교적 모임, 의식 등이 포함되었다. 또한 농사일이 한가한 특정한 시기에 사람들은 많은 여가시간을 가졌다.

1) 그리스시대의 여가

여가가 자유시간 이상의 의미를 지녀야 한다는 사고는 고대 그리스시대에서 비롯됐다. 그리스시대의 여가관은 단순히 '자유시간'이라기보다는 자신을 훈련하고 경작한다는 의미를 지니고 있었다. 그리스어의 'schole'의 원의미는 '멈춘다' 혹은 '그치다'의 뜻을 가지고 있었으며, 평화와 정적을 갖는다는 뜻이었다. 이후에는 남는 시간을 의미하게 되었고, 특별히 자신만을 위해 사용하는 시간을 의미하게 되었다.

그리스시대의 대표적인 철학자 아리스토텔레스에 따르면, 여가는 삶에 있어서 반드시 필요한 영역이며, 일의 의무로부터 자유로운 것이라고 했다. 따라서 여가란 짧은 자유시간이라기보다는 본질적인 삶의 방식인 것이다. 또한 여가는 의무감 없이 행해지는 진지한 활동이라고 표현했다. 따라서 어떠한 형태의 일도 본질적인 의미의 여가가 될 수는 없으며, 여가는 일과 관련된 어떠한 것과도 관계가 없다고 강론했다. 또한 우리가 일을 하는 궁극적인 목표는 여가를 성취하기 위한 것이라고 생각했다. 달리 말해, "우리는 여가를 소유하기 위해 비여가적이다"라고 해석할 수 있다. 이 견해에 따르면 일 때문에 필요한 모든 종류의 활동은 노동과 다름이 없다. 그러므로 오락이나 레크리에이션마저도 일 때문에 필요한 것으로 간주되는 한 여가가 될 수 없다. 진정한 여가란 모든 활동이 여가 그 자체와 여가목적만을 위해 수행되는 상태인 것이다. 여가는 철학과 예술에 관련된 행동양식으로 간주되면서 다른 활동과 구별되었다. 여가는 그 자체를 위해 행해지는 것이고 덕과 선을 함축한 인간의 성격 계발을 위한 것이기 때문이다. 여가는 그 자체 속에 본래의 즐거움, 행복, 덕이 있는 것으로 생각했다. 또한 여가는 지적계발을 위한 기회를 제공해주고, 영혼의 안식을 위한 방법을 제공해주며, 인생의 즐거움을 더해주는 의미를 지녔다.

그리스시대의 여가관은 광의적으로 자유인(free man)의 개념에 기초를 두어 여가를 자유인의 삶의 기초로 생각하였다. 그러나 여가로서 간주되는 활동은 극히 제한적이었다. 아리스토텔레스에 의하면 음악과 명상만이 여가의 자격을 갖춘 활동이었다. 그 중에서도 명상을 모든 인간적인 활동 중에서 가장 이상적인 여가행위로 간주하였다.

플라톤과 아리스토텔레스 둘 다 여가의 중요성을 강조하였다. 여가 자체가 목적이며, 자유로운 인간이 되기 위한 의미의 중심적 요소라고 강론했다. 플라톤은 사색과 명상, 철학, 자기계발을 위한 시간은 행복을 위해 필요하며, 이러한 시간이 곧 여가라고 하였다. 즉 여가는 자아계발과 표현을 위한 자유로운 시간인 것이다. 아리스토텔레스는 여가는 일로부터 자유로운 시간이며 여가계급은 올바르고 현명한 정부를 만들기 위해 지지되며 가장 고귀한 인간활동이라고 강조했다.

그리스시대의 여가관은 정치와 밀접한 관계를 가지고 있다. 인간은 자유로울 때 비로소 여가적일 수 있으며, 오직 좋은 국가만이 시민에게 진정한 의미의 여가를 제공할 수 있다고 보았다. 여가의 삶은 그리스시대의 사람들이 궁극적으로 추구했던 삶이었다. 또한 그리스인들은 여가가 시간이 자유로울 때 향유하는 것이므로 개개인에게 여가기회 및 시설을 제공하기 위해서는 좋은 국가가 존재해야 한다고 생각했다. 이러한 사조에 비추어 볼 때, 그들은 독특한 여가윤리(Leisure Ethic)를 발전시켰으며, 공공여가시설의 건설을 통하여 공공적 여가가 성행하였다.

그리스인의 여가관은 '자신과 환경의 조화를 유지한다'는 목표 속에서 나름대로의 가치 있는 생활, 자기수련을 위한 학문, 철학추구적 성격을 갖추고 있었다. 따라서 그리스인들에게 중요한 여가는 정치, 철학, 교양활동이나 학문, 미술, 취미활동 혹은 종교·문화적 행사로서 제우스신의 영광을 찬미하는 축제, 경기대회나 올림픽 같은 정기적인 제례의식, 행사참여가 주류를 이루게 되었다. 그리스시대 올림픽 경기에는 도보경주, 레슬링, 권투, 이륜마차경주 등이 포함되어 있었다. 대규모의 스타디움과 체육관이 각종 체육활동을 유치했으며, 노천 원형경기장은 음악과 춤 그리고 축제의 장으로 이용됐다. 학술원에서는 지적이고 미학적인 활동이 있었으며, 포럼에서는 시민토론회가 열렸다. 공중목욕탕이 기분전환과 휴식을 위해 설치되었다. 그리스인들의 여가는 자아계발과 표현을 위해 정치적인 뒷받침 속에서 발전되었다. 그들의 다양한 여가활동은 노동에서 벗어나 완전히 자신만을 위해 활용되는 시간이었다. 이는 여가의 다양한 구조 속에서 읽어낼 수 있다.

2) 로마시대의 여가

로마시대는 초기 도시국가(B.C. 753~509), 반도를 통일한 귀족공화정(B.C. 509~272), 지중해를 통일한 민주공화정(B.C. 272~27)을 거치면서 법체제가 정비되었다. 거기에다 사회적 안정과 경제적 부의 축적 등으로 여가를 즐길 수 있는 유한계급과 경제적 부를 축적한 일부계층들은 일반인들과는 달리 많은 자유시간을 가질 수 있었다. 로마의 유한계급들은 노예제도로 하여 연간 3분의 1 이상을 자유재량시간으로 할애할 수 있을 만큼 많은 여가를 즐겼다. 유한계급들의 여가는 점차 일반대중들과 구별되기 시작했는데, 고급여가시설이 증가하였다. 유한계급들은 도시 변두리에 정원, 유흥시설 및 수렵지를 갖춘 빌라(villa)를 지었고, 휴가를 위해 해변지역에 별장을 짓기도 했다.

콜로세움

고대 로마 목욕탕

카라칼라 욕탕

[그림 3-2] 로마시대의 여가

* 출처: 설혜심 〈온천의 문화사〉

로마시대 여가의 특징은 크게 두 가지로 설명할 수 있다.

첫째, 여가가 정치적 목적을 실현하는 수단이었다. 집권층은 시민들의 잠재적 혁명요인이나 불만을 해소시켜 주는 정치적 수단으로 여러 가지 유흥시설을 시민들에게 제공했는데, 그 결과 공공여가가 발달하는 계기가 되었다. 대표적 시설물로는 야외극장, 스타디움, 공원, 운동장, 체육관, 실내극장 등이 있으며, 특히 목욕탕은 800개소 이상이나 되었다. 원형경기장(circus maximus)은 가장 인기 있는 시설로서, 그 곳에서 치러지는 이륜마차 경기는 대중들의 관심을 집중시켰는데, 남성들은 각 경기에 투기를 하기도 했다. 콜로세움 원형경기장에서는 검투사(gladiator)와 맹수와의 경기가 열렸는데, 전 세계로부터 들여온 이국적인 동물로 특색 있는 경기가 열리기도 했다. 수용능력 38만 명의 대형경기장 등은 로마제국 놀이문화의 상징이라고 할 수 있다.

둘째, 로마시대 여가는 생산적이 아니라 완전히 소비적인 여가로 퇴폐적이고 생동감이 없는 놀이문화였다. 야만적 게임을 위한 경기장 · 원형극장 · 음란무대 · 목욕탕 등은 육체를 단련시키는 것이 아니라 무기력하게 만드는 결과를 가져왔다. 결국 로마의 여가문화는 대중성은 높았지만 생동감이나 창의성이 없는 것이었다. 로마제국의 멸망은 로마의 문화를 긍정적이고 생산적으로 활용하지 못한 것과 관련이 되는데, 이러한 로마의 향락성 여가문화는 대제국 로마를 무너뜨리는 주요 원인이 되었다.

그리스인들과 마찬가지로, 로마인들은 여가생활을 추구하였지만, 학습이나 탐구보다는 법과 관습을 강조함으로써 여가에 대해서 다른 의미를 부여하였다. 여가를 창조가 아닌 소비로, 고귀한 인간의 미덕(good)이 아닌 정치적인 수단으로 간주하였기에 로마인에게 있어서 여가의 중요성은 그리스인들의 여가보다 그다지 높지 못하였다. 고대 그리스 스콜레와 같은 가치지향적, 혹은 규범적인 성격은 완전히 상실되어 있었다. 그리고 로마인들은 여가를 노동을 위한 적응의 의미로 파악하여 심미적이기보다는 실용적 색채를 지니게 되었다. 반면에 대중적 현상을 보인 로마시대의 여가는 참가(participation)에 의의를 두기보다는 소비에 더 큰 의미를 부여하였다.

3. 중세시대의 여가

A.D. 300~1000년 간의 중세 초기를 소위 여가의 암흑기(dark age)라고 부른다. 이 시기에 로마의 몰락과 가톨릭의 전파는 여가현상에 많은 영향을 주었다.

가톨릭 교회는 생활의 목적이 내세(next life)를 준비하는 것이라 가르치며, 근면한 노동과 명상(Contemplation)을 중시하였다. 여가의 내면적 가치를 중요시한 아리스토텔레스의 철학은 중세까지도 영향을 주어 중세 초기에는 여가의 궁극적 형태가 구원을 추구하는 명상으로 인식되기도 하였다. 기독교적 신비주의에서의 명상적 이상은 신성하게 묵상하는 여가가 최상의 선이라고 주장한다. 그러기에 가톨릭 교회에서는 그리스 · 로마시대의 향락적인 여가활동을 통제하였다. 절도 있는 생활 속에서 가톨릭의 종교적 질서에 관련된 중세시대 여가는 종교의식 및 주일과 공존하였고, 교회의 광장이나 촌락의 공유지인 광장을 중심으로 축제가 열렸다.

또한 중세사회의 봉건제도는 토지를 매개체로 한 쌍무적 주종관계를 형성하여 봉건영주들과 기사집단의 지배계급과 농업에 종사하는 농노라는 피지배계층으로 구성되어 있었는데, 베블렌(Veblen)은 지배계급을 유한계급(leisure class)이라 하여 이들은 관습상 생산적인 일로부터 면제되거나 제외되어 있었으며, 어느 정도

명예가 따르는 특정지역을 차지함으로써 피지배계급과의 계급구별을 매우 엄격히 하였다. 베블렌에 의하면, 여가는 시간을 비생산적으로 소비하는 행위이며, 생산적인 일은 가치가 없는 행위라고 보았다. 여가는 일을 하지 않아도 되는 여유가 있음을 과시하기 위한 사회적인 표현이었다. 상류지배층인 영주 · 귀족 · 기사들을 중심으로 한 독특한 여가문화가 출현하게 되었는데, 기사제의 도입 · 정착으로 기사문화를 중심으로 한 여가문화가 발달하게 되었다. 이들 엘리트계층의 여가활동은 무술시합이었으며, 왕족과 귀족대상의 관전경기형태로 발전하였다. 오늘날 스포츠맨십의 기사도정신도 여기에 뿌리를 두고 있다.

계급별로 구분된 여가활동으로 지배계층은 축제, 연회, 수렵, 여행, 도박, 가면, 무도회, 승마, 음악, 매사냥, 독서 등을 즐겼다. 기사들은 교양을 넓히기 위해 독서, 음악을 즐겼으며, 농민들은 농한기를 이용한 음식, 술, 노래, 춤, 경기, 볼링, 수렵, 투계 등과 같이 일상생활에 있어서 생일, 경사 등을 위한 연회, 축하행사를 가지며, 교회가 인정하는 공휴일을 이용하여 여가생활을 하였다. 그리고 영주의 지배를 벗어난 상공인들은 자유인으로서 여가시간을 이용해 음악, 건축, 골프, 여행 등을 레크리에이션이나 취미생활로 즐겼다. 성직자들은 세속적인 여가활동은 하지 않았으나 연극, 미술, 문학, 철학, 과학 등 순수한 예술, 문학, 창작활동에 참여했다.

4. 르네상스 · 종교개혁기 여가

중세 초기의 침체와 암울했던 시대를 벗어나 문화발달의 여명을 비추게 한 것은 '인간중심의 가치관을 기본정신으로 많은 사람들에게 더 많은 자유를 부여하자'는 자유사상에서 출발한 15~16세기 문예부흥(renaissance)이었다. 르네상스는 그리스시대의 이상주의를 긍정적으로 재평가함으로써 이를 통해 새로운 인간생활과 문화를 건설하려는 운동으로 중세에서 근대로, 정태적 문화에서 동태적 문화로, 봉건사회에서 도시개인주의적 사회로 연결하는 중대한 전환기가 되었다.

르네상스시대의 여가활동은 주로 자기계발과 지적인 욕구충족을 위한 수단으로 인식되었는데, 이것은 오늘날 균형잡힌 생활을 강조하는 건전한 여가생활의 추구와 유사한 것으로 볼 수 있다. 이 시기에 귀족 및 왕조의 후원 하에 문학, 드라마, 음악, 미술, 발레 등의 활동이 권장되었고, 극장 및 오페라하우스의 건설과 함께 교양적인 여가시설이 증가하였다.

호이징가(Huizinga)는 이 시대를 '놀이의 황금시대'로 평가하고 있으며, 르네상스는 놀이의 두 가지 이미지, 즉 전원생활과 기사생활을 최고도로 구체화시켰다고 보고 있다. 르네상스는 금욕의 중세에서 인간의 관능을 해방시키고 종교적 규율로부터 인간의 이성을 해방시킴으로써 산업혁명의 기반을 구축하였으며, 근세 후기 유럽 상류사회의 사교적 문화와 여가향유풍조를 조성하였다.

한편, 중세 말기 노동에 종교적 의미를 부여하며 나타난 종교개혁은 산업사회 형성의 정신적 지주가 되었으며, 프로테스탄트윤리(protestant ethic)는 일하는 것을 옹호하였다. 일이 개인의 구원과 타인에 대한 봉사수단으로 중시되었기 때문에, 여가는 상대적으로 경시될 수밖에 없었다. 따라서 인간은 일의 도구라 할 만큼 일하는 것에 근본적 존재의의를 두게 되었다. 이 당시의 여가는 단순한 휴식으로 인식되었고 노동에 대한 부차적인 의미로 파악되었다. 종교개혁은 노동의 신성화를 철저하게 추진하였으며, 노동을 중시하는 가치관은 민중의 생활의식 속에 형성되었으며, 산업혁명 이후 근대 서구의 경제발전의 정신적인 기반이 되었다. 종교개혁기간 동안 노동이 인간생활의 궁극적인 것으로 신성시된 반면에 여가는 죄악으로 간주되어 상대적으로 중요성이 감소되었으며, 이에 따른 여가윤리는 20세기까지 연결되었다.

5. 근대사회의 여가

자유주의와 산업자본주의를 성립시킨 1870년대 영국의 산업혁명은 서구근대사회 형성의 계기가 되었고, 삶의 질서에 근본적인 영향을 미쳤다. 소규모 상점이나 가내수공업을 통해 생산되었던 제품(material goods)의 생산이 대규모 공장으로 이전되었고, 기술발달로 인해 노동자들이 기계를 이용하게 되면서 많은 양의 물건들을 생산할 수 있게 되었다. 노동자들은 표준화된 작업을 하였고, 노동시간은 증가하였다. 산업혁명 이후 많은 사람들이 공장에서 일을 하게 되면서 여가의 개념이 체계적으로 구분되기 시작하였다. 당시의 여가는 노동시간의 문제와 직결되는 것이었으며 여가개념은 비노동 시간을 의미하는 것이었다. 당시 노동계급의 여가 문제는 과거 봉건주의 사회하의 특권 유한계급이 누리던 여가와는 질적으로 구분되는 것이었다. 근대사회의 여가는 산업노동을 위한 재충전 혹은 기력 회복을 위한 문제로서 출발하게 된다.

근대적 노동 이데올로기는 근대적 노동철학의 강조에 따라 근대 자본주의 시대의 인간상을 노동지향적인 '공작인(homo faber)'과 자본지향적인 '경제인'으로 만들었다. 이러한 인간상은 '노동지향적 인간상'을 형성시켰다. 노동지향적 인간상은 당시 노동정책이 상공업자, 자본가에게만 유리하게 규정되어 노동자들에게는 집중적인 노동시간과 양이 부과되어 인간 본성인 유희적 인간의 인간상을 부정하기에 이르렀다. 이러한 노동중심적인 인간상의 강조는 사회진보와 발전이라는 미명 아래 노동착취와 노동소외의 문제를 야기시켰다. 또한 산업사회는 많은 사람들을 도시로 끌어들임으로써 급격한 도시화 현상이 발생하게 되었는데, 도시화 현상은 노동력의 수요와 공급의 차질로 인해 노동의 소외를 야기시켰으며, 인간소외의 병리적인 현상을 일으켰다. 또한 실업자와 범죄, 여성의 매춘, 알코올 중독자의 증가 등 사회적인 문제가 발생하게 되었다.

이러한 산업사회의 모순적인 발전구조와 자본형성의 불균형으로 인하여 노동자와 소자본가들은 실생활의 만족과 행복보다는 현세적인 소비지향적 삶을 영위하게 되었다. 반면, 신귀족주의적인 자본가계급은 교양과 생활예절로서 교육과 여가활동을 활발하게 누렸다. 이 당시의 여가실태는 노동자계급이 음주-퇴폐, 도박 등의 저속문화를 향유한 반면, 자본가계급은 고급스러운 상류문화를 즐기고 있었다.

근대사회의 여가는 노동에 종속된 개념으로 취급되었으며, 여가의 역할은 단지 노동에서 생기는 긴장과 피로를 해소하기 위한 기분전환, 휴양, 휴식의 영역에 머물렀다. 당시의 특이한 변화는 상업주의화된 여가와 에너지 소비적 여가가 지배했다는 점이며, 이러한 여가의 상업화는 영화와 TV 등의 영상매체가 등장하면서 더욱 심화되었다. 특히 영화와 TV는 자본가계급과 노동자계급이 조우할 기회를 제공하면서 동시에 여가의 획일화와 무감각화를 초래하였다. 다른 의미에서 TV나 영화와 같은 영상매체의 등장으로 새롭게 형성된 대중오락은 종래의 계급지향적 성격에서 계급적 경계를 흐리게 하는 본격적인 대중문화 시대로의 진입을 의미한다.

산업혁명　　물랑 루즈에서의 춤　　생타드레스의 테라스

[그림 3-3] 근대사회의 여가

* 자료: http://www.munhwa.com/news/view.html?no=1997111236000201
http://www.bongkim.com/bongkim/skin/board/b_webzine/print.php?bo_table=b03_01&wr_id=193

이 시대 여가의 특징은 다음과 같다.

첫째, 기존의 여가문화와 놀이문화의 성격을 변질시켰다. 일과 생산이 시대의 궁극적인 목표가 되어 일 중심의 사고방식과 철학이 근대유럽을 지배하게 되었다.

둘째, 일과 여가시간의 개념구분이 확립되었다. 노동시간이 연장되고 상대적으로 가용여가시간이 감소됨으로써 노동의 대립개념으로 여가에 대한 욕구가 증가되었다.

셋째, 급격한 도시화 현상을 촉진시켰다. 대량생산·대량소비를 특징으로 하는 산업사회는 많은 사람들을 도시로 끌어들임으로써 도시 내에 확보된 상업적인 여가 공간 및 시설들을 이용하게 되었으며, 여가행태는 개인중심의 상업화된 여가를 즐기게 되었다. 이런 현상은 사기업적 유흥·오락시설의 증가와 여가산업의 발전을 초래하는 결과를 가져오게 되었다.

넷째, 여가향유패턴이 근교 야외여가활동의 증가로 변화되었다. 자동차의 출현은 여가향유패턴을 근본적으로 바꾸어 놓았다.

6. 현대사회의 여가

현대사회로 오면서 물질적 풍요보다는 정신적 풍요를 더 가치 있는 것으로 평가하는 경향으로, 일 중심의 생활보다는 여가중심의 생활을 추구하려는 의식구조가 현저해졌다. 산업구조와 생산방식, 생활방식의 변화로 인간성이 상실되었고, 심리적 불안과 갈등을 야기시켜 삶의 보람을 노동보다는 여가에서 찾으려는 경향이 뚜렷해졌다.

현대사회는 한마디로 '대중여가시대' 또는 '대중문화시대'라고 정의할 수 있다. 교육과 평등사상의 확산으로 유한계급의 문화독점이 무너졌고, 기업가는 대중의 문화욕구에 대응하여 값싸고 대중적인 서적, 잡지, 사진, 스포츠용품 등을 대량으로 생산하기 시작했다. 또한 영화, 텔레비전, 라디오 등 대중매체를 통하여 대중문화라는 독특한 문화가 형성되었다. 이러한 대중문화는 당연히 놀이 또는 여가문화에도 영향을 미쳐 소위 '여가의 대중화' 혹은 '여가의 민주화'가 실현되었다.

오늘날 서구사회에서 볼 수 있는 신유한계급(new leisure class)인 중산층에서는 소득에 비해 여가가 부족한 현상이 발생하고 있는데, 린더(Linder)는 이와 같은 현상을 '시간 기근문화(time famine culture)'라고 표현하고 있다. 또한 갓비(Godbey)는 현대인의 시간부족을 '시간심화(time-deepening)'라고 표현했다. 즉 인간이 산업화와 밀착되고 교육을 많이 받을수록 한꺼번에 더 많은 활동을 하고자 하기 때문에, 자연히 시간을 쪼개어 능률적으로 활용하려고 하는 것이다.

현대의 여가는 목적화되고 산업화되는 특징을 가지고 있으며, 현대사회 여가의 특징은 다음과 같이 요약할 수 있다.

첫째, 여가가 하나의 권리로 인식되어감에 따라서 국가적, 나아가 국제적 차원의 사회정책적 대책이 요구된다.

둘째, 여가정책 및 개발 등에 있어서 관료체제화 현상이 두드러지게 나타나고 있다.

셋째, 현대의 여가문명은 소비성과 직결되어 소비혁명이라는 특징을 지니고 있다.

넷째, 국가가 국민의 여가복지를 위해 장기적으로 시설계획 및 대책을 수립하고 있다.

다섯째, 여가가 독자적 형태를 지닌 독립산업으로 등장하고 있다.

여섯째, 노동-여가관이 '노동에 따르는 부차적인 휴식으로서의 여가'에서 '여가를 위한 노동'이라는 인식으로 전환되고 있다.

제2절 우리나라의 여가발전사

오랜 세월 동안 농경문화에 바탕을 둔 우리나라의 경우도 다양한 민속축제, 세시풍속 등이 연중 24절기마다 성행하였다. 다만, 보수적 유교문화와 엄격한 신분제도가 자리잡은 조선시대는 모든 사람이 참여하는 여가활동은 없었고 신분의 차이에 따라 여가활동 내용이 달랐다.

본서에서는 우리나라의 여가역사를 시대적 색채를 고려하여 원시시대, 삼국시대, 고려시대, 조선시대, 일제강점기시대, 해방 이후와 근대, 현대로 구분하여 살펴보고자 한다. 조선시대에 해당하는 일제강점기시대는 우리에게는 어색한 여가문화가 형성된 시기이고, 근대에 속하는 해방 이후는 우리 정부에 의한 최초의 여가정책들이 발동되는 시기이기 때문에, 본서에서는 별도의 시대로 구분하고자 하였다.

1. 고대사회의 여가

고대사회의 사람들은 자연에도 영혼, 즉 정령(정령설-animism)이 있으며, 동물이나 다른 사물을 자신들을 수호해 주는 신(토테미즘-totemism)으로 믿고 숭배해 왔다. 또한 선과 악의 신을 믿는 무속신앙(shamanism)이 있었다. 이러한 배경에서 사람들은 그들의 신들에게 제사를 지냈다. 점차 농경사회로 안정되어가고 이를 중심으로 부족국가가 생겨나면서 지배계층의 권력을 강화하며, 사람들의 종교적인 의식에 대한 욕구를 충족시키고, 고된 농경생활에 대한 격려를 위해 추수감사제격인 집단여가행사가 10월에서 12월 사이에 행해졌다. 고대시대에서 조선시대까지의 여가는 정치와 종교의 영향을 많이 받았다. 또한 계층중심으로 분류되었던 여가문화는 오랫동안 여가의 종류와 영역에 지대한 영향을 끼쳤다.

2. 삼국시대의 여가

고구려의 동맹이나 부여의 영고, 동예의 무천 등이 대표적인 제례행사인데, 이러한 행사에는 늘 술과 음식, 춤과 같은 집단놀이 형태의 행사들이 있었다고 전해진다. 이 시기에는 고대시대를 계승하고 있기는 하지만 신라, 고구려, 백제가 각기 그들의 지역특색과 정치적 상황에 맞게 이를 변형시키고 다른 모습으로 발전시켰다. 이때부터 신분계급을 강조했기 때문에 여가도 지배계층과 피지배계층의 여가로 이원화되기 시작하였다. 상류계층은 학문과 풍류 등 고상하고 사교적인 여가를 즐겼고, 하층민의 여가를 천시하기 시작했다. 서민계급의 여가활동은 불교행사와 굿 등의 축제의식과 결부된 놀이를 즐겼으며, 당시 성행했던 주요 여가활동으로는 활쏘기, 말타기, 그네타기, 연날리기, 씨름, 죽마 등이 있었다.

죽마놀이

연날리기

활쏘기

[그림 3-4] 삼국시대의 놀이

* 자료: http://terms.naver.com/entry.nhn?cid=4289&docId=1012276&categoryId=4296
http://terms.naver.com/entry.nhn?cid=4289&docId=1012276&categoryId=4296

신라, 고구려, 백제의 여가를 차례로 살펴보면, 신라에서는 명절마다 특별한 음식을 준비하고 춤과 여러 가지 놀이를 즐겼다. 신라의 귀족자제들은 여가활동으로 '화랑도'를 중심으로 자연을 벗삼아 유람하면서 시가(詩歌)를 즐기며 여러 무술활동을 하였다. 또한 지배계층은 자연과의 일치를 추구하는 심리적인 경지인 풍류를 즐겼는데, 이는 훗날 고려와 조선으로 이어져 지배계층의 여가활동의 중심으로 전승된다. 서양의 경우와 같이 우리나라에서도 여가를 즐길 수 있는 것은 주로 지배계층이었다. 피지배계층은 고된 노동과 의무를 잊기 위해 무도나 음악 등을 즐겼다.

고구려는 지리적 요인 때문에 북방 대륙(중국)의 기질을 그대로 이어받았다. 따라서 그들은 활쏘기나 말타기 등의 신체활동이 왕성한 여가를 즐겼다. 그 외에도 수렵대회나 삭전(오늘날의 줄다리기), 답교(다리 밟기), 축구와 격구(공놀이의 일종), 위기(바둑), 연날리기 등도 즐겼다. 또한 제례행사나 레크리에이션을 위한 도구로 거문고 등 여러 악기가 사용되었다.

백제는 그들의 문화예술 유적에서 뚜렷히 드러나듯 다른 두 나라와 달리 비교적 온건하며 우아한 성격의 여가를 즐겼다. 일상생활에서는 장기나 바둑 등을 즐겼으며, 축제 때에는 널뛰기, 씨름, 윷놀이, 그네, 강강술래 등을 행하였다.

3. 고려시대의 여가

건국 이래 대륙문화의 활발한 유입과 문물제도의 정비로 비교적 안정적인 생활을 누렸던 고려시대에는 국교인 불교의 융성을 중심으로 여가가 행해졌다. 이 시기에는 종교적 행사에서 놀이적 요소가 가미되었다고 할 수 있다. 불교적 축제인 연등회와 팔관회 때에는 술과 음식을 차리고 호화로운 연회와 다양한 유희를 즐겼다. 이 시기의 풍류는 대부분 신라의 문화가 전승되었지만, 신라의 것보다는 더욱 집단적이고 향락적인 면이 강했고, 음악이나 술이 가미된 풍류가 유행하였다. 명절에는 씨름이 유행했고, 꼭두각시놀음 같은 인형극도 생겼다. 그리고 수희라는 오늘날의 수영과 같은 놀이도 있었으며, 생업이 아닌 레크리에이션 활동으로 낚시를 즐기기도 하였다.

불교행사 팔관회 곡예

[그림 3-5] 고려시대 여가

* 자료: http://www.thingskorean.com/kor/theme8/3-2.htm
http://health2010.egloos.com/m/3572322
http://terms.naver.com/entry.nhn?cid=1645&docId=523386&mobile&categoryId=1645

4. 조선시대의 여가

조선시대에는 유교정치의 바탕이 되는 성리학의 영향을 받아 지배계층인 사대부는 부와 상관없이 자연을 동경하는 안빈낙도(安貧樂道)의 삶을 영위하였다. 그들은 술과 자연을 벗 삼아 풍류를 즐기는 삶을 살았다. 사대부계급은 노역과 의무에서 제외된 지식인이었는데 비해, 서민계급은 주로 농·공·상·어업 등에 종사했기 때문에, 양반사회에 대한 불만이 잔존하고 있었다. 그들은 탈춤과 광대놀이 등으로 지배계급에 대한 불만을 해학적으로 풍자하였다.

조선시대 후기에는 실학이 등장하면서 미술분야에서의 풍속화에 많은 놀이유형이 묘사되고 있는데, 특히 서민의 농경놀이문화가 잘 표현되고 있다. 농경사회의 흔적을 남기고 있는 집단놀이·대동놀이가 삶과 생계의 터전에서 발생했고, 놀이는 생산과 노동을 보충하여 재생산의욕을 창출하는 기회로 발전했다. 이 당시 대표적인 놀이형태로는 산유·농악·쥐불놀이·호미씻기·광대놀이·제기차기 등이 있다.

광대

풍속화(신윤복)

제기차기

[그림 3-6] 조선시대 여가

* 자료: www.google.co.kr

5. 일제강점기의 여가

일제강점기와 해방으로 연결되는 근대사회는 일본과 그 밖의 열강들의 놀이문화가 강제로 우리문화에 합쳐졌기 때문에 우리 여가 역사상 가장 빈약하고 어색한 여가문화가 형성되었다. 개화기를 전후하여 1910년 한일합병으로 일본의 노골적인 침략이 가시화되자 일부 선각자들을 중심으로 국민 계몽운동이 전개되고, 이 과정에서 계몽을 위한 거국적 출판이 활발히 일어났고, 이를 계기로 전래소설과 신식소설이 대량 출판되기 시작했다. 이와 함께 일본으로부터는 화투, 서구로부터는 농구 · 배구 · 축구 등이 전해졌다. 화투는 주로 노름으로, 구기 종목은 학생들의 신체단련 수단으로 행해졌다.

일제강점기를 거치면서 신흥지식층이 나타났다. 이들은 미국, 일본에서 들여온 문화를 최고로 인식하였으며, 화투, 라디오, 레코드 등이 활발히 전파되었다. 선교사, 유학생, 일본 이주자들에 의해 신식놀이가 본격적으로 보급되었고, 1920년대 초 신문과 잡지가 발간되었다. 축음기의 전파로 대중가요가 발전하기 시작하였다. 이와 더불어 영화가 수입되어 대중가요와 함께 여가문화로 자리잡기 시작했다. 1930년대에는 우리나라에서도 산업화가 진행되면서 서구와 마찬가지로 노동자들 사이에 일과 여가가 명확히 구분되기 시작했다.

6. 해방 이후의 여가

1945년에 해방이 되었으나 여가를 즐기기는 어려운 상황이었다. 이러한 상황에서 한국전쟁이 발발하였다. 전쟁 후 국토는 황폐화되었으며, 자연 및 문화유산이 파괴되었다. 정치 · 경제적인 악순환으로 인해 국민의 생활은 오직 그날그날의 생존에 급급했다. 그 결과 국가시책은 전국의 황폐화된 국토환경을 복구하는 것이었으며, 이 시기의 여가행정은 국가체제를 새로이 정립하는 과정에서 극히 필요한 행정기관의 설치에만 머물렀기 때문에 국가적인 지원정책이 활발하게 전개되지 못했다. 생존자체가 절박했던 치열한 삶 속에서 여가란 생각하기 어려운 사치에 불과했다. 따라서 자연히 일부 부유층이나 특권층에 의해 여가가 독점되었다.

해방 이후 1950년대 초까지는 6 · 25 전쟁으로 국토공간이 파괴되고, 정치경제적인 악순환으로 인하여 여가가 국가적으로 중요한 정책적인 사항이 되지 못한 시기였다. 그러나 1953년 노동자들에게 연간 12일의 유급휴가를 실시하도록 보장하는 근로기준법이 제정 · 공포되면서 비로소 제도적인 자유시간, 곧 여가시간을 갖게 되었다. 1950년대 말 정부의 각종 여가와 관광관련 정책수립과 시행으로 국민들은 서서히 국가의 여가정책에 관심을 갖게 되었다.

7. 근대사회의 여가

1960년대로 접어들면서 여가에 대한 개념이 명확해지기 시작했고, 여가 · 관광자원의 개발에 박차를 가하기 시작했다. 국가의 경제개발계획 등 각종 정책이 활발히 추진되어 감에 따라 국민의 의식과 생활측면에서 많은 변화가 나타나게 되었다. 사회적으로도 전국 대도시에 산업시설이 설치되면서 농어촌의 유휴노동력이 대규모로 도시에 집중되기 시작했다.

산업화가 추진됨에 따라서 도시민들은 대도시생활에서 오는 스트레스와 혼잡을 피하려는 일탈의 욕구로 여가를 즐기게 된다. 따라서 1960년대의 여가패턴은 기분전환과 삶의 변화를 추구하는 본격적인 여가문화형태로 나타나게 된다.

이 시기에는 국민복지의 차원에서 여가 및 레크리에이션 시설에 대해서 정책적으로 논의하기 시작하였는데, 국민전체가 건전한 여가생활을 영위하는 명랑한 사회분위기를 확립하고자, 특히 가족과 청소년휴양지의 개발에 관심을 갖게 되었다. 1967년 지리산이 최초 국립공원으로 지정되고, 관광관련 법규를 정비하는 등 국가적 차원에서 1970년대의 대중화된 여가를 위한 준비기반을 갖추게 된다.

1970년대에는 본격적인 여가의식과 여가활동이 정착된 시기였다고 볼 수 있다. 경제개발계획의 성과로 물질적 풍요를 누리게 되었고, 그에 따라 삶의 질을 추구하고자 하는 국민의 의식과 욕망이 여가현상으로 나타나게 되었다. 지속적인 경제성장에 따른 소득향상, 국토의 균형적인 개발을 위한 도로교통망의 확충, 농촌생활수준의 향상과 전국적인 새마을운동의 확산 등으로 도시의 야외행락기회가 증가되었고, 동시에 농어민의 단체관광과 시찰여행이 증가하였다.

1970년대 후반에는 놀이를 통한 스트레스의 해소 등 일상생활의 해방감을 맛보려는 경향과 더불어 건전한 사회질서 속에서 가족과 함께 여가활동을 하게 되었고, 또한 친구들과의 야영 등이 새로운 현상으로 나타났다. 1970년대 말에는 여가시설이나 공간개발에 관한 여가행정조직과 법률을 정비했고, 국립공원을 확대했으며, 여가자원의 개발유형이 다양화된 시기로서 한국여가발전의 도약기라고 할 수 있다.

1960~70년대 여가문화는 국가정책에 의해 기반을 닦는 시기였다. 노동과 놀이를 일상생활에서 구분함으로써 여가에 대한 관심이 국가정책에서 국민의 관심으로 변해가는 과도기적인 단계라고 할 수 있다.

8. 현대사회의 여가

1980년대는 제2차 석유파동의 여파와 국내정치의 불안 등의 영향을 받아 일시적으로 여가생활이 위축되기도 하였지만, 이후 경제성장의 가속화로 인해 여가에 대한 국민의 관심은 다시 증가하게 되었다. 1980년대로 들어와 국민의 의식구조는 양적인 물질충족의 단계에서 질적인 생활 전반의 향상 추구로 이행하게 되었으며, 그 수단으로 여가의 중요성이 더욱 증가했다.

이 시기 국민의 여가성향은 이용대상과 방법이 다양해졌으며, 개개인의 개성과 취향을 살릴 수 있는 활동적인 레크리에이션이 보급되었고, 여가활동에 대한 긍정적인 재평가와 함께 전국의 1일 여가공간화 현상이 나타나게 되었다. 또한 여가동기에 있어서 단순히 노동에서 벗어나기 위한 오락·사교를 추구하던 1970년대의 경향에서 벗어나 교양·문화적 여가를 지향하는 추세로 변화했고, 여가활동의 동반형태에 있어서도 가족단위의 여가활동이 두드러지게 증가했다.

그러나 여가문화가 활발해지면서 사치성 향락산업이 급증했고, 과소비적 여가형태가 여러 사회문제를 유발하기도 하였다. 1980년대 향략적 여가현상은 여가 및 유흥비용의 조달을 위한 청소년의 비행행동이나 범죄의 원인을 제공했다.

1982년부터 시행된 제2차 국토종합개발계획 중 여가부문은 제1차 계획에서 파생된 문제점을 시정하고 급격히 증가하는 국민의 여가수요에 부응하여 자원의 보전과 체계적 개발의 조화를 위한 계획으로써, 주로 자연자원의 지정확대, 휴양·위락지역 및 시설의 개발, 도시공원녹지의 확대 개발, 역사·문화적 관광자원의 정화·관리 등에 관한 사항이 주축을 이루고 있었다.

1980년대 후반에 들어 86아시안게임과 88올림픽 등을 계기로 스포츠·레저는 전성기를 맞이하게 됐다. 국가의 주도하에 곳곳에 레저스포츠 시설이 생겨나고 이러한 시설들을 전 국민이 이용할 수 있게 되었다. 또한 1989년 해외여행 자유화로 그동안 국내에만 한정되었던 여가영역은 외국에까지 확장됐다. 따라서 대중은 개개인의 개성과 욕구를 충족시킬 수 있는 다양한 여가선택의 기회를 제공받았으며, 더욱 대중화된 국민여가를 즐길 수 있게 되었다.

어느 시대에나 여가문화는 정치 · 경제의 영향을 많이 받았다. 1990년대 후반기에는 경제침체로 인해 일시적으로 여가활동의 수요가 감소했으며, 정부에서는 여가생활의 추구, 사회적 형평성의 실현, 세계 속의 관광한국이라는 목표를 달성하기 위해 각종 여가 및 관광진흥정책을 수립했다. 여가에 대한 인식 재정립, 국제화 · 지방화 · 자율화 추세에 주도적으로 대응, 국민의 여가와 관광욕구변화의 능동적 수용, 복지차원의 여가와 관광여건 조성, 시장개방에 따른 여가나 관광산업의 경제력강화 등 각종 여가관련 정책을 수립 · 추진해 나가고 있다. 여가정책은 끊임없이 다양한 시대의 요구에 맞춰 발전하고 있다.

Key Words

- 유한계급(lleisure class)
- 베블렌(veblen)
- 산업혁명(industrial revolution)

과제 조사

1. 원시사회에서 여가와 노동의 관계에 대해서 설명하시오.
2. 그리스시대의 여가관과 로마시대의 여가관에 대해 설명하시오.
3. 중세시대의 종교관은 여가에 어떠한 영향을 미쳤는가?
4. 우리나라의 여가변천사에 대해 설명하시오.
5. 로마의 몰락과 여가 간의 관계에 대해서 설명하시오.
6. 각 시대에 따른 여가의 특성에 대해서 설명하시오.
7. 현대사회에서도 여가가 로마시대처럼 대중들을 통제하기 위한 수단으로 이용되고 있는가?

사례 우리나라 여가변천사

- 근대 이전 우리나라 여가생활은 공동체를 중심으로 '노동'과 '여가'가 혼재되어 있었음. 즉 과거에는 국가행사, 종교행사, 마을단위의 세시풍속 등 공동체 중심의 생활 속에서 여가를 즐기는 일상적 여가가 특징이었음.
- 일제 강점기와 산업화 이후 전통적인 여가문화는 노동과 여가가 분리된 서구의 여가문화 개념이 자리잡게 됨. 하지만 서양에서는 산업화 이후 여가문화가 발달한 반면에 우리나라는 급속한 산업화와 경제성장 속에 노동이 중요시되면서 여가문화는 오히려 쇠퇴함.
- 전통적인 공동체 중심의 여가문화가 붕괴되고, 노동 이후의 짧은 여가시간은 단시간에 스트레스를 해소하기 위한 오락 중심의 소비성 여가문화로 발달함.
- 국민소득 2만 달러 시대와 주5일 근무제 도입으로 산업화시대의 여가관에서 벗어나 여가가 인생의 중심이 되는 방향으로 새로운 여가관이 확산되고 있음.

〈표 3-1〉 우리나라 시대별 주요 여가트렌드

구분	주요 특징
고대시대	제천의식을 통한 여가문화
고려/조선시대	종교행사, 공동체 행사를 통한 여가문화 예 고려시대: 팔관회, 농주, 수박희, 각저희 등 조선시대: 제기차기, 윷놀이 등
일제강점기	서양 여가문화 도입기 예 화투, 농구, 배구, 축구, 라디오, 잡지, 신문 등
산업화 초기	노동중심의 사회로 여가시간 부족, 일과 여가의 구분, 소비형 여가문화 확산
해방 이후	근로기준법(1953년) 제정 – 1일 8시간 주48시간, 연간 12일 유급휴가 실시 보장
근대사회	라디오방송국 개국(1961년), 관광사업진흥법 제정(1961년)
현대사회 (1980~90년대)	• 해외여행 자유화(1981년), 야간통행금지 해제조치(1982년) 프로야구 출범(1982년), 올림픽 개최(1988년), 방(노래방, 찜질방, 피시방)문화 확산(1990년대), 지방자치제 실시로 지역축제 및 레저문화 공급 확대(1995년) • 과시형 여가, 스포츠, 가족중심형 여가, 휴양형 여가
2000년 이후	• 주5일 근무제 법률안 공포(2003년), KTX 개통(2004년), 소득 2만 달러 돌파로 선진국형 여가문화 수요확산(2007년) • 체험형, 자기계발형, 사회봉사형 여가 등 여가의 다양화

* 출처: 경기개발연구원(2013),「여가문화의 새로운 트렌드」

참고문헌

김광득(2000), 「여가와 현대사회」, 백산출판사.

스탠리 파커 저 이연택 역(2000), 「현대사회와 여가」, 서울: 일신사.

손해식 외(2004), 「현대여가사회의 이해」, 백산출판사.

노용구(2004), 「여가학」, 대경북스.

차석빈 외(1996), 「여가론」, 대왕사.

윤지환(2004), 「여가의 이해」, 서울: 일신사.

곽한병(2005), 「여가문화론」, 대왕사.

Christopher R. Edington(1995), Leisure and Life Satisfaction, Brown & Benchmark.

John R. Kelly and Geoffrey Godbey(1992), The Sociology of Leisure, Venture Publishing, Inc.

제4장 여가행동

제1절 여가행동 개념 및 유형

1. 여가행동의 개념

여가는 개인이 가정, 노동 및 기타의 의무로부터 벗어난 자유로운 상태에서 휴식, 기분전환, 자기계발 및 사회적 성취를 이루기 위해 임의적으로 활동할 수 있는 시간을 의미한다. 여가행동이란 여가시간 동안에 이루어지는 모든 행위라고 할 수 있겠다. 여가행동은 동인(motivator)에 의하여 추진되는 행동이며, 인간의 욕구(needs)와 밀접한 관련이 있는데, 그 예로 휴식, 기분전환, 자기계발, 사회적 성취 등을 들 수 있다. 또한 여가행동은 동태적(dynamic)인 특징을 지니는 것으로 여가행동에 영향을 주는 외적 환경요소와 개인적이고 내적인 요인에 따라 여가행동도 변화한다.

여가행동은 관광행동보다 훨씬 광범위하게 나타난다. 그 이유는 관광이 시간, 장소, 비용의 제약을 많이 받는 데 비해, 여가는 이러한 제약을 훨씬 덜 받기 때문이다.

여가행동은 여가시간을 즐기는 가운데 일련의 단계를 밟아가는 하나의 과정(process)이라고 할 수 있는데, 라지와 프랭켄(Raaiji and Franken, 1984)은 여가행동을 ① 욕구, ② 정보탐색, ③ 의사결정, ④ 여가참여, ⑤ 사후평가 등과 같은 일련의 과정으로 보고 있다.

요약하자면 여가행동은 여가시간 동안 자유로운 상태 하에서 휴식, 기분전환, 자기계발 및 사회적 성취 등을 이루기 위해 행하는 행위로, 다양한 요인에 의해 영향을 받으며, 여가시간이 이루어지는 가운데 일련의 단계를 밟아가는 하나의 과정이라고 할 수 있다.

2. 여가행동의 유형

여가행동의 유형은 매우 광범위하며, 분류기준과 분류방법에 따라서 여러 가지 유형으로 나타나고 있다. 이는 여가행동이 상호 유사한 내면적 특성을 지니고 있으며, 각 활동유형을 구분하는 분류기준이 다양하기 때문이다. 국내외 학자들과 국내연구소에서 분류하고 있는 여가활동 유형을 살펴보면 다음과 같다.

1) 국외연구에서의 분류

국외연구자들은 참여유형, 활동유형, 동기 및 표현형태, 타인과의 상호작용, 여가행태 등의 다양한 분류기준과 분류방법을 적용해 여가의 유형을 정리하고 있다. 연구자별로 살펴보자.

(1) 에퍼슨(Epperson)

참여유형을 기준으로 여가활동을 5가지 활동으로 분류했다.

① 관람활동: 스포츠관람, 경주관람, 영화관람, 전시회관람, 음악회관람 등

② 야외레크리에이션활동: 박람회, 놀이동산, 관광지 방문 등

③ 개인 · 소집단활동: 자전거, 스케이트, 골프, 테니스, 스키, 야영 등

④ 기계적 스포츠 활동: 보트타기, 모터사이클, 자동차야영 등

⑤ 클럽 · 리조트 · 별장활동: 컨트리클럽, 건강스포츠, 콘도미니엄 등

(2) 스잘라이(Szali)

활동유형을 기준으로 3가지 활동으로 분류했다.

① 준여가(semi-leisure): 신체회복활동, 종교활동, 조직활동 등 약간의 제약이 따르는 활동

② 수동적 여가(passive leisure): 음악감상, TV 시청, 독서, 신문구독, 영화감상 등 육체적 움직임이 적은 활동

③ 총체적여가(total leisure): 관람, 오락, 사교활동, 스포츠 등 비교적 동적인 육체 활동과 정신적 집중도가 높은 활동

(3) 루트진(Lutzin)

여가활동을 동기 및 표현 형태에 따라 5가지 활동으로 분류했다.

① 신체활동(physical activities): 스포츠, 게임, 댄스 등

② 사교활동(social activities): 피크닉, 파티, 클럽 등

③ 문화활동(cultural activities): 미술, 음악, 연극, 민속 등

④ 자연활동(natural activities): 낚시, 사냥, 캠핑, 하이킹, 자연학습 등

⑤ 정신활동(mental activities): 독서, 창작, 체스 등

(4) 머피(Murphy)

타인과의 상호작용을 기준으로 3가지 활동으로 분류했다.

① 개인활동(individual activities): 다른 사람과의 관계에 직접적인 영향을 받지 않고 혼자서 하는 활동

② 병행활동(parallel activities): 활동을 공유하기는 하나 타인과 상호작용하기 위한 기회가 제한되어 있고, 주로 무생물을 이용하는 활동으로 직접적인 의사소통이 거의 요구되지 않는 활동

③ 협동활동(joint activities): 참여자들에게 의사소통의 기회를 제공하는 활동으로 게임, 파티, 캠핑과 같이 다른 참여자들과의 활발한 상호작용을 요구하는 활동

(5) 이소 아홀라(Iso-Ahola)

여가행태를 기준으로 3가지 활동으로 구분했다.

① **스포츠활동**: 대부분의 스포츠활동 등

② **사교활동**: 영화관람, 댄싱, 종교활동 등

③ **공작활동**: 목공예, 도예, 요리, 뜨개질 등

(6) 고든(Gordon)

고든은 인지적 · 정서적 및 신체적 면에 있어서 표현적 관여 정도에 따라 여가활동을 5가지로 분류했는데, 표현적 관여 정도가 가장 높은 감각적 쾌락추구활동 및 표현적 관여 정도가 가장 낮은 긴장해소활동 등으로 분류했다.

① **감각적 쾌락추구 활동**: 성교, 심리활동적 약물 사용(마약 등), 무아경의 종교적 체험, 공격적 행동, 경쟁이 심한 게임 및 운동경기, 격정적인 춤

② **창의적 활동**: 창작활동, 양육활동, 심각한 토의, 악기연주

③ **발전적 활동**: 체조, 개인적인 스포츠, 인지적 획득(심각한 독서, 학습활동), 심미적 활동, 단체활동 참여(클럽 등), 관광, 여행, 학습을 위한 게임 및 장난감 놀이 등

④ **기분전환활동**: 사교적 활동, 경기관람, 게임, 놀이, 가벼운 대화, 취미활동, 독서, 대중매체 이용(TV 및 라디오시청) 등

⑤ **긴장해소 활동**: 혼자 있음, 조용한 휴식, 수면 등

이 밖에도 오스너(Orthner)는 타인과의 상호작용을 기준으로 여가활동을 개인활동, 병행활동, 협동활동으로 구분했다. 개인활동은 타인과의 상호작용이 제한되어 혼자서 하는 활동이고, 병행활동은 타인과의 상호작용이 제한되어 있어 주로 무생물을 이용하는 활동이며, 스포츠활동은 타인과의 신체적 활동을 통한 활발한 상호작용이 발생하는 활동이다. 또한, 클러프(Cluogh)는 여가참여자들의 동기에 따라 여가활동을 복지적 여가활동, 사회적 여가활동, 도전적 여가활동, 지위추구형 여가활동, 탐닉형 여가활동, 건강추구형 여가활동으로 구분했다.

〈표 4-1〉 여가활동 유형 Ⅰ(국외)

연구자	분류기준	여가활동유형
에퍼슨 (Epperson)	참여유형	관람활동, 야외레크리에이션활동, 개인·소집단활동, 기계적 스포츠 활동, 클럽·리조트·별장활동
스잘라이 (Szali)	활동유형	준여가, 수동적 여가, 총체적 여가
머피 (Murphy)	타인과의 상호작용	개인활동, 병행활동, 협동활동
루트진 (Lutzin)	동기 및 표현형태	신체활동, 사교활동, 문화활동, 자연활동, 정신활동
이소아홀라 (Iso-Ahola)	여가행태	스포츠활동, 사교활동, 공작활동
오스너 (Orthner)	타인과의 상호작용	개인활동, 병행활동, 결합활동
클러프 (Clough)	참여자의 동기	복지적 여가활동, 사회적 여가활동, 도전적 여가활동, 지위추구형 여가활동, 탐닉형 여가활동, 건강 추구형 여가활동

3. 국내연구에서의 분류

1) 한국관광공사

1985년에 실시한 국민여가활동의 실태분석을 참고로 하여 여가유형을 활동유형 중심으로 5가지 활동으로 분류했다.

① 행락 및 관광활동: 산보, 산책, 등산, 낚시, 야유회 등

② 모임·사교활동: 친지 및 친구 방문

③ 감상·관람활동: TV 시청, 라디오 청취, 영화 관람 등

④ 스포츠활동: 탁구, 테니스, 배드민턴 등

⑤ 취미·교양·창작활동: 정원 손질, 쇼핑, 독서, 문예활동 등

2) 동아대학교 관광 · 레저 연구소

여가활동유형을 8가지로 분류했다.

① 관광 · 행락활동: 사우나, 친구 · 친지 방문, 목욕 등

② 사교활동: 외식, 음주, 클럽활동, 계모임, 동창회, 사회봉사활동, 종교활동 등

③ 근린활동: 체조, 산책, 가까운 공원, 조깅, 노인정, 놀이터, 이웃집 방문 등

④ 감상 · 관람활동: 영화 관람, 연극 관람, 휴양지 관람, 음악회 참석, 박물관 · 박람회 참가, 스포츠 관람, TV 시청, 라디오 청취, 동 · 식물원 관람 등

⑤ 스포츠활동: 탁구, 등산, 골프, 테니스, 헬스클럽, 승마, 수영, 스키, 축구 등

⑥ 취미 · 교양활동: 문예활동, 그림, 서예, 사진촬영, 독서, 정원 가꾸기 등

⑦ 유흥 · 오락활동: 장기, 바둑, 전자오락, 사우나, 당구 등

⑧ 기타활동: 휴식, 공상, 누워서 빈둥거림 등

3) 교통개발연구원

여가이용형태에 따라 4가지로 분류했다.

① 관광활동: 공원방문, 캠핑, 해외여행 등

② 취미 및 교양활동: 영화관람, 교양강좌, 수집활동 등

③ 스포츠활동: 수영, 배드민턴, 조깅, 볼링 등

④ 오락 및 기타활동: TV 시청, 사우나, 전자오락 등

4) 신현주 · 박시범

다른 학자들과 달리 여가유형을 라이프 스타일에 기준해 8가지 형태로 분류했다.

① 야외활동형: 소풍, 여행, 피크닉, 캠핑 등

② 문화활동형: 박물관 관람, 견학, 유원지 답사 등

③ 스포츠활동형: 스포츠 관전, 테니스, 수영, 골프 등

④ 사회활동형: 사교모임 참여, 종교단체 집회활동 등

⑤ 취미활동형: 가족과의 대화, 사색, 수표수집 등

⑥ **대중매체형**: 영화 관람, 라디오 청취, TV 시청 등

⑦ **창조적 · 예술추구형**: 그림 그리기, 음악, 연주회 참석 등

⑧ **오락추구형**: 화투, 카드놀이, 바둑, 장기두기 등

5) 김광득

여가동기 및 활동내용을 기준으로 여가활동을 5가지로 분류했다.

① **스포츠활동**: 신체의 발달과 회복, 보양을 목적으로 행하는 여가활동

② **취미 · 교양활동**: 지식의 확대와 견문을 넓히기 위한 목적으로 행하는 활동

③ **오락 · 사교활동**: 대인접촉과 놀이, 게임, 애정을 넓히기 위한 목적의 활동

④ **감상 · 관람활동**: 기분전환과 심미성 및 관찰을 목적으로 행하는 여가활동

⑤ **행락 · 관광활동**: 자연과의 친화와 휴양을 목적으로 행하는 여가활동

〈표 4-2〉 여가활동 유형 II(국내)

연구자	분류기준	여가활동유형
한국관광공사	활동유형	행락 및 관광활동, 모임 · 사교활동, 감상 · 관람활동, 스포츠활동, 취미 · 교양 · 창작활동
동아대학교 관광 · 레저 연구소	활동유형	관광 · 행락활동, 사교활동, 근린활동, 감상 · 관람활동, 스포츠활동, 취미 · 교양활동, 유흥 · 오락활동, 기타활동
교통개발연구원	여가이용행태	관광활동, 취미 · 교양활동, 스포츠활동, 오락 · 기타활동
신현주 · 박시범	라이프 스타일	야외활동형, 문화활동형, 스포츠활동형, 사회활동형, 취미활동형, 대중매체형, 창조적 · 예술추구형, 오락추구형
김광득	여가동기 · 활동내용	스포츠 · 건강활동, 취미 · 교양활동, 오락 · 사교활동, 감상 · 관람활동, 행락 · 관광활동

제2절 여가행동 영향요인

여가행동은 다양한 요인들에 의해 영향을 받으며, 여가행동 영향요인은 거시적 환경요인과 미시적 환경요인으로 구분할 수 있다. 거시적 환경요인으로는 정치적 · 경제적 · 사회문화적 · 기술적 요인이 있고, 미시적 환경요인에는 사회경제적 요인(성별, 연령, 직업, 교육수준, 소득수준, 가족생활주기), 심리적 요인(지각, 태도, 학습, 동기, 성격)이 있다.

1. 거시적 환경요인

여가행동은 여러 가지 요인들에 의하여 영향을 받게 되는데, 인구통계적 요인, 심리적 요인과 같이 직접적인 영향요인이 있고, 정치적, 경제적, 사회 · 문화적, 기술적 및 생태적 요인과 같이 간접적인 영향요인도 있다. 여가행동에 있어서 거시적 환경요인은 개인의 여가행동을 둘러싼 환경요인으로서 여가수요와 공급에 긍정적인 혹은 부정적인 영향을 미치면서 이를 통해 개개인의 여가행동에도 영향을 주게 된다.

1) 정치적 요인

후기 산업사회로 이동함에 따라 국민들은 물질적이고 양적인 풍요로움보다는 삶의 질과 행복에 관심을 갖기 시작했다. 또한 근로시간 감소에 따른 여가시간의 증가와 소득증대, 생활수준의 향상 등으로 인해 여가생활에 대한 욕구가 점점 높아지고 있다. 이에 전 세계적으로 경제수준이 성장한 대부분의 국가들은 국민의 삶의 질을 향상시키기 위해 정치적 · 정책적인 전환이 필요하게 되었고, 이에 따라 국민의 여가활성화를 위한 정부의 노력도 필요하게 되었다.

국민의 여가활동을 정책적인 대상에 포함시켜야 하는 이유는 여가는 국민의 권리이자 욕구로서 국민들은 자신의 여가권리를 보호받아야 하고, 여가욕구를 충족시킬 수 있는 여가환경을 제공받아야 하기 때문이다. 국제연합(UN)의 세계인권선언(Universal Declaration of Human Rights, 1948)에서 주장된 '행복추구'의 언급으로 인해 여가권리를 인간의 권리로 인정하기 시작했는데, 세계인권선언 제24조에 따르면, "모든 사람들은 합리적인 노동시간과 유급생리휴가를 포함하는 휴식과 여가권리를 가진다"라고 명시하고 있다. 따라서 국민의 여가권 확보를 위해 정부에서는 국민들의 여가권리를 인정하고, 여가욕구를 충족시키기 위한 방향을 모색해야 한다.

우리나라의 경우 국민의 삶의 질 향상을 위해 여가를 제도적으로 강화하고 있다. 2004년 주40시간 근무제를 도입하기 시작했으며, 2011년 이후 전 사업장에 주40시간 근무제 실시가 정착하게 되면서 실질적으로 노동시간이 감소했다. 일본과 같은 국가에서 실시하고 있는 대체휴일제(토·일요일과 겹치는 공휴일은 월요일을 대체휴일로 지정) 지정방안이 국민들의 지지를 받으면서 해당내용을 담은 법안이 현재 국회를 통과했다. 또한 각 기업에서는 매주 수요일에 정시퇴근을 실시하는 '패밀리데이'를 지정함으로써 가족들과의 여가시간을 독려하고 있고, 청소년들의 경우 2011년부터 주5일제 수업 실시가 추진되었다.

정부에서는 휴식, 여가, 자유시간, 휴가, 유급휴가 등의 권리를 기본적 인권으로 보장하는 추세에 있으며, 여가의 공급체계를 다양하게 확보하여 사회적 취약계층들도 여가를 향유할 수 있도록 정책적인 노력을 기울이고 있다. 특히, 오늘날 국가의 행정기능이 강화되고 증가하면서 국민의 복지향상을 최우선적인 과제로 삼고 있다. 따라서 정부에서는 여가복지의 확대를 위해 장애인을 위한 여가프로그램, 노인을 위한 여가프로그램을 점진적으로 확산시키고 있다. 이상에서와 같이 여가행동의 정치적 요인으로는 근로자의 유급휴가의 확대, 취약계층의 여가기회 확대, 여가산업 활성화 정책, 여가관련 법령정비, 여가정책 결정자의 인식 등을 들 수 있다.

2) 경제적 요인

국가의 경제상황은 국민의 여가생활에 직접적인 영향을 미치며, 여가행동 패턴에 큰 영향을 미치게 된다. 또한 경제적 불안정은 여가수급에 많은 영향을 준다. 경제적 여건이 좋지 않은 경우 장거리보다는 단거리 여가행동 패턴을 조장하게 되며, 인플레이션 또한 가계지출을 줄이기 위해 염가 여가소비를 조장하게 된다.

우리나라는 국민소득이 2만 달러가 넘고 주40시간 근무제 실시로 여가시간이 증가하면서 점차 삶의 질에 대한 관심이 증가하고 있다. 이에 따라 국민들의 소비패턴도 과거의 의식주와 관련된 '생계형 소비'에서 제품의 질을 중요시하고 삶의 질을 추구하는 '가치형 소비'로 변화하고 있다. 이러한 가치형 소비패턴은 국민소득이 2만 달러 이상인 선진국에서 보여주었던 전형적인 소비성향이다. 가치형 소비를 중요시하는 소비자들은 제품의 기능뿐만 아니라 자신의 취향을 나타내는 합리적 브랜드를 추구하고, 감성적 소비를 하며, 이성적인 상품 비교가 아닌 감성적인 상품을 선택하는 경향을 나타낸다. 이에 따라 생활필수품 위주의 소비에서 외식, 교양활동, 오락, 문화활동 등 다양한 여가활동과 제품에 대한 수요가 증가하고 있다.

3) 사회 · 문화적 요인

사회 · 문화적 요인은 여가행동에 영향을 미치는데, 인구 증가, 평균수명의 증가, 노령화 등 인구구조의 변화는 여가행동에 다양한 영향을 미친다. 최근 전 세계적으로 출산율이 하락하고, 평균수명이 연장되면서 인구의 고령화 현상이 나타나고 있다. 이러한 노인인구 증가에 따른 노인여가 공급요구 증가, 여성의 사회진출에 따른 여성 여가수요 증가, 가족구조의 변화에 따른 가족단위 여가활동 증가 등 사회 · 문화적 변화에 따라 여가행동패턴에도 변화가 나타나고 있다.

4) 기술적 요인

과학기술의 발달에 따른 교통수단의 발달, 통신 발달, 매스미디어 증가, 노동시간의 감소 등과 같은 기술적 요인들은 여가행동에 커다란 영향을 미친다.

교통수단의 발달은 여가행동 패턴에 많은 영향을 미치는데, 교통수단의 발달은 장거리 여행수요를 증가시키고, 이동 그 자체가 여가수요의 발생요인이 되는 경우도 있다. 특히, 자가용 승용차의 소유유무는 여가활동 참여율에 많은 영향을 미치는데, 보통 자가용 승용차의 소유자는 비소유자보다 평균 두 배 이상의 여가참여율을 보이고 있다. 활동적 여가에의 참여율은 자동차 소유가구가 57%로 비소유가구의 30%보다 약 2배 정도의 참여율을 보이고 있으며, 특히 교외여가의 경우에는 평균 30% 이상의 차이를 보이고 있다. 이에 대하여 자동차 소유 여부별 주요 여가활동 참여율을 살펴보면 〈표 4-3〉과 같다. 또한 최근에는 자동차를 활용한 캠핑 등 새로운 패턴의 여가활동들이 증가하고 있다.

〈표 4-3〉 자동차 소유 여부에 따른 여가활동 참여율

구분	자동차 비소유가구(%)	자동차 소유가구(%)
① 활동적 여가	30.0	57.0
② 비공식적 여가	6.2	10.0
③ 야외외출	13.0	27.0
④ 교외여가	33.0	64.0

* 자료: J. A. Patmore, Recreation and Resources(Oxford: Basil blackwell, 1983).

여가수요의 형성에 가장 중요한 영향을 주는 요인은 업무의 자동화에 따른 노동부문의 급격한 변화이다. 기술적 자동화(technical automation)는 여가와 노동관계에 다음과 같은 영향을 미치고 있다.

첫째, 많은 사람들의 작업과정이 정신적·육체적으로 편리하게 됨으로써 노동에 에너지를 덜 소비하는 대신 여가에 더 많은 관심을 기울이게 된다.

둘째, 노동중시 윤리의 감소화 현상이 뚜렷한 반면 여가중시의 철학이 팽배하게 된다.

셋째, 주당 노동시간의 감소, 조기퇴직현상, 그리고 자유시간근무제(flextime)의 등장으로 여가시간 이용에 많은 탄력성을 제공하고 있다.

특히, 노동시간의 감소현상은 여가시간의 증가와 밀접한 관련을 지니고 있는데, 한국의 경우 2004년 이후 주5일 근무제 실시로 여가시간이 증가함에 따라 여가행동패턴에도 변화가 일어나고 있다.

2. 여가행동의 미시적 환경요인

여가행동에 영향을 주는 미시적 영향요인들로는 사회경제적 요인(성별, 연령, 직업, 교육수준, 소득, 가족생활주기)과 심리적 요인(지각, 태도, 학습, 동기, 성격)이 있다.

1) 사회 · 경제적 요인

(1) 성별

성별은 여가행동에 있어 남 · 여 간의 성적 역할 및 사회적 역할이 상이하기 때문에 나타나는 영향요인으로 간주될 수 있다. 전통적으로 성별은 여가활동 참여와 패턴에 중요한 영향을 미치는 변수로 작용해왔다. 예를 들어, 고든(Gorden)은 성인남성과 여성이 선호하는 여가활동의 특성이 매우 다르다는 것을 발견하였다. 남성들은 주로 동적이고 집 밖에서 하는 활동에 참여하였고, 경쟁적인 스포츠, 운동, 옥외여가활동 등의 참여가 높은 것으로 나타난 반면에, 여성들은 TV 시청, 휴식, 요리와 집안을 가꾸는 활동 등에 주로 많이 참여하는 것으로 나타났다. 로드버그(Roadburg)의 노년층의 여가활동과 관련된 연구에서도 노년층은 성별에 따라 몇 가지 현저한 특징을 나타냈는데, 노년층의 남성들은 정원 가꾸기, 사냥 등과 같은 여가활동에 주로 참여했고, 노년층의 여성들은 예술 활동, 바느질, 공예 등에 주로 많이 참여하는 것으로 나타났다.

성별로 볼 때, 여성은 남성에 비해 아내와 어머니로서의 의무적 역할, 시간 및 금전적인 문제, 신체적 차이, 사회적 지위 및 권한 결여, 성격적인 특성, 건강상태 등 여러 가지 장애가 존재하는데, 이로 인해 옥외활동과 신체적 레크리에이션 활동이 제한되며, 가정 중심, 가족 중심의 여가활동을 하게 된다. 반면 남성들의 경우 여성들보다 운동경기 관람, 외식, 음주, 골프 등 사회적 여가에 포함되는 활동에 참여하는 시간이 많다.

(2) 연령

성 차이와 마찬가지로 연령은 여가행동과 밀접하게 관련이 된다. 젊은 연령층은 새로운 장소를 찾고 활동적인 여가패턴을 추구하는 데 비해 노년층으로 갈수록 친숙한 장소나 정적인 여가패턴을 추구하게 된다. 밤멜(Bammel)은 연령별로 스포츠, 사교활동 및 문화의 선호형태를 아래 〈표 4-4〉와 같이 분류하고 있는데, 스포츠 활동은 노년층으로 갈수록 옥외활동의 참가에서 관전지향으로 변화되고 있으며, 사교활동의 경우 젊은층들은 미팅, 디너파티 등 다양한 형태의 사교활동에 참

〈표 4-4〉 연령별 선호 여가활동

연령	스포츠	사교활동	문화
10대	옥외활동의 참가	댄스, 미팅	영화, 록음악
20대	옥외활동의 참가	디너파티, bar	대중오락
30대	비활동적, 덜 참가	가족회의, 방문	연극, 예술, 독서
40대	비활동적, 관전지향	가족지향	여행, 휴가
50대	관전지향	친척, 친구방문	TV
60대	관전지향, 활동력 약화	가족 중심적, 친구 접촉	TV
70대	관전지향, 활동력 약화	친구 사귐, 카드놀이	독서, 종교

* 자료: Gene Bammel, Lei Lane-Bammel, Leisure and Human Behavior, Iowa: Wm. C. Brown Co., 1982, p.232.

여하는 반면에 노인층은 가족 혹은 친구 사귐과 같은 대인접촉을 중심으로 하는 사교활동에 참여하는 형태로 바뀌고 있다. 또한 문화활동은 노년층으로 갈수록 TV나 종교활동과 같은 정적인 형태의 사교활동을 추구하고 있다.

(3) 직업

직업별 특성도 여가참여 및 활동패턴에 많은 영향을 준다. 경제적으로 부유하거나 전문적인 직업에 종사하는 개인들은 보다 다양한 활동을 보여주고 더 많은 에너지 소비를 필요로 하는 활동에 자주 참여한다.

직업적 위신(occupational prestige)의 수준별 여가참여 수준에 대한 클라크(A. Clark)의 연구에 의하면, 직업적 위신이 높은 직업군들일수록 문화적인 여가활동이나 사교적 여가활동을 선호하고 있는 반면, 직업적 위신이 상대적으로 낮은 직업군인 경우에는 집에서의 단순한 휴식이나 기분전환 등의 여가활동에 주로 더 많이 참여하고 있는 것으로 나타났다. 우리나라의 경우, 저축추진중앙위원회의 조사결과에서 이와 유사한 결과가 나타났는데, 여가참여가 높은 직업계층은 전문·관리·기술직(64%), 사무직(57.4%), 판매서비스직(34.7%), 농림어업(30.7%), 생산직(30.2%)의 순위로 나타났다.

(4) 교육수준

교육수준(Education Level)은 개인의 사회경제적 지위 및 소득과 관련이 있는데, 여가행동은 개인의 교육수준에 따라 경험의 유형, 여가관, 참여율 등에 많은 영향을 미친다. 예를 들어, 야외 레크리에이션 활동의 경우 고학력자가 참여율이 높은 경향을 나타내는데, 이는 교양, 식견, 호기심에 대한 욕구의 증가에 기인하는 것이다. 이 점에서 교육수준은 여가행동 패턴에 큰 영향을 미치는 요인 중 하나이다. 위플러(R. Wippler)는 소득수준, 직업적 위신(level of occupational prestige)보다도 교육수준이 여가행동의 중요한 영향요인임을 밝히고 있다. 즉 교육수준이 높은 계층일수록 여가행동의 양(quantity), 질(quality) 및 형태(type)가 보다 다양하다.

(5) 소득

소득(income)은 여가행동에 가장 큰 영향을 미치는 주요한 영향요인 중 하나이다. 소득수준이 낮은 단계에서는, 의식주와 같은 기초적인 욕구를 해결하는 위주의 소비를 하게 된다. 하지만 소득이 증가해 기본적인 욕구가 충족될 경우 사람들은 소비지출이 다양해지는데, 2차적인 소비가 증가하게 된다.

이에 따라 여가에 대한 관심이 증가하며, 거기에 따른 여가지출도 증가하게 된다. 일반적으로 교육수준이 여가의 참여유형에 영향을 준다면, 소득수준은 여가활동의 참여율에 상대적으로 많은 영향을 준다고 볼 수 있다.

이처럼 소득은 여가행동의 참여율에 대한 수요결정요인이다. 즉 소득수준이 높을수록 여가의 참여율이 더욱 높아진다. 〈표 4-5〉와 같이 소득수준별로 여가참여수준에서 큰 차이를 보이고 있다.

〈표 4-5〉 소득수준별 여가참여 수준

구분	저소득층	중소득층	고소득층	계
여가를 생각할 여유도 없다	20.8	9.2	4.0	10.6
여가를 가질 형편이 못된다	53.4	49.5	32.2	46.1
여가에 가끔 참여한다	21.7	36.2	5.6	36.7
여가에 자주 참여한다	3.7	4.9	11.8	6.3
무응답	0.3	0.3	0.4	0.3

* 자료: 저축추진중앙위원회, 『한국인의 생활의식조사: 경제생활을 중심으로』(서울, 1986).

(6) 가족생활주기

가족생활주기 또한 각 단계별로 여가활동에 영향을 준다. 가족생활주기란 가족의 형성으로 시작되어 해체될 때까지 가족의 생활을 통해서 계속적으로 나타나는 일련의 특징적인 단계들을 의미한다. 가족생활주기 각 단계별로 가족의 요구와 자원 및 가족구성원의 역할이 달라지기 때문에 여가활동 참여의 변화를 이해하고 예측하는데 자주 사용되어져 왔다. 켈리(Kelly)는 가족생활주기는 연령보다 야외레크리에이션 활동참여에 더 큰 영향을 미치는 요인이라고 언급하면서, 25세의 미혼자와 자녀가 있는 25세의 기혼자의 여가활동은 상당히 다를 것이라고 했다. 또한 굿베이(Godbey)는 여가활동 패턴이 부부의 연령보다는 자녀의 출가 여부에 더 큰 영향을 받는다고 했는데, 양육기에는 여가활동이 큰 부분을 차지한다고 하였다.

2) 심리적 요인

(1) 지각

지각(perception)은 인간의 오감을 통해 환경을 알게 되고, 환경에 의미를 부여하는 과정으로, 여가객체에 대한 여가주체의 다양한 지각은 사회경제적 배경에 영향을 받는다. 특히 여가경험, 여가시간, 여가대상에 대한 지각은 여가활동 참여에 중요한 역할을 한다.

여가활동에 대한 지각은 일반적으로 과거의 경험을 기반으로 한다. 에드리지(F. M. Ethridge)는 여가주체의 지각을 일상생활의 상황에 의해 파악하고 있는데, 젊은층은 의사전달이 잘 되고 영감을 주며 자유롭고 신비로운 자연적 매력을 중시하는데 반해, 노년층은 행복, 심미성, 지속성, 친근성을 선호한다.

(2) 태도

태도(attitude)는 여가를 인식하는 방식으로 개인의 여가추구에 밀접한 영향을 미친다. 여가태도의 개념화 과정을 보면(그림 4-1 참조), 개인에게 주어진 선행요소(antecedents)는 신념(belief)을 형성하고, 이를 통해 호의적인 또는 비호의적인 태도를 형성하게 되며, 태도는 개인의 의사결정에 영향을 미치게 되는데, 이에 따라 최종적으로 여가행동에 참여를 결정하게 된다. 이와 같이 태도는 개인이 그의 주변세계, 대상, 상징을 호의적 · 비호의적으로 평가하고자 하는 성향이며, 여가참여의 여부를 결정하는데 많은 영향을 미친다.

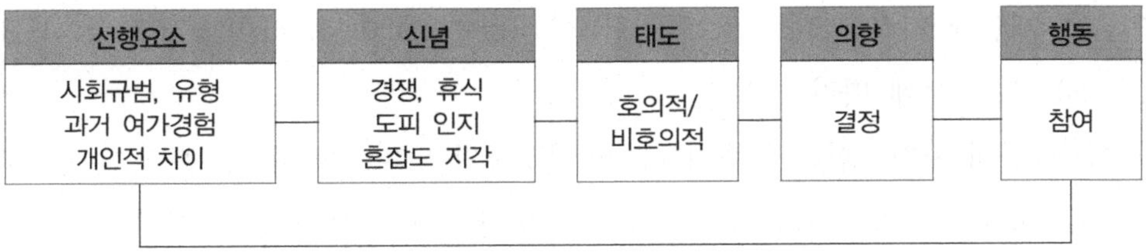

[그림 4-1] 여가태도의 개념화 과정

(3) 학습

학습(learning)은 과거경험(past experience)에 기초한 행동변화로서 행동패턴이 자극반응 및 인지메커니즘에 의해 성립 또는 수정되는 과정이다. 여가활동에서 '여가경험발달사(experience use history)'라는 용어가 자주 거론되고 있는데, 과거의 여가경험은 향후의 여가참여에 관한 의사결정에 필요한 정보의 양과 유형을 제공하는 준거기준(frame of reference)이 된다.

인간의 삶이 학습의 연속인 것과 마찬가지로, 여가행동도 과거의 여가경험에 대한 학습의 결과라고 할 수 있다. 여가행동에 대한 경험이 풍부할수록 동일한 여가활동 참여에 대한 의사결정에서도 다른 사람들보다 신속하고 정확하게 판단할 수 있다. 특히 여가목적지, 교통수단, 숙박시설, 여가비용, 여가시기, 동반형태 등 여가활동 참여와 관련된 의사결정에서 과거의 경험은 많은 참고가 된다.

학습에서 정보 및 기술(skill)은 과거의 경험만큼 중요한데, 여가활용방법이나 기술이 부족할 경우 여가참여에 많은 제약을 받게 된다.

(4) 동기

동기는 모든 행동을 유발시키는 추진력이며, 여가활동유형을 결정하는 중요한 요인이다. 잠재적 참여자가 여가참여의 예비적 단계를 거쳐야 할 경우, 그들은 처음에는 개인적 동기형태에 의하여 영향을 받게 된다. 여가동기는 어떤 경우에는 지각단계에서 중요한 역할을 하며, 개인의 여가결정 초기에는 여가참여를 촉진하는 기능을 갖고 있다. 많은 요인들이 개인의 여가참여를 유발시키는데, 이러한 요인들은 개인에 따라서 다르고, 독특한 성격(personalities), 라이프 스타일, 목표(goals), 요구 등에 따라 다르다.

여가행동의 사회 · 심리적 동기에는 일상생활의 도피, 자아탐색, 휴식, 위광, 회귀(regression), 친족관계의 고양, 사회적 상호작용 촉진 등이 있고, 문화적 동기에는 신기성과 교육 등이 있다. 스크레이어와 드라이버(Schreyer and Driver)는 자연환경 향유, 긴장완화, 일상탈출, 신체단련, 교육, 가족애(family kinship), 신체적 휴식, 성취 등의 15가지 여가동기를 들고 있다. 켈리(Kelly) 등은 여가동기로 활동을 통한 교제, 유대증진, 능력 및 기술향상, 표현(expression), 개인발전, 건강, 운동, 역할기대 충족, 즐거움 향유 등을 들고 있다. 연령과 성별에 따른 여가동기의 차이점을 보면, 남성은 여성보다 건강, 운동, 교제, 기술향상 등의 여가동기가 강한 것으로 나타났다. 비어드와 레그헤브(Beard and Ragheb)는 지적 동기(intellectual motivation), 사회적 동기(social motivation), 능력숙달(competence mastery), 자극적 도피(stimulus avoidance)라는 4가지 여가동기를 제시했다. 드라이버와 브라운(Driver and Brown, 1986)은 〈표 4-6〉과 같이 17개의 여가동기들을 제시했으며, 주로 옥외 여가활동을 통해 얻을 수 있는 편익에 초점을 두고 있다.

〈표 4-6〉 여가동기(Driver and Brown, 1986)

여가동기	
• 자연을 즐기고, 문명으로부터의 탈피 • 일상과 의무로부터의 탈피 • 육체적 활동 • 창조성 • 휴식 • 사회적 접촉 • 새로운 사람을 만나기 위해서 • 이성과의 교류 • 가족관계	• 인식, 지위 • 사회적 권위 • 애타심 • 자극 • 자아실현 • 성취, 도전, 경쟁 • 지루함의 회피 • 지적탈피

(5) 성격

성격(personality)은 일상생활양식에서 표출되는 개인의 행동패턴 및 지적구조(mental structures)로서 여가활동 선택에 영향을 미치고, 여가활동 참여의 양과 질을 결정하는데 중요한 역할을 한다. 홀(C. S. Hall)과 린드지(G. Lindzey)는 성격을 개인이 타인과 성공적으로 상호작용을 하는 그의 기술(skill) 또는 타인에 대한 자신의 인상(impression)으로 규정하고 있다. 성격에는 창조성, 사교성, 공격성 등이 내포되어 있다. 사회적 학습이론(social learning theory)에 따르면, 성격은 학습의 차이에 기인하며, 자아이론(self-theory)에서는 성격을 개인적 감정 또는 경험으로 인식한다. 여가행동에서 성격은 여가활동의 참여수준, 참여패턴, 참여효과 등에 영향을 주며, 라이프스타일(life style)에 따라 여가행동은 많은 영향을 받는다.

제3절 여가행동 관련 이론

1) 활동목표로서의 여가이론(The Theory of Leisure as the Goal of All Activity)

최초로 알려진 여가행동이론은 아리스토텔레스에 의해 부분적으로 윤곽이 정립되었다. 그의 이론에 따르면 인생의 모든 것들은 여가와 관련된다. 여가는 인간행동의 목표이며, 모든 행동들이 지향하는 궁극적인 목표이다. 여가는 음악과 명상, 사색을 하는데 소비되며, 그 자체가 아름답고 환희에 찬 사고로서 진리에 대해 숙고하는데 사용되어지는 시간이다. 아리스토텔레스는 여가에 대해 귀족적인 견해(aristocratic notion)를 가지고 있는데, 여가는 쉽게 성취할 수 없는 것이며, 소수의 선택된 사람들만이 향유할 수 있는 것이라고 했다. 대부분의 사람들은 여가에 대해 망각한 채로 노동을 하며 살아갈 운명을 지고 있다는 것이다.

현대인들은 여가에 대한 이와 같은 극단적인 관념을 수용하기 어려울 수도 있다. 아리스토텔레스는 여가를 향유할 수 있는 유한계급(leisure class)은 단지 부유층에서만 존재하는 것이 아니라 여가추구 활동이 인생의 중심적인 관심사인 사람들에게서 발견된다고 했다. 여가를 향유하는 사람들은 진리를 추구하는 과학자, 지적경험을 즐거움을 위해 가르치는 교육가, 인생의 아름다움을 추구하는 예술가에서 발견된다고 했다.

여가행동에 관한 다른 이론들은 인생에 있어서 여가보다 더 중요한 것이 있음을 가정한다. 아리스토텔레스의 사상에 따르면, 사람들은 여가를 향유할 수 있을 때 진실된 삶을 영위할 수 있다.

2) 보상이론(The Compensatory Theory)

보상이론은 여가행동이론 중에서 가장 빈번하게 언급되는 보편적인 이론이다. 이론의 기본적인 견해는 여가가 노동과 관련된 것이기 때문에 노동과 분리해서는 여가를 이해할 수 없다는 것이다. 노동은 삶에 있어서 주요한 영역이며, 여가는 노동으로부터의 지루함이나 긴장감, 억압에 대한 보상이다. 보상가설은 노동자들이 규칙적이고 반복적인 노동환경에서 벗어나 여가기회를 갖게 될 경우 대개 작업환경과는 상반된 활동을 추구하게 된다는 것이다. 즉 노동자들은 자신의 직업과 관련된 금지나 억압에서 발생하는 긴장감을 해소하기 위해서 여가행동으로부터 자유를 추구한다는 것이다. 예를 들어서 도시인들의 작업은 대부분 옥내(indoor)에서 이루어지고, 대부분이 앉아서 일하거나 반복적인 기계적 노동에 종사한다. 따라서 도시노동자들은 여가시간에는 야외에서 도보여행, 사냥, 낚시 등과 같은 신체적 활동에 참여함으로써 인위적인 환경에서 벗어나 자연환경을 만끽한다.

보상이론은 인간의 여가행동의 일부를 설명하는 데 유용하지만, 여가행동의 다양한 측면에 대해서 설명할 수 없는 부분이 많기 때문에 부적절한 이론일 수 있다. 예를 들어서 왜 어떤 사람들은 작업시간에 하는 활동과 유사한 활동을 여가시간에도 계속 하는가? 이러한 질문에 대답하려고 한다면, 여가는 작업시간 중에도 발생가능하다는 또다른 여가행동이론을 이끌어낼 수 있다.

3) 과잉여가설(The Spillover Leisure Hypothesis)

과잉여가설의 기본적 견해는 개인의 여가행동에 영향을 미치는 요소들은 노동을 하는 과정에서 발생한다는 것이다. 예를 들어, 치과의사는 집에 작업대를 설치해 놓고 그날의 작업을 계속할 수도 있다. 또한 회계사들은 작업을 연장하는 하나의 방법으로서 심야에 카드놀이를 할 수도 있다. 이론에 따르면 여가와 노동은 유사성을 가지고 있다. 흥미롭고 자극적인 일을 할 경우, 근로자들은 일과 유사하게 흥미롭고 자극적인 여가행동을 선택할 것이다. 실제로 일을 잘 수행하는 사람은 여가생활도 잘 즐기는 경향이 있다. 반면에, 단조롭고 지루한 작업을 하는 근로자들은 여가도 따분하고 단조롭게 보낸다는 것이다. 음주형태에서도 다양한 여가행동을 관찰할 수 있는데, 어떤 사람들은 타인과 다투기를 좋아하고, 시끄럽게 떠들면서 술을 마시는 반면에, 다른 부류의 사람들은 가장자리에 앉아서 혼자 담배를 피우거나 음악을 들으면서 조용한 분위기에서 술 마시는 것을 선호한다.

여가행동에 대한 적절한 이론은 같은 일을 하면서도 왜 어떤 근로자들은 서로 다른 행동을 하는지에 대해 설명할 수 있어야 한다. 보상이론이나 과잉이론은 모두 근로자들이 어떤 여가행동 범주에 속하는지에 대해 명확하게 설명할 수 있는 타당한 근거를 제시하지 못한다.

4) 친숙성가설(The Familiarity Hypothesis)

여가행동을 노동의 결과로 간주하는 보상이론이나 과잉여가설과는 달리, 친숙성가설은 여가행동을 편안함을 추구하기 위해 학습받은 결과로 간주한다. 우리에게 이미 익숙해져 있는 것들을 즐길 수 있는 것처럼, 우리는 성취감, 만족감, 기쁨 등을 줄 수 있는 여가행동을 추구하려는 경향이 있다. 예를 들어, 어떤 근로자들은 휴가기간에 같은 장소를 반복해서 찾아간다. 이들이 반복적으로 찾는 장소는 친숙하고, 안전하기 때문에 편안함을 갖게 해준다. 많은 사람들에게 있어서 여가는 과거의 아름답고 풍요로운 경험을 되풀이해줌으로써 여가를 통해 과거의 경험을 보상받을 수 있는 기회를 제공해준다.

친숙성가설은 여가행동의 많은 부분들을 명확하게 설명해 준다. 이 이론은 개인의 과거경험을 기반으로 한 여가욕구의 특성을 강조하고 있다. 예를 들어서, 사냥꾼들은 과거의 어린시절부터 친숙했던 어떤 의식(ritual)을 해마다 되풀이한다. 또한 많은 사람들은 친근한 환경에서 긴장을 완화하기 위해서 규칙적으로 카드놀이를 하거나 TV를 시청하거나 신문을 읽는다. 스키너(Skinner)에 따르면, 이것은 '조작적 조건화(operant conditioning)'의 한 형태라고 할 수 있다. 여가가 우리에게 최고의 상태를 느끼게 해주는 시간이라면, 이러한 정서적 반응을 조건화시켜 주는 환경요인들이 있을 것이다. 우리는 지금까지 시도해보지 않았던 새로운 것을 위험을 감수하면서 시도하려고 하지 않는 반면, 과거의 좋은 경험을 통해 안정감을 느끼거나 위안을 받는다.

그러나 어떤 사람들은 친숙한 것에 대해 지루함을 느껴서 새로운 활동과 경험을 추구하는데, 친숙성가설은 이러한 행동의 이유에 대해 명확하게 설명해주지 못한다. 오랫동안 한 지역에서 한 식구와 같은 직업을 갖고 생활하는 높은 안정성을 지닌 사람들은 여가활동에서도 동일하게 안정성을 유지하려고 하며, 자주 이동하고 다양한 경험을 하면서 생활하는 사람들은 여가활동에서도 새롭고 비일상적인 경험을 추구하는 경향이 있다. 친숙성가설은 다양한 여가행동을 설명해주고 있으며 미래의 여가행동과 여가패턴을 예측할 수 있게 해 주는 유용한 도구이다.

5) 개별공동체이론(The Personal Community Theory)

여가행동 중 많은 부분들은 동류집단(peer group: 연령이나 사회계층이 유사한 집단)의 영향을 받는다. 우리가 추구하고 있는 여가행동 패턴들은 이미 그 활동에 대해 잘 알고 있는 사람들에 의해 학습된 것이다. 묵상과 명상 혹은 혼자서 하는 놀이도 대개 지도자를 필요로 한다. 스키, 수상스키, 행글라이딩과 같은 모험적인 스포츠는 함께 참여할 동료가 필요하며 대개 필요한 기술을 습득하는 동안에 격려해 줄 동류집단이 필요하다.

인간은 사회적이며 집단적이다. 따라서 여가행동도 대개 집단적으로 이루어지며 종종 같은 문제에 직면한 사람들과 공유된다. 또한 유사한 사회 · 경제적 배경, 학력, 종교 등의 비슷한 생활주기단계에 있는 사람들과 여가활동을 공유하게 된다. 버치(Burch)는 이 이론에 대해 "전반적인 사회문제와 심리적 유인(psychological drives)은 직장동료, 가족, 친구와 같은 사회집단에 의해 결정되고 방향이 바뀐다"고 설명한다.

6) 휴식, 기분전환, 자아계발로서의 여가이론(The Theory of Leisure as Relaxation, Entertainment, Self-Development)

듀마즈디에(Dumazedier)는 여가의 다양한 측면들을 하나로 통합한 견해를 제시했다. 그는 여가를 긴장완화, 기분전환이나 자아발전을 위해 자신의 의지대로 행하는 활동이라고 했다. 또한 여가는 사회적인 활동이며 개인의 창조력을 필요로 하는 활동이다. 따라서 여가는 자발적이고, 기분전환을 하게 해주고, 정신적인 활동인 동시에 대인관계의 기술을 활용한다. 이와 같이 듀마즈디에는 여가의 이론이 3가지 부분으로 구성되어 있다고 설명하였는데, 여가는 때때로 3가지 기능들 즉 긴장완화, 기분전환, 자아발전이 동시에 작용하는 특성을 가지고 있기 때문이다.

듀마즈디에는 인간활동에 있어서 노동은 하나의 종속적인 요소이며, 그 밖의 모든 것들은 여가와 관련되어 있다고 했다. 이것은 아리스토텔레스의 여가관과 일맥상통한다. 그는 사회가 점차 서비스경제로 진행됨에 따라 상대적으로 여가의 중요성이 더욱더 증가할 것이라고 예측했다.

제4절 여가제약

1. 여가제약의 개념

어떤 특정한 여가활동에 대한 개인의 흥미와 참여정도는 많은 변수들의 영향을 받는다. 어떤 변수가 특정 여가활동의 참여를 제한하거나 방해할 경우 이를 '제약요인(constraints)'이라고 한다. 제약요인은 '특정행동에 참여하지 못하게 하는 이유'로 정의된다. 많은 연구가들은 여가참여와 관련하여 제약보다는 '장애(barriers)'라는 용어를 사용하는데, '장애요인'라는 용어는 일반적으로 '활동의 선호와 참여 사이에서 방해하는 요인'으로 정의되는 반면에, 제약요인은 참여와 선호에 모두 영향을 주는 것이다.

여가제약과 관련된 연구는 1980년대 중반에 시작되어, 1987년 크라우포드와 갓베이(Crawford and Godbey)의 가족여가와 관련된 인간내적, 인간상호적, 구조적 제약요인에 대한 연구로 본격화됐다. 이들은 제약을 어떤 활동에 대한 선호와 참여 사이를 매개하는 요인으로 보고, 여가선호가 존재할 경우 제약이 있으면 불참이라는 결과가 나타나게 되고 제약이 없으면 참여가 일어난다고 했다.

잭슨(Jackson)은 여가참여에 영향을 줄 수 있는 두 가지 범주의 제약요인을 제시했다. 선험적 제약요인(antecedent constraints)은 특정 여가활동에 대한 개인의 선호에 영향을 주거나 방해하는 요소로 여가활동에 대한 불완전한 지식, 개인적 신념, 사회적으로 부여된 성적역할(socially imposed gender roles) 등에 의해 발생하는 것을 말한다. 개재적 제약요인(intervening constraints)은 활동에 대한 선호와 실제 참여 사이에 발생하는 요인으로 여가시설의 이용가능성, 운영시간, 입장료, 시설의 안정성 등으로 인해 발생하는 것을 말한다.

에딩턴의 연구에서는 사람들이 여가서비스에 참여하지 못하게 방해하는 10가지 요소들을 밝혀냈는데, 이러한 요소들로 태도의 제약, 정보의 제약, 소비의 제약, 시간의 제약, 사회 · 문화적 제약, 경제적 제약, 건강의 제약, 경험상의 제약, 여가가치와 기술의 제약, 환경적 제약을 들고 있다. 구체적인 내용은 다음과 같다.

〈표 4-7〉 에딩턴의 여가제약 요소

제약요소	내용
태도	개인의 마음상태와 관련된 제약으로 사회·문화적 규범이나 관습으로 인해 발생함.
정보	여가참여 결정을 위해 정보가 필요함. 정보가 너무 많거나 부족할 경우, 여가활동 참여결정을 내리는데 어려움을 경험함.
소비	일과 여가 사이에 균형을 이루지 못할 때 발생하는 제약. 일중독자(workaholic)들은 여가활동을 위해 적은 시간을 할애하고, 여가중독자(leisureholics)는 새로운 여가활동을 추구하려고 에너지를 소비함.
시간	시간의 제약은 시간의 지각과 관련됨. 어떤 사람들은 여가경험을 위해 시간을 만들 수 있지만, 다른 사람들은 일과 여가활동을 다 할 수 있을 만큼 시간적 여유가 없음. 즉 시간관리에 대한 선택이 여가활동에 제약이 될 수 있음.
사회/문화	특정 여가활동의 참여는 사회적 지위와 관련된다. 여가활동은 사회/문화집단과 관련되어 있으며, 특정 사회집단에 속하지 않은 사람들은 활동에 참여하기가 어려움.
경제	여가참여에서 경제적 능력은 제약으로 작용하는데, 경제적 요인은 다양한 여가활동 선택에 영향을 미침.
건강	건강상의 제약은 참여자의 기동력(mobility), 심리적 상태 및 여가선택에 영향을 미침. 예를 들어, 건강한 사람들은 보다 활발한 활동에 참여함.
경험	여가참여자들의 여가경험은 개인마다 다름. 여가경험이 부족할 경우 참여에 제약을 받을 수 있으며, 여가경험이 많을수록 광범위한 여가활동에 참여할 수 있음.
여가가치와 기술	여가기술의 부족과 여가가치에 대한 인식부족은 여가활동 참여에 제약이 됨. 어떤 종교집단에서 여가활동은 종교적 신념에 위배되는 것으로 인식됨.
환경	여가활동 시설 및 구조, 지역에 접근하는데 방해가 되는 제약요인들을 말함. 여가활동을 위한 장소와 시설이 없으면 여가활동 참여에 제약을 받음.

결국 여가제약이란 개인의 여가행동을 '제한하는 힘'으로 경험되는 내적인 심리상태나 특성 또는 성격과 외적인 환경을 의미하는 것으로, 이러한 제약은 여가선호와 여가참여의 결정적 요소로서가 아닌 선호와 참여 사이에 영향을 미치는 요소라고 할 수 있다.

2. 여가제약의 유형

1) 개념적 분류

가장 일반적으로 사용되는 분류방법으로서 인간내적 제약(intrapersonal constraints)과 인간상호간 제약(interpersonal constraints)으로 분류할 수 있다. 인간내적 제약이란 개인적인 특성과 관련된 것이고, 인간상호간 제약이란 물리적 · 사회적 환경의 특성과 관련되는 것이다.

〈표 4-8〉 여가제약의 유형(개념적 분류)

연구자	제약유형	내용
Francken & Van Raaiji(1981)	내적 제약	개인의 재능, 능력, 지식, 관심
	외적 제약	환경, 시간과 돈의 부족, 거리, 시설 부족
Boothby et a.l (1981)	개인적 제약	물리적 능력, 관심
	사회적 제약	시간, 비용, 시설에 대한 접근성, 사회적 네트워크
Crawford & Godbey (1987)	내재적 제약	여가선호와 참여 사이에서 매개역할을 하기보다는 여가선호에 상호작용하는 개인의 심리적 특성과 상태를 의미함
	대인적 제약	특정 여가활동 참여에 있어 대인관계에서 주로 발생하는 것으로, 대인관계에서 오는 부수적인 제약, 여가활동 동반자와의 상호작용 결과로 나타나는 제약

연구자	제약유형	내용
	구조적 제약	대인적 제약을 극복한 후 발생하는 것으로 여가선호와 여가참여 사이를 매개하는 요인
Jackson & Searle (1986)	저지	전적으로 참여를 배제한 것
	억제	주변환경에 의존하여 보다 많거나 보다 적게 참여할 수 있는 능력을 방해하는 것
Henderson et al. (1987)	간섭	레크리에이션 기회와 명확하게 관련되어 나타남
	전례	개인적 능력, 개성, 사회화된 인자, 흥미 등과 같은 장애와 관련된 태도

2) 경험적 분류

〈표 4-9〉 여가제약의 유형 (경험적 분류)

연구자	제약유형
Boothby et al. (1981)	이유범주: 흥미 상실, 시설 부족, 신체적 제약, 이사, 시간 부족 등
	조직범주: 개인-신체적 능력, 내적 흥미, 사회-제약과 사회적 의무의 영향, 시설에 대한 접근의 강도, 사회적 네트워크의 상태 등
Witt & Goodale (1981)	U형 관계, 역U형 관계, 정관계 등
McGuire (1984)	외적자원, 시간, 승인, 능력(사회적/신체적), 복지 등
Henderson et al. (1995)	시간, 금전, 시설, 가족관련 요소, 인식문제, 흥미, 의사결정, 인상, 기술, 사회적 부적합성 등

3. 여가제약모델

크라우포드(Crawford) 등은 여가제약과 관련된 기존의 연구모델들이 동적인 과정이라기보다는 정적인 과정을 나타내는 것이었기 때문에 여가제약의 특성을 이해하는데 제한적이었다고 주장했다. 또한 기존모델에서는 여가활동에 참여하고자 하는 열망(desire), 제약요인, 참여 사이의 상관관계를 밝혀내지 못했다고 주장했다.

여가활동 참여자들은 연속적인 각 단계에서 발생하는 제약요인을 성공적으로 극복하였고, 반면에 비참여자들은 어느 한 단계에서 발생하는 제약요인을 극복하지 못했다는 것이다. 크라우포드(Crawford)외 연구자들이 제안한 위계모델(hierarchical model)에서는 여가활동에 대한 개인의 선호에 영향을 주는 근접제약(proximal constraint, 즉 인간 내적 제약)에서 여가활동 참여에 영향을 주는 말단제약(distal constraints, 즉 구조적 제약)으로 이동하면서 여가활동 참여 혹은 비참여가 발생한다고 제시했다.

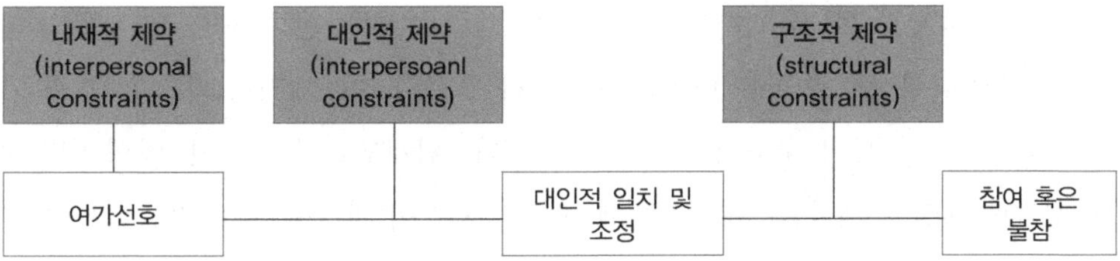

[그림 4-2] 여가제약 위계모델

＊자료: Crawford, Jackson & Godbey(1991).

[그림 4-2]는 크라우포드(Crawford) 외 연구자들이 제안한 위계모델(hierarchical model)을 나타낸 것이다. 위계모델에서는 선호(preference)에 영향을 주는 제약요인과 참여에 영향을 미치는 제약요인들을 계층적으로 명확하게 제시하고 있는데, 각 단계에 나타나는 제약요인이 극복되었을 때 다음 단계의 제약요인에 직면하게 된다. 즉 각 단계의 제약요인들은 순서대로 발생한다는 것이다.

첫 번째 단계의 제약은 인간내적 제약(intrapersonal constraints)으로 선호와 참여 간의 개입이라기보다는 여가선호와 상호작용하는 개인의 심리적인 상태나 속성을 나타내는 것이다. 예를 들어, 스트레스, 우울, 종교, 열망, 자신의 기술(skill)에 대한 인식, 다양한 여가활동의 적합성에 대한 주관적인 평가 등이 인간내적 제약에 포함된다. 다음 단계에서 발생하는 대인적 제약(interpersonal constraints)을 극복하거나 제약이 발생하지 않았을 경우 여가선호(leisure preferences)가 발생하게 된다.

두 번째 단계의 제약인 대인적 제약(interpersonal constraints)은 첫 번째 단계의 인간내적 제약(intrapersonal constraints)이 극복되었을 때 발생하는 제약이다. 대인적 제약은 개인의 특성 간의 관련성이나 대인적인 상호작용의 결과로 발생한다. 여가활동에 함께 참여하는 파트너가 구조적인 제약으로 인해 참여하지 못할 경우 발생하는 제약으로 여가활동에 함께 참여할 친구나 파트너를 찾을 수 없을 경우에 발생한다. 대인적 제약은 여가선호와 동반자와 함께 참여하는 여가활동(companionate leisure activities)의 참여에 영향을 미친다.

마지막 단계의 제약은 예전의 연구에서 초점을 두었던 구조적 제약(structural constraints)으로, 대인적 제약이 극복되었을 때 직면하게 된다. 구조적 제약은 여가활동선호와 참여에 영향을 미치는 요인이다. 예를 들면, 재정적 자원, 시간과 기회의 이용가능성 등이 구조적 제약에 포함된다. 위계모델에 따르면, 앞의 인간내적 제약과 대인적 제약을 극복한 후에 구조적 제약이 발생하지 않거나 극복한 경우 참여가 발생하게 된다.

Key Words

- 여가태도(leisure attitude)
- 여가동기(leisure motivation)
- 여가제약(leisure constraints)
- 여가제약 위계모델(leisure constraints hierarchical model)
- 보상이론(the compensatory theory)
- 과잉여가설(the spillover leisure hypothesis)

과제 조사

1. 보상이론의 기본적 국면들은 무엇인가? 자신의 경험에서 몇 가지 예를 들어 설명하시오.
2. 과잉이론은 일반인들의 일과 여가의 관계를 어떻게 설명해 주고 있는가?
3. 사냥과 낚시 이외의 어떤 다른 형태의 여가행동이 친숙성과 개별공동체이론에 대한 좋은 예가 될 수 있는가?
4. 여가이론에 대한 이해가 향후 당신이 진출하고자 하는 직업과 어떤 관계를 갖게 될 것으로 생각하는가?

사 례 오쇼 인터내셔널 명상 리조트(Osho International Meditation Resort)

- 인도 뭄바이 남동쪽에 위치한 도시 푸나(Pune)에 위치한 명상 리조트로 매년 100여 개국에서 약 6만 명이 방문함. 리조트는 자연친화적으로 설계되었으며, 휴식, 명상, 축제, 요가, 테라피 등 연중무휴로 다양한 옵션의 프로그램들이 제공됨.
- 게스트하우스, 호텔, 아파트 등의 다양한 종류의 숙박시설을 갖추고 있으며, 바쇼 스파, 테니스 코트, 헬스장, 사우나, 식당, 베이커리, 갤러리, 은행, 여행사, 카페 등 편의시설도 갖춤.
- 리조트의 핵심인 명상프로그램은 역동적인 명상법과 고요한 명상법, 전통적인 명상법과 혁신적인 명상법 등 개인이 선택가능하게 진행됨. 특히, 전 세계에서 가장 큰 명상홀로 알려진 오쇼 오디토리엄(Osho Auditorium)에서는 특별한 명상프로그램인 오쇼 액티브 명상(Osho Active Meditation)이 제공됨.
- 리조트만을 위해 특별히 재배된 유기농 재료를 사용하여 서양식, 동양식, 인도식 채식 식단을 제공하며, 야간행사로 춤, 보름달과 별빛 아래 명상프로그램, 다양한 종류의 쇼와 음악공연, 일상생활에 도움을 주는 명상법들이 소개되고, 신비한 분위기의 정원 산책코스도 있음.

* 자료: 오쇼 인터내셔널 명상 리조트 홈페이지(www.osho.com)

참고문헌

김광득(2000), 「여가와 현대사회」, 백산출판사.

곽한병(2010), 「신여가문화론」, 대왕사.

손해식 외(2004),「여가사회와 관광」, 백산출판사.

표영희(1996), "기혼여성의 가족생활주기와 여가활동과 여가제약과의 관계", 이화여대 박사학위논문.

박시사(2001), 관광소비자행동론, 대왕사.

Karla A. Henderson, M. Deborah Bialeschki, Susan M. Shaw, Valeria J. Freysinger(1989), 「A Leisure of One's Own: A Feminist Perspective on Wonen's Leisure」, Venture Publishing, Inc.

John W. Lounsbury, Jeffrey R. Polik(1992), Leisure Needs and Vacation Satiafaction, Leisure Sciences, Volume 14.

Edginton, C. R., Jordan, E. J., De Graag, D, G. and Edginton, S. R(1995) Leisure and Life Satisfaction,, WM. C. Brown Communications, Inc.

Geoffrey Godbey, Duane Crawfordn(1993), "Nature and Process of Leisure Constraints: An Empirical Test", Leisure Sciences, Vol., 15.

Leslie Raymore, Geoffrey Godbey, Duane Crawford(1994), "Self-esteem, gender, and socioeconomic status: Their relation to perceptions of constraint of leisure among adolescents, Journal of Leisure Research, Second Quarter.

Duane W. Crawford, Edgar L. Jackson, Duane Crawford(1991), "A Hierarchical Model of Leisure Constraints, Leisure Sciences, Vol., 13.

James F. Murphy (1981), 「Concepts of Leisure」, Englewood Cliffs, New Jersey: Prentice-Hall, Inc.

Richard D. MacNeil, Michael L. Teague(1987), 「Aging and Leisure Vitality in Later Life」, Prentice-Hall, Inc., Englewood Cliffs.

Gene Bammel, Lei Lane-Bammel(1982), 「Leisure and Human Behavior」, Iowa: Wm. C. Brown Co.

T. H. White(1975), The Relative Importance of Education and Income as Predictor in Outdoor Recreation Participation, Journal of Leisure Research 7, no. 3.

John, Kelly(1982), 「Leisure, Prentice-Hall, Inc., Englewood, N. J.

Dale Fodness (1994), "Measuring Tourist Motivation", Annals of Tourism Research, Vol., 21. No.

John L. Crompton (1979), Motivation for Pleasure Vacation, Annals of Tourism Research, Vol. 4, No. 4.

제5장 여가산업

제1절 여가산업의 개념

1. 여가산업의 개념

여가산업(leisure industry)은 여가수요를 수용하기 위한 유형, 무형의 재화와 서비스를 공급 · 제조 · 판매하며, 나아가서는 소비의 촉진을 위한 제 유형의 산업을 포괄적으로 지칭한다. 협의의 여가산업이란 여가를 수용 또는 촉진하는 서비스의 제공과 알선을 목적으로 하는 산업을 의미한다. 광의의 여가산업은 관광농업과 같은 1차산업으로부터 여가관련 각종 도구의 제조와 관련되는 2차산업, 관광교통업, 여행알선업, 관광시설업 등 3차산업을 포함하는 산업을 의미한다.

여가산업의 개념을 이해하는 방식에는 다음의 네 가지가 있다.

첫째, 여가산업을 복합적 산업의 관점에서 보는 것이다. 다시 말해 인간의 여가활동을 레크리에이션이라 볼 경우 여가산업은 이를 행하는데 필요한 온갖 기구, 용품, 소비품을 공급하는 산업이라고 할 수 있다. 예를 들어, 신발제조업이 단순한 신발만 만들지 않고 등산화나 스케이트를 생산한다면 이것도 여가산업의 범주에 포함시킬 수 있다.

둘째, 여가산업의 개념은 여가구조의 관점에서 살펴볼 수 있다. 이 점에서 여가산업은 인간의 여가행동에 포함되는 모든 재화 및 서비스의 제조, 판매와 그에 필요한 시설을 제공하는 행위로서 여가자원과는 일면 공통성이 있기도 하지만 상이점을 보이고 있다. 전자의 여가자원이 주로 자연적 · 인공적 유형재를 바탕으로 하여 사업을 경영하는 것이라 한다면, 후자의 여가산업은 주로 인간의 무형적인 서비스를 중심으로 사업을 경영하는 산업이다. 따라서 여가자원은 여가구조상 여가객체로 볼 수 있는 반면, 여가산업은 여가주체와 여가객체를 연결시켜 주는 여가매체로 정의할 수 있다.

셋째, 여가산업의 개념을 인간의 활동유형이라는 관점에서 살펴볼 수 있다. 여가를 자유시간에 행하는 제 활동으로 정의한다면, 인간의 여가활동은 크게 비경제적 행위를 수반한 여가활동과 경제적 행위를 수반한 여가활동으로 나눌 수 있다. 여기에서 비경제적 행위를 수반한 여가활동은 대가의 지급을 필요로 하지 않는 특성이 있기 때문에 여가산업의 범주에 포함시킬 수 없다. 반면, 경제적 행위를 수반하는 여가활동은 기업의 여가서비스를 제공받으며 대가를 지급하게 된다. 따라서 여가산업은 인간의 여가활동 중에서 경제적 행위를 수반하는 여가활동의 관점에서 여가서비스를 제공하는 기업의 총칭으로 볼 수 있다.

넷째, 여가산업의 개념을 사회조직의 관점에서 살펴볼 수 있다. 여가산업은 넓게 보아 여가서비스 조직의 일종이다. 여가서비스 조직은 개인이 여가시간 동안 소비하는 서비스의 창출 및 분배를 포함하여 중요기능을 수행하는 단위이며, 사회의 개별적 · 집합적 여가욕구에 대응하기 위하여 조직된다.

여가산업은 후기 산업사회로의 이행에 따른 부산물로, 산업구조상 복합적 산업이고 무공해산업이며, 노동집약적 산업, 고부가가치 미래산업이라 할 수 있다. 21세기에는 문화 · 교양 · 창조형 여가생활과 자기계발 프로그램형 여가가 활성화될 것으로 예측되며, 여가생활을 즐기려는 수요자들의 증가로 여가산업은 미래의 유망한 산업으로 각광받을 것으로 예측된다.

〈표 5-1〉 미래의 유망산업

미쓰비시 연구소	노무라 종합연구소	스탠포드 연구소
• 정보기기산업 • 정보서비스산업 • 통신네트워크산업 • 환경리사이클 관련산업 • 공간개발사업 • 의료, 레저, 문화산업 • 비즈니스 서비스산업	• 주택, 에너지 관련산업 • 정보 · 통신산업 • 의료복지 관련산업 • 신유통물류 관련산업 • 생활문화, 레저관련산업 • 도시환경정비 관련산업 • 국제화 대응 관련산업 • 인재육성 관련산업 • 비즈니스 지원산업	• 정보기술, 서비스산업 • 컴퓨터장비, SW관련산업 • 오락, 여행, 관광산업 • 교육서비스 및 자재 • 미디어, 의약품, 건강관리 • 환경서비스와 설비산업 • 의학장비, 생명공학산업 • 전자, 첨단소재산업

여가산업과 관광산업을 연계해서 볼 때, 여가산업은 외국인보다는 내국인을 대상으로 한 산업이며, 궁극적으로 내국인이 성황을 이루고 있는 여가산업은 외국인이 즐겨찾는 관광산업이 될 수 있다.

일반적으로 여가산업을 지칭할 때 서비스업을 중심으로 한 여가산업을 의미하며, 대표적인 업종에는 스포츠시설인 골프장 · 스키장 · 휘트니스 센터, 숙박시설인 콘도미니엄 · 호텔 · 펜션, 놀이시설인 테마파크 · 워터파크 그리고 이들 시설이 복합적으로 조성되어 있는 리조트, 사행산업인 카지노 · 경마 · 복권 등이 있다.

제2절 여가산업의 유형

앞 절에서도 언급했지만 여가산업은 복합산업적인 요소가 강하여 그 범위가 매우 넓다. 또한 분류방식도 학자마다 그 견해를 달리하고 있어 매우 다양하다. 여기서는 본서와 맥락을 같이하는 학자들의 분류유형을 살펴보고자 한다.

1. 重山裕登의 분류

일본의 重山裕登은 그의 저서 「餘暇産業界」에서 여가산업 유형을 3가지로 분류했다.

① **여가공간산업**: 호텔, 볼링장, 골프장 등 일정한 공간 및 시설을 제공하는 산업으로 이를 더욱 세분하면 실내여가산업, 근린여가산업, 도시여가산업, 리조트여가산업으로 나눌 수 있다.

② **여가기기산업**: TV, 승용차, 스포츠용구, 일요목공용구 등 재화를 제공하는 산업을 말한다.

③ **여가정보서비스산업**: 여행대리점, 교통, 여행 등 소프트(soft)한 정보를 제공하는 산업을 말한다.

2. 玉村和産의 분류

일본의 玉村和産은 여가산업을 10개 부문으로 나누었다.

① **여행정보관련 여가산업**: 여행업, 통역안내업, 여행업자 등

② **숙박관련 여가산업**: 여관, 호텔, 여인숙, 유스호스텔, 캠프장, 모텔 등

③ 운송관련 여가산업: 철도, 전철, 전세버스, 렌터카, 항공업, 선박 등

④ 스포츠관련 여가산업: 골프장, 골프연습장, 볼링장, 스키장, 테니스클럽, 수영장, 스케이트장, 승마장, 사격장 등

⑤ 도박관련 여가산업: 카지노, 빠찡고, 마작, 공영도박장 등

⑥ 흥행관련 여가산업: 영화관, 극장, 방송업, 프로야구, 레저랜드, 게임센터 등

⑦ 교양관련 여가산업: 미술관, 박물관, 동·식물원, 수족관, 사설강습소 등

⑧ 음식관련 여가산업: 일반식당, 각국 전문음식점, 술집, 제과, 제과점 등

⑨ 1차산업관련 여가산업: 관광농업, 양어장, 목장 등

⑩ 부동산관련 여가산업: 별장지 분양, 여가클럽 등

3. 한국관광공사의 분류

한국관광공사(1985)에서는 여가산업의 유형을 4가지로 분류했다.

① 관광산업: 관광호텔업, 여행알선업, 관광객이용시설업 등

② 레저·스포츠용구산업: 볼류, 라켓류, 글러브류, 체육기자재산업 등

③ 레저·스포츠웨어산업: 스포츠화, 스포츠의류산업 등

④ 야외 여가용품산업: 낚시용품, 등산·캠핑용구, 골프 및 스키용품 등

4. Tokildsen의 분류

영국의 Tokildsen(1983)은 상업적 여가산업의 유형을 6가지로 분류했다.

① 가정 중심 위락산업: 가정손질, 정원손질, 애완동물 기르기, DIY, 취미, 신문, 잡지, 음악감상, 게임, TV시청, 라디오 청취 등

② 사교적 위락산업: 흡연, 음주, 클럽, 외식, 댄스, 드라이브, 윈도우 쇼핑 등

③ 오락 · 예술 · 교양산업: 극장, 연극, 콘서트, 도서관, 미술관, 박물관, 외국어 교습소 등

④ 스포츠 · 신체적 위락산업: 건강관리, 조깅, 볼링, 사우나, 골프, 스포츠 장비 구입, 스포츠 참관 등

⑤ 관광 · 휴가 및 비공식적 위락산업: 호텔, 캠핑, 야생공원, 동 · 식물원, 역사유적, 관광여행, 수공예센터 등

⑥ 지원산업(Sponsorship): 상업성이 강한 스포츠, 예술, 오락산업 등

〈표 5-2〉 여가산업 유형

학자	여가산업유형	
Patmore (1983)	• 예술부문: 가정 중심적 여가, 옥외여가 • 관광부문: 숙박, 매력요소, 여행업자 • 스포츠부문: 활동적 스포츠, 관전, 장비제공자 • 레크리에이션 및 사교부문	
Bonn(1986)	식품산업, 숙박산업, 여행산업, 위락산업	
Crossley & Jamieson(1993)	여행 · 교통업, 관광업, 상업적 레크리에이션	
Edginton (1995)	관광, 식음료서비스업, 레저상품제조업, 오락유흥업, 서비스용역업, 레저상품 판매업, 자연친화적 레저서비스업	
ACLC (호주, 2001)	• 문화유산(heritage) • 예술(art) • 스포츠와 레크리에이션(sport and recreation) • 문화와 레저(culture and leisure)	
레저백서 (2005, 일본)	• 관광 · 행락 관련산업 • 어뮤즈먼트 · 오락 관련산업 • 스포츠 관련산업 • 문화 · 취미 · 창작 관련산업 • 숙박 · 음식 관련산업	
여가백서 (문화체육관광부 · 한국문화관광연구원, 2006, 2007)	• 문화예술 • 관광 • 휴식	• 스포츠 • 취미 · 오락 • 기타 사회활동

5. 문화체육관광부 · 한국문화관광연구원(여가백서, 2008)의 분류

문화체육관광부 · 한국문화관광연구원(2008)에서는 국내 여가산업의 구조를 체계적으로 파악하고, 국내 여가시장의 규모와 동향을 구체적으로 파악하기 위해 일본과 호주의 여가산업 분류기준을 바탕으로 우리나라 여가산업의 특성에 따라 분류체계를 마련했다.

2008년 여가백서에서는 여가산업의 체계적인 분류기준을 설정하기 위해 우리나라 전체 사업을 자세하게 분류해 표준적인 기준이 되는 통계청의 『한국표준산업분류』를 기본으로 했다. 따라서 여가산업의 분류는 산업의 최종생산물의 본질에 따라 산업 대분류를 여가용품산업, 여가공간산업, 여가서비스산업의 영역으로 구분했다.

〈표 5-3〉 여가산업의 대분류 영역

대분류	정의
여가용품산업	운동 및 경기용품, 악기 및 음반과 같은 여가활동을 위한 여가상품을 제공하는 산업
여가공간산업	영화관, 골프장 등과 같이 여가활동이 이루어지는 시설이나 여가활동을 위한 서비스가 제공되는 시설 또는 공간을 제공하는 산업으로 시설이나 공간을 건설하는 업종은 제외
여가서비스산업	무형의 콘텐츠와 관련된 정보제공업, 통신과 미디어를 매개로 하는 정보서비스업, 사업서비스, 여행사 등 여가활동을 위한 정보나 서비스를 제공하는 산업

대분류의 산업들을 산업의 특성과 운영목적에 따라 다시 세분류 기준을 설정하여 재분류한 결과, 여가용품산업은 스포츠 및 아웃도어 여가용품점, 취미여가용품점, 오락여가 용품업으로 재분류되었다. 대분류인 여가공간산업은 여가숙박업, 갬블링여가 시설업, 스포츠경기관람여가 시설업, 문화관람여가 시설업, 운동 및 건강여가 시설업, 여행 및 체험(학습)여가 시설업, 오락여가 시설업, 기타 유흥여가 시

설업으로 분류되었다. 여가서비스산업에 해당되는 세분류 산업들로는 여가콘텐츠 제공업, 여가용품 임대업, 여가정보제공 서비스업, 여가방송 서비스업, 기타 여가 서비스업이 포함된다.

1) 여가용품산업

① **스포츠 및 아웃도어 여가용품점:** 운동 및 경기용품 소매업, 모터사이틀 제조업, 자전거제조업, RV(다목적승용차)제조업

② **취미여가 용품점:** MP3 Player 제조업, 악기소매업, 사진기 및 사진용품 소매업, 음반 및 비디오물 소매업, 서적 및 잡지류 소매업

③ **오락여가 용품점:** 오락게임용구 및 장난감 소매업

2) 여가공간산업

① **여가숙박업:** 관광호텔업, 가족호텔업, 한국전통호텔업, 휴양콘도 운영업, 기타 관광숙박시설 운영업

② **갬블링여가 시설업:** 경마 및 경주장 운영업, 도박장 운영업

③ **스포츠경기 관람여가 시설업:** 실내경기장 운영업, 실외경기장 운영업

④ **문화관람여가 시설업:** 영화관 운영업, 비디오물 감상실 운영업, 공연시설 운영업

⑤ **운동 및 건강여가 시설업:** 골프장 운영업, 스키장 운영업, 수영장 운영업, 볼링장 운영업, 체력단련시설 운영업, 그 외 기타 운동시설 운영업, 종합 오락 운동시설 운영업, 체육공원 및 유사공원 운영업, 욕탕업

⑥ **여행 및 체험(학습)여가 시설업:** 관광열차 운영업, 박물관 운영업, 사적지 관리 운영업, 식물원 및 동물원, 자연공원 및 유사시설 운영업, 해수욕장 운영업, 기타 수상오락 서비스업, 유원지 및 테마파크 운영업

⑦ **오락여가 시설업**: 전자게임장 운영업, 컴퓨터 게임방 운영업, 노래방 운영업, 당구장 운영업, 기원 운영업, 기타 오락장 운영업, 그 외 기타 분류 안 된 오락관련 산업

⑧ **기타 유흥여가 시설업**: 일반 유흥주점업, 무도 유흥주점업, 간이 주점업, 무도장 운영업

3) 여가서비스산업

① **여가콘텐츠 제공업**: 게임소프트웨어 제작업

② **여가용품 임대업**: 음반 및 비디오물 임대업, 서적 임대업, 경기 및 여가용품 임대업, 서적 임대업, 경기 및 여가용품 임대업

③ **여가정보제공 서비스업**: 일반 및 국제 여행사업, 국내 여행사업, 기타 여행지원 서비스업

④ **여가방송 서비스업**: 라디오 방송업, 텔레비전 방송업, 종합유선 및 기타 유선방송업, 위성방송업

⑤ **기타 여가서비스업**: 미용업, 마사지업, 점술업

제3절 주요 여가산업별 특성

본 장은 타마무라(玉村和彦)의 여가산업 유형을 근간으로 여행관련 여가산업(여행업), 숙박관련 여가산업(리조트, 콘도, 펜션), 흥행관련 여가산업(테마파크), 스포츠관련 여가산업(골프, 스키, 오토캠프)에 대하여 여가산업 특성을 살펴보고자 한다.

1. 여행관련 여가산업

1) 여행업

여행업은 여행객과 공급업자 사이에서 여행에 관한 시설의 예약·수배·알선 등의 여행서비스를 제공하고 공급자로부터 일정액의 수수료를 받는 것을 영업으로 하는 사업체를 말한다. 이 사업체를 영위하는 자를 여행업자라 하고, 공급자는 여행업자 입장에서 프린시펄(Principal)이라고 한다.

우리나라 「관광진흥업」 제3조 제1항에서 여행업이란 "여행자 또는 운송시설·숙박시설, 그 밖에 여행에 딸리는 시설의 경영자 등을 위하여 그 시설 이용 알선이나 계약체결의 대리, 여행에 관한 안내, 그 밖의 여행 편의를 제공하는 업"을 말한다.

여행업은 사업의 범위 및 취급대상에 따라 일반여행업, 국외여행업 및 국내여행업으로 구분하고 있다(동법 시행령 제2조 1항). 이를 분설하면 다음과 같다.

일반여행업은 국내 또는 국외를 여행하는 내국인 및 외국인을 대상으로 하는 여행업으로 사증(査證 ; 비자)을 받는 절차를 대행하는 행위를 포함한다. 따라서 일반여행업자는 외국인의 국내 또는 국외여행과 내국인의 국외 또는 국내여행에 대한 업무를 모두 취급할 수 있다.

국외여행업은 국외를 여행하는 내국인을 대상으로 하는 여행업으로 사증을 받는 절차를 대행하는 행위를 포함한다. 국외여행업은 우리나라 국민의 아웃바운드(outbound) 여행(해외여행업무)만을 전담하도록 하기 위해 등장한 것이므로, 외국인을 대상으로 하거나 또는 내국인을 대상으로 한 국내여행업은 할 수 없다.

국내여행업은 국내를 여행하는 내국인을 대상으로 하는 여행업을 말한다. 즉 국내여행업은 내국인을 대상으로 한 국내여행에 국한하고 있어, 외국인을 대상으로 하거나 또는 내국인을 대상으로 한 국외여행업은 이를 법으로 허용하지 않고 있다.

여행업의 기능은 정보제공기능, 국가대표기능, 대리인기능(agent), 판매기능, 연결고리기능, 여행상품개발기능, 상담기능 등으로 구분할 수 있다.

일본의 德田二(1990)는 여행업의 기능을 이용자인 소비자의 관점, 공급업자의 관점, 그리고 사회적 관점에서 해석했으며, 제시한 여행업의 기능은 〈표 5-4〉와 같다.

〈표 5-4〉 여행업의 기능

구분	기능	
이용자 관점	염가성	• 전세기 운임, 패키지 투어 염가판매 • 비수기 염가판매 • 대형 단체 염가판매
	안심성	• 완벽한 수배를 통한 쾌적한 여행 제공 • 투어 에스코트 서비스
	종합성	• 패키지 투어 판매 • 단체여행의 일괄수배기능 • 여행백화점기능
	편리성	• 모든 것이 포함된 패키지 투어 • 예약 · 구매의 편리성
	정보성	여행에 관한 정보의 창고
공급업자 관점	대리판매기관 기능, 수요환기기능, 계절파동완화기능	
사회적 관점	• 새로운 관광목적지와 여행형태의 개발을 통한 여행기회의 확대기능 • 여행수요의 특정기간, 특정방면의 집중화에 대응하고, 비수기 수요를 환기 · 유도하여 수급균형을 이루게 하며, 동시에 완충기능을 수행	

여행업자의 업무내용은 국가 또는 영업규모나 종류에 따라 일정하지 않지만 주요 업무는 다음과 같다.

① 여행정보의 제공, 여행상담 및 안내와 여행계획의 작성
② 전 세계의 항공, 철도, 선박, 자동차 등의 승차권의 대매 알선
③ 세계 각국의 호텔 및 리조트의 이용 알선과 숙박권 대매 알선
④ 개인고객의 희망조건에 따른 여정 작성, 교통기관 · 호텔 및 관광지의 예약
⑤ 안내원을 동반하는 주최여행을 세계 각지에서 정기적으로 실시하고 단체관광과 국제회의 등의 특별수배
⑥ 자가운전전용 렌터카의 수배, 가이드 동반이나 미동반의 전세차 수배
⑦ 여권이나 비자의 입수절차 대행
⑧ 여행 상해보험, 수하물보험의 취급 대행

토마스쿡 여행사

트래블러스맵

[그림 5-1] 여행업

* 출처: www.travelwiz.co.kr, www.travelersmap.co.kr

2. 숙박관련 여가산업

1) 리조트

리조트는 일정 규모의 지역에 레크리에이션, 스포츠, 상업, 문화 · 교양, 숙박 등 관광객의 관광욕구를 충족시킬 수 있는 시설이 복합적으로 갖추어진 지역으로서 심신의 휴양 및 위락 등 정신적 재충전의 목적으로 구성되어진 공간이다. 리조트의 부대시설로는 호텔, 콘도 등 숙박시설이 필수적이며, 지속적으로 관광객을 끌어들일 수 있는 스키장, 골프장 등 운동시설과 온천, 수영장, 교육시설 등 휴양시설, 기타 즐거움을 위한 위락, 놀이시설 등 고객들을 유치하기 위한 4계절형 시설들이 갖추어진 종합휴양지이다.

일반적으로 리조트에 대한 국민들의 수요는 가처분소득, 여가시간, 가치관, 자동차 보유대수 등에 의해 영향을 받는데, 그 중에서 소득수준과 여가시간은 리조트 수요에 가장 큰 영향을 미친다. 특히, 2004년 7월부터 종업원 1천명 이상의 대기업에서 주5일 근무제를 본격적으로 시행함에 따라 리조트 수요가 크게 증가했다.

리조트산업은 건설업, 호텔산업, 스포츠산업, 여객운송업 등 타 산업에 많은 전후방 산업연관 효과를 발생시키며, 리조트 개발은 지역주민의 고용창출, 지역경제 활성화 등 지역경제에 크게 기여할 수 있지만, 대규모 추기투자, 자본회수기간의 장기화, 비수기의 경영 악화 등 근본적인 문제점을 안고 있으므로 이를 해결하기 위한 다양한 방안이 모색되고 있다.

한편, 레저패턴이 가족중심의 체류형 리조트를 선호하는 방향으로 변화함에 따라 기존 업체는 물론 신규 진출업체들도 단독사업보다 골프, 스키, 콘도미니엄 등을 함께 운영하는 종합리조트를 지향하고 있으며, 성수기와 비수기가 서로 다른 산업들을 한데 조성함으로써 레저사업의 경영효율성을 높이고자 하고 있다.

리조트의 유형을 입지별로 구분하면, 산악고원형, 해양형, 도시근접형의 3가지로 분류할 수 있다. 산악고원형 리조트는 산지, 산악 등의 경관과 고원 및 풍부한 삼림자원을 활용한 유형의 리조트이다. 해양형 리조트는 해수욕장, 마리나, 요트

선착장, 윈드서핑시설, 낚시터 등을 중심으로 해안가에 배치되는 유형의 리조트이다. 도시근접형 리조트는 테마파크 및 유원지 등의 시설을 중심으로 도심이나 도시근교에 입지하는 주말 체재형 리조트이다. 마리나, 스케이트장, 골프장 등을 중심으로 한 각종 스포츠, 레크리에이션 활동시설과 연수시설 등을 중심으로 배치되는 경우가 많다. 이 중 국내 리조트들은 대부분 강원도의 고원지대에 위치한 고원형 리조트들이고, 도시근접형은 지리산리조트, 베어스타운, 파인리조트, 해양형은 충무 마리나리조트 등이 있다. 그 밖의 리조트 유형을 다음과 같다.

〈표 5-5〉 리조트 유형

분류기준	리조트 유형
이용형태	주말형, 장기체재형, 정주형
조직	폐쇄시스템, 개방시스템
주제	스포츠형, 가족레크리에이션형, 수공예품 취미형, 오락연예형
입지조건	산악고원형, 해양형, 도시근접형

리조트는 다른 관광지와 차별될 수 있는 다음과 같은 특성을 가지고 있다.

첫째, 복합기능으로 숙박 · 스포츠 · 오락 · 문화 등을 한 장소에서 모두 즐길 수 있다. 또한 리조트 단지 내에 모든 오락 및 편의시설들이 갖추어져 있어 체류기간 동안 그곳을 떠날 필요가 없다.

둘째, 대부분의 리조트는 100만평 이상의 대규모로 개발이 이루어지기 때문에 장기적인 마스터플랜을 가지고 있으며, 이 마스터플랜에 따라 체계적으로 개발된다. 따라서 리조트들은 대개 하나의 개발주체에 의하여 개발되며, 보통 숙박 시 1,000실 정도의 숙박시설을 보유한다.

셋째, 리조트의 입지는 대도시가 주된 시장이 되는 거리 즉 시간상 도심으로부터 2~3시간 정도의 거리 안에 위치하는 것이 일반적이다. 리조트의 좋은 입지는 교통이 편리한 곳이기 때문에 국제공항, 지역공항 혹은 주요 고속도로에 인접할수록 지리적으로 유리하다.

넷째, 리조트는 자연경관이 수려한 지형이 적합하며, 특히 물 요소가 포함되는 것이 바람직하다. 그리고 리조트의 입지는 상·하수도, 전력 등 기반시설에 적정 투자가 가능한 지역이어야 하며, 주변도시로부터 격리감을 느낄 수 있고 주변의 다양한 관광자원과 연계될 수 있는 지역이 적합하다.

수트라하버 리조트(코타키나발루)

리솜 포레스트(한국)

[그림 5-2] 리조트

* 자료: www.suteraharbour.com, www.resomeforest.com

2) 콘도미니엄

일반적으로 콘도미니엄(Condominium)이란 관광숙박시설의 일종으로 호텔 또는 각종 휴양숙박시설의 장점을 골고루 발췌하여 가족단위의 레저를 즐길 수 있도록 특급호텔 수준을 갖춘 숙박시설이다.

현행 「관광진흥법」은 관광사업의 일종인 관광숙박업을 호텔업과 휴양콘도미니엄업으로 나누고, 호텔업을 다시 세분하고 있다. 여기서 휴양콘도미니엄업이란 "관광객의 숙박과 취사에 적합한 시설을 갖추어 이를 그 시설의 회원이나 공유자, 그 밖의 관광객에게 제공하거나 숙박에 딸리는 음식·운동·오락·휴양·공연 또는 연수에 적합한 시설 등을 함께 갖추어 이를 이용하게 하는 업"을 말한다(동법 제3조 제1항 2호).

콘도미니엄은 1950년대 이탈리아의 중소기업들이 종업원의 복리후생을 위해 여러 회사가 공동투자로 관광별장이나 호텔형태로 건립한 객실을 여러 명이 공동소유하는 휴양시설이 그 효시라고 한다. 그 후 1963년 스페인에서 '태양의 해안'이라고 불리는 곳에 171실 규모의 토레머호텔이 완공된 것을 계기로 유럽과 미국 등지로 크게 확산되었다.

〈표 5-6〉 각 국의 콘도미니엄 발달과정

구분	내용
스페인	기존 호텔에 개인의 소유개념을 도입하여 1950년대 개발(시초)
이탈리아	1950년대 후반 중소기업들이 종업원 후생복지 시설로 처음 시작
미국	• 60년대: 도입, 도입 당시 임대형태 • 70년대: 본격적으로 등장, Second Housed로서 체인화 시작 • 대부분 1실을 1명이 소유 • 동남부의 마이애미, 플로리다 등의 리조트지역 뿐만 아니라 도심지역에도 아파트처럼 산재 • 중저소득층을 위한 1주일 휴양주택 개념으로 판매가 성행
일본	• 리조트지역에서 점차 도심으로 확장되고 있음 • 리조트지역에 건설되는 휴양콘도미니엄은 20평 내외의 규모로 종합 레저시설을 갖추고 있는 것이 특징 • 소유자가 사용하지 않을 경우 일반인들이 사용할 수 있도록 하며, 사용료는 관리비 충당분을 제외하고 소유주에게 공동 배분하고 있음
한국	1981년 4월 경주 보문단지 내에 한국콘도가 25평형 108실 규모의 콘도미니엄을 착공하면서부터 국내 콘도미니엄 사업이 등장함

우리나라에서는 콘도미니엄이 관광지, 휴양지 등 자연경관이 수려한 지역을 중심으로 휴양을 위한 숙박시설 목적으로 도입·건설되었다. 1979년 6월 (주)한국콘도미니엄이 처음으로 회사를 설립하여 1981년 4월 경주 보문단지에 108실의 객실을 갖춘 「경주콘도미니엄」을 완공한 것이 시초이다.

국민소득수준의 향상, 여가시간의 확대, 핵가족화, 자동차 보급의 확대 등으로 인해 가족단위의 숙박관광이 가능하게 되면서 콘도미니엄이 성장하게 되었다. 최근 들어 국민소득이 높아지고 편리성을 추구하면서 숙박시설 이용행태가 캠핑 · 여관 등의 低價 숙박시설에서 콘도 · 호텔 등 고급숙박시설을 선호하는 쪽으로 바뀌고 있다. 특히 주5일 근무제가 확대 실시되고 가족단위 여가활동이 활발해지면서 콘도 수요는 앞으로도 지속적으로 늘어날 전망이다.

콘도미니엄 업계의 객실가동률은 여름과 겨울에는 높으나 봄과 가을에는 낮게 나타난다. 대부분 국내 기업들의 휴가기간이 7월 중순에서 8월 초순까지 여름철에는 집중되어 있기 때문에 이 기간 동안에는 지역에 관계없이 대부분의 콘도가 풀가동되지만, 겨울철의 경우 스키장 콘도만이 높은 가동률을 기록하고 있다. 주말에는 지역이나 계절에 관계없이 풀가동으로 운영되는 경우가 많지만, 콘도업체들의 계절성으로 인해 경영실적 면에서 대도시권 주변에 있는 콘도를 제외하고 대부분의 업체들이 적자를 면치 못하고 있는 실정이다.

콘도미니엄은 소유형태에 따라 공유제 회원(Ownership Members)과 회원제 회원(Membership Members)으로 분류되는데, 공유제 회원은 콘도미니엄에 대한 소유권, 즉 지분소유권을 가지고 있는 것을 말하는 것으로 분양회사에서 공유제 회원에게 콘도미니엄을 매각하여 지분 소유권을 양도하는 것을 말한다. 회원제는 콘도미니엄의 소유권은 없지만, 시설이용권을 가지고 있는 것으로 분양회사에서 회원제 입회금과 같은 반환성 무이자 장기부채를 근거로 하여 콘도미니엄 시설을 이용할 수 있는 권리를 부여하는 것을 말한다. 공유제나 회원제는 실제 가격 면에서 볼 때 별로 차이가 없다. 외국에서는 공유제 회원권보다는 회원제 회원권의 프리미엄이 더 높으며, 우리나라의 경우에 있어서도 회원제 회원권에 대한 인기가 더 높은 실정이다.

그 밖의 유형은 아래 〈표 5-7〉과 같다.

〈표 5-7〉 콘도미니엄 유형

분류기준	콘도미니엄 유형
이용방식	구분소유방식, 구분공유방식, 시분할(Timeshare) 방식
건축양식	아파트식, 연립식, 별장식
회원제도	공동소유방식, 독립소유방식
운영	일시불제도, 분할지불제도, 혼합식제도
위치	도시근교형, 휴양지형, 산악지형, 해변지역형, 명승고적형, 해상형
개발형태	관광자원 연계형, 온천형, 리조트형

콘도미니엄은 다음과 같은 특징을 가지고 있다.

① 객실투자가에게는 숙박시설만 제공되며 식사는 제공되지 않는다.
② 콘도미니엄의 투자자금은 회원을 모집하여 충당한다.
③ 회원권 소유자와 관리회사의 경영이 완전히 분리되어 있다.
④ 콘도미니엄은 공동이용이므로 연간 사용일수가 정해져 있다.
⑤ 전매 또는 상속이 가능하며, 소유주가 아닌 일반인도 객실사용이 가능하다.
⑥ 오너 회원인 경우 1가구 2주택에 해당하지 않으며, 소유한 회원이 등기권을 행사할 수 있고 양도가 가능하다.
⑦ 1계좌로 체인화된 국내외의 콘도미니엄을 이용할 수 있다.
⑧ 공동제 회원은 등기를 필해야 하며 관리비 이외에 재산세를 납부해야 한다.

풍림콘도

리오팰리스콘도

[그림 5-3] 콘도미니엄

* 자료: www.poonglimresort.co.kr, www.tripadvisor.co.kr

3) 펜션

펜션(Pension)은 요금이 싸고, 가정적인 서비스를 제공하는 소규모 고급숙박시설을 말한다. 펜션이라는 용어는 원래 연금(年金)이라는 뜻으로 유럽의 노인들이 연금과 민박경영(식사를 제공하는 하숙집이나 기숙학교 지칭)으로 여생을 보내는 것에서 유래되었다. 이후 점차 고급화되고 조직화되어 호텔의 고급스러운 분위기와 민박의 가족적인 분위기가 합쳐진 레저형 숙박시설로 변했다.

펜션은 호텔의 편리함과 개인별장과 같은 아늑함, 민박의 가족적인 분위기를 동시에 맛볼 수 있다는 것이 장점이다. 호텔보다 저렴하고 민박보다는 비싼 편이지만 청결하고 고급스러우며 개인적 프라이버시가 보장되는 시설을 갖추고 있고, 곳에 따라 주인이 제공하는 가정식 식사도 즐길 수 있다. 이와 같은 펜션은 각지의 유명관광지뿐만 아니라 자연경관이 아름다운 산이나 강가 및 바닷가 등지에도 입지하고 있으며, 지역적 특성에 따라 농장, 목장 등에서의 자연체험이 가능해 어린이를 동반한 가족단위 여행객에게 인기가 높다.

펜션의 수요는 소득수준의 향상, 여가시간의 증대, 가족이나 친구와 같은 소규모 단위의 여행행태 증가 등으로 인해 점차 증가했으며, 공급자 측면에서도 안정적 수익상품으로 인식되어 2003년 하반기에 펜션붐이 일면서 펜션산업이 급팽창했다. 하지만 활기를 띠던 펜션산업은 2004년에 들어서 정부의 규제 등으로 침체상태를 보이고 있다.

현행 관광관련 법규에서 지정하고 있는 팬션업은 「관광진흥법」에서 관광편의시설업의 일종으로 규정하고 있는 '관광펜션업'과 「제주특별자치도 설치 및 국제자유도시 조성을 위한 특별법」(이하 "제주특별법"이라 한다)에서 규정하고 있는 '휴양펜션업'이 있다.

「관광진흥법」상의 '관광펜션업'은 숙박시설을 운영하고 있는 자가 자연·문화체험관광에 적합한 시설을 갖추어 관광객에게 이용하게 하는 업을 말하는데(동법 시행령 제2조 6호), 이는 새로운 숙박형태의 소규모 고급민박시설이지만, 관광숙박업의 세부업종이 아님을 유의하여야 한다. 관광펜션업의 지정기준을 살펴보면, 자연 및 주변환경과 조화를 이루는 3층 이하의 건축물에 객실은 30실 이하여야 하는데, 취사 및 숙박에 필요한 설비를 갖추어야 한다. 또한 바비큐장이나 캠프파이어장 등 주민의 환대가 가능한 1종류 이상의 이용시설을 갖추어야 할 뿐만 아니라 숙박시설 및 이용시설에 대하여 외국어 안내표기를 함으로써 외국인 이용에도 대비토록 하였다(동법 시행규칙 제14조 관련 별표2).

그러나 제주특별자치도에서는 관광펜션업의 규정은 적용하지 아니한다. "제주특별법"에서는 관광펜션업 대신에 '휴양펜션업'을 규정하고 있기 때문이다. 휴양펜션업(농어촌 휴양펜션업에서 명칭이 변경되었음)은 관광객의 숙박·취사와 자연체험관광에 적합한 시설을 갖추어 이를 당해 시설의 회원, 공유자, 그 밖에 관광객에게 제공하거나 숙박 등에 이용하게 하는 업을 말하는데, 휴양펜션업을 하고자 하는 자는 당해 사업에 대한 사업계획의 승인을 받아 제주도지사에게 등록하여야 한다(제주특별법 제174조). 휴양펜션업을 등록한 자 또는 그 사업계획의 승인을 얻은 자는 휴양펜션업의 시설에 대하여 분양 또는 회원모집을 할 수 있다(제주특별법 제174조 제3항).

[그림 5-4] 펜션

* 자료: www.nbpension.com, www.momoloft.com

4) 게스트하우스

게스트하우스(guest house)는 주로 젊은 여행자들이 이용하는 저렴한 숙박시설로, 침실은 개별 혹은 도미토리 형식으로 사용하며, 화장실, 샤워 룸 등을 공동시설로 사용하는 형태의 숙박시설이다. 국적이 다른 젊은 여행자들이 가정적인 분위기에서 서로 교류하며, 여행정보를 교환하는 등 독특한 체험이 가능한 숙박시설로 B&B(Bed and Breakfast), 호스텔(Hostel), 여관 등과 유사한 시설이다. 우리나라의 경우 게스트하우스에 대한 법제도적인 개념이 현재 정립되어 있지 않다.

현재 우리나라에서 게스트하우스는 「관광진흥법」상 관광편의시설업의 일종인 '외국인관광 도시민박업'으로 규정하고(동법 시행령 제2조 제1항 6호) 있는데, "「국토의 계획 및 이용에 관한 법률」 제6조 제1호에 따른 도시지역(농어촌정비법에 따른 농촌지역 및 준농촌지역은 제외한다)의 주민이 거주하고 있는 주택(단독주택, 다가구주택, 아파트, 연립주택, 다세대주택)을 이용하여 외국인 관광객에게 한국의 가정문화를 체험할 수 있도록 숙식 등을 제공하는 업"을 말한다.

외국인관광 도시민박업은 2011년 12월 30일 「관광진흥법 시행령」 개정 때 관광편의시설업의 일종으로 새로 도입된 제도로, 그 지정기준을 살펴보면 건물의 연면적이 230제곱미터 미만이고 외국어 안내서비스가 가능한 체제를 갖추고 있어야 하는데, 도시지역의 주민이 거주하고 있는 단독 주택 또는 아파트 등을 이용하여 외국인 관광객에게 숙식등을 제공하고 한국의 가정문화를 체험할 수 있도록 함으로써 외국인관광객의 유치확대에 크게 이바지할 수 있을 것으로 전망되고 있다.

일반숙박업과 생활숙박업(레지던스)은 「공중위생관리법」의 적용을 받지만 호스텔을 포함한 관광숙박업과 관광편의시설업(도시민박)의 경우 「관광진흥법」의 적용을 받는다. 특히, 도시민박의 경우 건축허가나 사업계획의 승인 없이 영업신고만으로 인허가를 받을 수 있다. 부당요금, 위생상태 불량, 업무용 시설 및 고시원에서 영업을 하거나 내국인 대상의 영업을 하는 등 지정요건에 맞지 않는 영업을 하는 불법 게스트하우스도 많이 증가했다. 하지만 아직 관리체계가 정착되지 않아 불법 영업행위를 철저하게 관리하거나 단속하지 않아 이에 대한 방안이 필요한 실정이다.

게스트하우스는 주로 유럽, 미국, 호주, 동남아 등 유명 여행지를 중심으로 밀집해 있다. 한국에서는 2002년 한 · 일 월드컵을 전후로 게스트하우스를 외국인들을 위한 중저가숙박시설로 지정하면서부터 인기가 많아져 서울, 부산, 대구, 광주, 경주, 안동, 강원, 전주, 속초, 여수, 울산, 제주 등 관광지가 있는 지역들을 중심으로 지속적으로 게스트하우스가 증가하는 추세이다.

게스트하우스는 관광객들이 현지주민들 및 타 관광객들과 친밀한 상호작용이 가능한 숙박형태로 여행지와 그 지역의 문화체험, 지역주민과 교류가 가능하다는 점에서 최근 주목을 받고 있는 숙박형태이다. 또한 개별여행객들이 점점 증가함에 따라 숙박형태 선호도도 변화하고 있으며, 〈표 5-8〉과 같이 게스트하우스의 경우 개별여행객의 특성에 부합하는 부분이 많아 향후에도 더욱더 각광받는 숙박시설이 될 것으로 예측되고 있다.

게스트하우스는 주로 소수의 직원으로 운영되며, 외국인 관광객들이 방문하는 게스트하우스의 경우 홍보 및 예약뿐만 아니라 여행정보도 제공해야 하기 때문에 직원들의 외국어 서비스는 필수적이다. 게스트하우스는 주로 소규모로 운영되기 때문에 홍보와 예약은 주로 인터넷을 이용하며, 홈페이지의 경우 외국인 관광객들을 위해 영어, 중국어, 일본어 서비스를 제공하는 경우도 있다. 게스트하우스의 예약과 홍보는 게스트하우스 자체 홈페이지 외에도 호스텔월드(hostel world)와 호스텔닷컴(hostel.com) 등과 같은 글로벌 호텔 예약사이트를 활용해서 한다. 호스텔 닷컴은 전 세계 180여 개 국 35,000곳의 숙소를 예약할 수 있는 시스템으로 개별여행객들에게 많이 알려진 사이트이다. 이 사이트를 통해 여행객들은 실시간으로 머물고자 하는 객실의 상황을 파악할 수 있으며, 원하는 숙소를 바로 예약 및 결제할 수 있다. 또한 숙소의 정확한 위치, 기본 시설 및 편의시설, 보안, 분위기, 직원의 친절도, 가격 등 해당 숙소에 대한 세부적인 정보와 고객평가를 파악할 수 있어 편리하다.

〈표 5-8〉 개별 여행객의 특성

구분	내용
여행성향	여행지 현지문화와 생활을 직접 느끼고 체험하고자 함. 지역주민과 여행자들과의 대인 접촉을 선호함
체류기간 및 지출	단체여행객보다 체류기간이 길며, 총 지출도 높음
공간형태	유명한 관광지 중심의 관광보다는 자신의 관심사나 취미를 중심으로 여행하므로 공간적으로 분산된 형태를 보임
관광정보	여행일정을 스스로 결정하고 계획하므로 자세한 정보를 원하며, 인터넷을 주로 활용함.
여행일정의 유동성	장기간 체류하고, 여행일정을 스스로 세우기 때문에 여행목적지, 체류기간 등 여행일정이 유동적이며, 현지에서 새로운 여행정보를 취득할 경우 일정을 변경하는 경우도 있음

* 자료: 제주관광공사 · 제주발전연구원(2012), 외국인 개별관광객 중저가숙박시설 이용 활성화 방안

국내 게스트하우스에서는 공통적으로 아침식사 제공, 무료 인터넷 사용, 락커 사용, 짐 보관, 셀프세탁 등을 제공하고 있으며, 차별화된 특별서비스로 무료 픽업서비스, 관광지 할인서비스, 바비큐 파티, 자체 투어프로그램, 문화체험프로그램 등을 운영하고 있다.

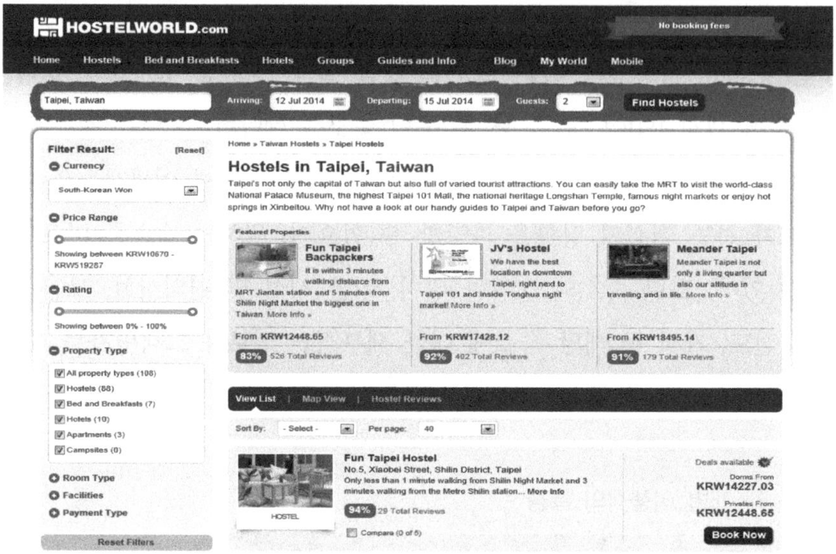

[그림 5-5] 글로벌 호텔 예약사이트 – 호스텔월드(Hostelworld.com)

3. 흥행관련 여가산업

1) 테마파크

테마파크(Theme Park)는 일정한 주제로 전체 환경을 만들면서 쇼와 이벤트로 공간 전체를 연출하는 여가시설이다. 일본 경제산업성에서는 테마파크를 "입장료를 받아 특정한 비일상적인 테마 하에 시설 전체의 환경을 만들어 공간 전체를 연출해서 고객에게 오락을 제공하고 있는 사업체 중 상설 또한 유료의 탑승물(Ride)과 관람물(Attraction)을 갖춘 사업체"라고 정의하고 있다. 또한 유원지(Leisure land)는 '수목, 연못 등 자연환경을 갖추고 유료의 각종 유희시설을 배치해 고객에게 오락을 제공하고 있는 사업체'라고 정의하고 있다. 따라서 테마파크는 기존의 유원지들과는 달리 특정한 테마를 갖춘 공원으로 유원지보다는 한 단계 발전된 시설이라고 할 수 있다.

테마파크사업은 '꿈'을 고객에게 파는 사업으로, 이 꿈을 실현하기 위해서 막대한 자금이 투자되어야 하지만 인기가 있는 테마파크라 할지라도 사업수지 면에서는 흑자를 기록하지 못하는 경우도 있다. 특히 계절변동성이 높고, 기후에 영향을 많이 받는다는 점에서 1차산업적인 특성을 갖고 있다. 초기투자비용이 막대하고 시설유지비 및 추가투자비가 크다는 점에서 장치산업적인 요소가 있는 2차산업적인 특성을 갖고 있다. 개장 후에는 많은 운영인력을 필요로 하기 때문에 인건비가 많아지는 3차산업적인 성격도 있다. 따라서 테마파크는 1차, 2차, 3차 산업의 특성을 모두 가지고 있다. 테마파크의 수익성을 확보하기 위해서는 입장객을 많이 끌어들일 수 있어야 하며, 입장객 수는 파크의 입지, 규모, 시설, 서비스 등 여러 가지 요소에 의해 결정된다. 그러나 테마파크의 입지가 좋아도 시설과 서비스가 매력적이지 못하면 집객력은 낮을 수밖에 없다. 반대로 시설과 서비스가 아무리 매력적이고 대규모라 할지라도 입지가 나쁘면 집객력은 떨어지며, 특히 입장객수를 지속적으로 확보하기 위해서는 추가적인 설비투자가 필수적이다.

우리나라의 대표적인 테마파크로는 삼성에버랜드, 롯데월드, 우방타워랜드, 서울랜드, 한국민속촌 등을 꼽을 수 있다. 2007년 12개 테마파크의 입장객수는 2,073만명으로 전년보다 10.5% 감소했고, 2003년 이후 감소세가 지속되고 있지만 여전히 가족단위 레저시설로 각광을 받고 있다.

테마파크의 본질적인 특징은 다음과 같다.

첫째, 테마성이다. 테마파크는 특정한 테마에 기초를 둔 여가공간으로서 테마성이 테마파크의 생명이라고 할 수 있다. 또한 테마파크는 역사, 지리, 환경, 사회, 민족, 옛시절의 향수, 과학 · 하이테크 등 방문객들을 일상의 반복과 지루함에서 벗어나 새로운 세계로 이끌고 즐겁게 해 줄 수 있는 주제들이 일반적이다. 테마가 명확해야 방문객이 테마파크에 쉽게 몰입할 수 있고 매료될 수 있다. 테마성에 대한 사례로는 '디즈니랜드'를 꼽을 수 있는데, '월트 디즈니랜드'는 월트 디즈니 만화에 대한 향수에 기초를 두고 방문객들에게 세상에 대한 상상력을 펼치게 함으로써 모든 연령의 사람들의 마음속에 잠재해 있는 스타성이나 변신소망을 실현시켜 즐겁게 하고 있다.

둘째, 비일상성이다. 테마파크에서 사람들은 각종 테마에 의해 조성된 환경에 접함으로써 독립된 완전한 공상세계로 몰입하여 비일상적인 놀이공간에서 일상성을 완전히 벗어나게 된다. 일본 '도쿄 디즈니랜드(TDL)'의 경우, 입구에 옛날 서부 개척시대의 거리를 재현함으로써 서부영화에 빠졌던 사람들에게 하나의 아메리카 향수를 불러일으키고 있다.

셋째, 외부세계와의 차단된 배타성이다. 테마파크는 비일상적인 놀이공간으로 현실과의 차단이 얼마나 효과적으로 이루어지고 있느냐가 성공의 관건이다. 예를 들어 '디즈니 월드'의 경우, 각각의 테마부분들이 다른 곳에서는 보이지 않으며, 거울이 설치되어 있지 않는 것 등이 이채롭다. 이는 관람객들의 환상이 깨어지지 않도록 바깥의 일상적인 세계와 단절시키기 위한 배려이다.

넷째, 통일성으로서 전체적인 조화이다. 테마파크는 방문객에게 통일감을 주어야 한다. 건축양식, 조경, 위락시설에서부터 종사원의 복장, 서비스에 이르기까지 테마에 걸맞은 통일된 이미지를 만들어야 한다.

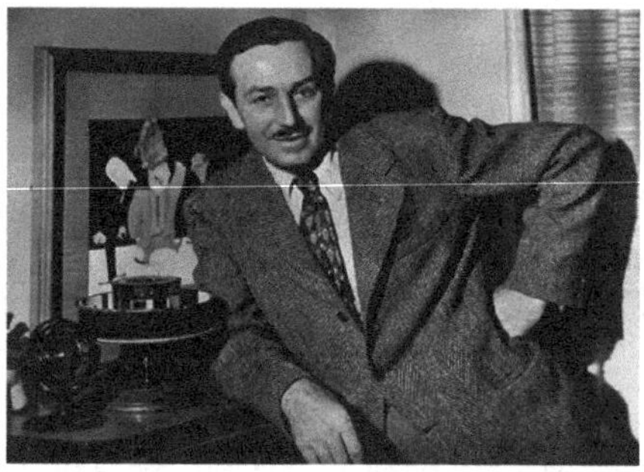

[그림 5-6] 테마파크

4. 스포츠관련 여가산업

1) 골프

우리나라 골프장의 원조는 원산골프장으로, 1900년에 외국인 고문관이었던 영국인에 의해 만들어져 일본의 골프장보다 1년 앞서 생겼다. 그러나 골프는 원산지인 스코틀랜드에서부터 귀족운동으로 탄생했기 때문에 아직 일반인들이 즐기는 대중운동으로 발전하지 못했다. 골프는 고령화가 급속히 진행되는 우리나라에서 고령자의 플레이가 가능하고, 세대를 초월해 교류가 가능한 동시에 건강증진에도 기여하는 스포츠이다. 이러한 이유로 우리나라의 골프인구는 지속적으로 증가하고 있으며, 2009년부터는 지방 회원제 골프장의 입장료(그린피)가 하락하면서 진정한 의미의 골프대중화가 이루어질 것으로 기대되고 있다.

그동안 국내 골프산업은 1998년 박세리 선수의 세계 메이저대회 2회 우승을 포함해 4회 우승을 계기로 1999년 10월 김대중 대통령의 '골프대중화 선언'이 나오면서 대중화의 기틀을 마련했다고 볼 수 있다. 1998년 박세리 선수의 세계 메이저대회에서의 우승은 IMF 사태로 시름에 빠져 있던 우리 국민들에게 희망을 주었고 골프에 대한 일반국민들의 부정적인 인식을 변화시키는데 크게 기여했으며, 골프의 불모지나 다름없는 우리나라의 골프인구를 확대시키는데 중요한 역할을 한 것으로 평가할 만하다.

[그림 5-7] 골프

* 자료: golfmeca.com

문화체육관광부(2009)의 전국골프장현황 통계자료에 따르면, 회원제로 운영하는 골프장 255개소와 대중 골프장 222개 등 총 477개소가 인가되었다. 국내의 인가된 골프장은 경기도 147개, 강원 59개, 경북 49개, 제주 44개, 전남 37개 등의 순으로 많다. 국내 운영 중인 골프장은 총 339개소로 경기도 118개, 제주 39개, 강원 38개, 경북 35개, 전남 25개소 등이 순으로 많다. 또한 국내 건설 중인 골프장은 총 119개소로 경기도 29개, 경남 17개, 강원 15개 등이다.

〈표 5-9〉 국내 골프장 현황

구분		서울	부산	대구	인천	광주	대전	울산	경기	강원	충북	충남	전북	전남	경북	경남	제주
합계	339	0	6	2	4	0	3	3	118	38	22	12	14	25	35	18	39
회원	193		4	1	1		1	2	75	20	12	8	4	11	16	13	25
대중	146		2	1	3		2	1	43	18	10	4	10	14	19	5	14

* 자료: 문화체육관광부(2010), 2009년 전국골프장현황 통계자료

골프장 이용객수는 2007년 2,238만 명에서 2011년에는 2,915만 명에 달해 2007년보다 30.3% 증가할 것으로 전망되고 있다. 골프의 초과수요현상이 지속되면서 골프장 운영업체들의 경영실적은 여전히 좋은 것으로 나타났다. 회원제 골프장 운영업체들의 영업이익률이 2002년 27.2%에서 2007년 19.7%로 낮아지면서 2001년부터 시작된 호황국면이 2007년까지 지속되었다. 특히, 퍼블릭 골프장 운영업체들의 영업이익률은 2007년 41.6%로 회원제보다 2.3배나 상회하고 있는데, 신규 골퍼들이 크게 증가하고 입장료도 올랐기 때문이다.

골프장은 일반적으로 이용형태, 지형특성, 입지특성, 규모에 따라 분류할 수 있다. 이용형태에 따라서는 회원제 골프장(Membership Course)과 대중 골프장(Public Course)으로 나눌 수 있다. 회원제 골프장이란 회원을 모집하여 회원권을

발급하고 예약에 의하여 골프장을 이용케 하는 골프장으로, 대부분의 골프장은 18홀 이상 규모의 회원제 골프장으로 운영되고 있다. 대중 골프장은 회원을 모집하지 않고 도착순서에 의하여 골프장을 이용할 수 있도록 하는 골프장을 말하는데, 초기 투자비의 회수가 어려운 점이 있지만 향후 국민의 골프에 관한 욕구와 여가성향의 변화로 수요가 증가될 것으로 예상된다.

〈표 5-10〉 골프장 유형

분류기준	유형
이용형태	회원제 골프장, 대중 골프장
지형특성	해안형, 평지형, 산악형
입지특성	대도시 입지형, 지방도시 입지형, 관광단지 입지형
규모	정규 대중 골프장(18,27,36홀), 일반 대중 골프장(9홀), 간이골 프장(3홀 이상 8홀 이하)

2) 스키

'겨울철 스포츠의 꽃'으로 불리는 스키는 외환위기 직후까지 고급스포츠로 간주되었으나, 2000년 이후 급속히 대중화되면서 겨울철 레포츠로 자리잡고 있다. 스키장 개발도 단순레저시설에서 복합레저시설, 즉 스키리조트로 발전하고 있는데, 1990년대 초반까지 스키장은 콘도미니엄과 함께 개발되는 단순한 시설이었으나 90년대 중반 이후 현대시멘트(주), (주)보광 등 자금력이 풍부한 대기업들의 진출로 경쟁이 치열해지면서 스키리조트로 성장·발전하고 있다. 즉 스키리조트에는 숙박시설인 콘도미니엄, 호텔, 유스호스텔을 비롯해 스키장, 골프장, 놀이시설 등의 부대시설이 함께 개발되면서 스키장 개발 시 막대한 초기자금이 투자되고 있다.

전국에서 운영 중인 스키장은 2007년 말 기준 16개소에 달하는데, 이들 스키장의 대부분은 적설량이 풍부하고 수도권과 가까운 경기도, 강원도의 산악, 고원지대에 위치하고 있다.

스키장 사업은 일반적으로 겨울철에 눈 위를 활강하는 겨울스포츠로 성수기가 짧고 비수기가 길어 단일 업종만으로는 수익성이 없는 사업이다. 따라서 스키장 사업은 골프 등 다른 레저산업과 함께 개발되는 스키리조트로 성장·발전하지 않으면 생존하기 어려운 사업이다. 이러한 스키장의 특성을 살펴보면 다음과 같다.

첫째, 스키장 사업은 천연자원에 의존하는 사업이다. 스키장은 눈(雪)이라는 천연자원을 이용하기 때문에 사업전개를 위한 장소를 확보하는 것이 가장 중요하다. 또한 스키장은 날씨에 의한 불안정성이 있다. 특히 최근에는 지구온난화에 따른 기상이변으로 불안정성이 높아지고 있다.

둘째, 휴일의 집중률이 높고 평일과 주말간 수요 차이가 크며, 겨울철 영업기간이 100~120일로 짧으며, 기상조건에 의해 크게 좌우되는 등 스키장의 독특한 제약조건이 있다. 또한 영업기간이 짧기 때문에 종업원의 대부분을 계절고용에 의지하고 있다.

셋째, 스키장은 다른 레저산업과 마찬가지로 지형, 적설조건 등이 중요한 자원입지산업이다. 특히 우리나라의 부(富)가 수도권에 집중되어 있는 점을 감안할 때, 스키장은 수도권 인근이나 눈이 많이 내리는 강원도 산악지대에 건설되지 않으면 사업성이 떨어진다고 할 수 있다.

넷째, 스키장 사업은 리프트(Lift), 곤돌라(Gondola) 등의 궤도(軌道)사업이 주체이지만 숙박사업(호텔, 콘도미니엄), 식음산업(식당, 레스토랑), 용품판매사업(토산품, 상품판매), 각종 서비스사업(용품렌탈, 스키스쿨, 스포츠시설, 주차장) 등 많은 업종을 포함하고 있는 종합적인 사업이다.

[그림 5-8] 스키

* 자료: http://blog.daum.net/roadhistory

스키장의 종류는 입지에 따라서 당일형과 숙박형 스키장으로 분류할 수 있다. 당일형 스키장은 대도시 주변에 위치하고 있는데, 우리나라에는 파인리조트, 서울리조트, 천마장 스키장, 지산포레스트 등을 들 수 있다. 당일형 스키는 가벼운 마음으로 스키만을 즐기기 편리한 스키장을 선택해 단시간에 목적을 달성하는 것이 주목적이다. 당일형 스키장에서는 대부분 야간설비를 갖추고 있기 때문에 젊은 직장인이나 학생들 사이에 인기가 높다. 숙박형 스키장은 여행감각으로 스키장을 선택하기 때문에 지역 전체의 매력, 시설의 질에 중점을 두게 된다. 구체적으로는 지역 전체의 분위기, 며칠 동안 즐길 수 있는 스키장 규모, 상급자로부터 초급자까지 즐길 수 있는 게렌데, 스키 이외에 즐길거리의 다양성과 질의 우수함, 깔끔하고 세련된 숙박시설 등을 들 수 있다. 우리나라에는 강원도 산간지역에 위치하고 있는, 용평리조트, 보광 휘닉스파크, 현대 성우리조트, 대명 비발디파크 등이 숙박형 스키장에 속한다.

〈표 5-11〉 스키장의 특징

구분	특징
당일형 스키장	• 일상생활의 스키활동 • 휴일, 주말, 야간에 즐기면서 시간이나 비용이 적게 소요됨 • 왕복시간이 적게 걸리는 편리한 장소를 선호함. • 누구나 즐길 수 있는 대중형 게렌데가 주된 시설임. • 휴일, 주말에 집중되어 많은 스키어들을 수용할 수 있는 시설이 필요함. • 생활권 속에서 행동하기 때문에 시장의 규모가 스키장의 규모를 결정함.
숙박형 스키장	• 비일상의 스키활동 • 숙박을 수반하고 시간과 비용이 많이 들기 때문에 횟수가 적음. • 다소 멀더라도 매력이 있는 스키장을 선호함. • 모든 사람들이 즐길 수 있는 다양한 게렌데와 환경이 필요함. • 비일상권이기 때문에 숙박시설이 필수적임(숙박시설의 수용력에 따라 스키장의 규모가 결정됨).

3) 오토캠핑

오토캠핑(auto camping)이란 오토(자동차)와 캠핑을 결합한 말로서 호텔, 여관 등을 이용하지 않고, 텐트나 간이 숙박시설, 캠핑카 등에서 숙박하고, 경관을 즐기면서 자동차로 여행을 즐기는 레저활동을 말한다. 오토캠핑은 자동차로 이동하고 텐트나 캠핑카에서 저렴한 비용으로 숙박할 수 있다는 장점 때문에 경제적인 레저시설로 최근 각광을 받고 있다.

오토캠핑은 자동차의 발달에 따라, 자동차를 이용해 여행을 즐기는 여행자를 대상으로 해서 제2차 세계대전 후 미국과 유럽에서 발달했다. 유럽에서는 전기, 가스, 수도 등의 편의시설과 위락시설을 갖춘 오토캠핑장이 2만여 곳이 있으며, 미국도 캠핑인구가 수천만 명에 이를 만큼 발달해 있다. 반면 국내 오토캠핑인구는 약 60만 명으로 아직 초보적인 수준이다. 이는 캠핑전용차량의 보급이 활성화되지 않았을 뿐더러 숙박, 수도 등 편의시설이 잘 갖추어진 야영장도 부족하기 때문이다. 또한 미국이나 유럽에서는 숙박시설이 달린 차(트레일러형)를 이용해 오토캠핑을 즐기는 경우가 많지만, 한국의 경우에는 트레일러형보다는 텐트를 지참하거나 수도, 취사시설이 갖춰져 있는 캠프장을 이용해 여행하는 경우가 많다.

주5일 근무제 확산, 국내 경기회복 등으로 인한 국민들의 여가시간 확대와 소득수준 향상 등으로 오토캠핑인구와 오토캠핑 시설은 점차 증가할 것으로 전망되고 있다. 문화관광부는 주5일 근무제, 주5일 수업제가 확대 실시되면서 국내 숙박관광 수요가 늘어남에 따라 캠핑장을 대폭 확충할 계획에 있다.

일본의 경우 오토캠프장은 2007년 4월 현재 1,318개소에 달하고 있고, 이를 이용하는 오토캠핑인구는 2006년 말 520만 명에 이르고 있는데, 전체 일본인구 중 오토캠프에 참여하는 인구의 비중이 2000년의 7.3%에서 2006년에는 4.1%로 낮아지긴 했으나 여전히 인기 있는 레저시설로 자리잡고 있으며, 자녀를 두고 있는 30-40대, 중산층의 참여율이 가장 높게 나타나고 있다.

[그림 5-9] 오토캠핑

제4절 여가산업의 활성화 방안

1. 숙박시설 중심 리조트에서 테마형 리조트로 전환

국내의 리조트 개발사업은 소비자의 특성이나 욕구의 변화를 반영하지 않고 숙박시설 판매위주로 진행되고 있다. 이는 초기 투자비 회수를 목적으로 휴양콘도미니엄 등 숙박시설을 중심으로 개발해왔기 때문에 나타난 결과이다.

그러나 소비자들의 여가패턴은 점차 다양화되고 있으며 소비자들의 관점을 시설개발의 가장 중요한 요소로 고려해야 할 때이다. 여가의 목적도 체험, 교육, 오락, 휴양, 쇼핑 등 다양하게 변화하고 있다. 뿐만 아니라 점차 심화되는 경쟁에서 생존하기 위해서는 보다 차별화된 컨셉을 바탕으로 하는 다양한 형태의 리조트 개발이 필요하다.

테마리조트는 단순한 여가공간으로서의 리조트가 아니라 테마파크처럼 어떤 특정한 주제를 설정하고 그 주제에 따른 환경과 시설 및 이벤트를 설정하고 분위기를 연출하여 전체를 일관성 있게 구성 · 운영하는 리조트를 말한다. 이는 세분화된 표적시장을 설정하고 차별화하려는 마케팅전략이기도 하다.

2. 전국적인 네트워크 구축에 의한 비용분담 구조

전국적인 또는 지역적인 차원에서는 다양한 컨셉의 시설을 개발하여 이를 연계할 필요가 있다. 여가시설의 공급에서 비용을 줄이기 위해서는 이른바 박리다매의 영업전략을 모색하는 것이다. 동일한 성격을 가진 여러 개의 시설이 하나의 네트워크로 통합 · 운영될 경우 규모의 경제가 작용하여 경영효율이 높은 운영이 가능하게 된다. 특히 공동구매와 판매촉진에 의한 비용의 절감뿐만 아니라 이미지제고, 사업규모를 확대하는데 효과적인 전략이다.

예를 들면, 농가 민박 네트워크인 프랑스의 지트는 전국적으로 5만 개의 민박이 가입되어 공동으로 마케팅활동을 수행하거나, 품질관리 및 예약시스템 운영, 민박 사업자교육을 담당한다. 한편, 호텔이나 모텔사업에도 체인방식 또는 프랜차이즈 방식 등 다양한 방식이 적용되고 있다. 국내의 경우에도 기존 여관, 민박의 이미지 개선과 서비스의 향상, 시설의 개량을 위해 가격수준 및 성격을 가진 시설을 네트워크화 할 수 있다.

3. 공공 여가시설의 확대

다양한 여가시설을 개발하기 위해서는 다양한 사업주체가 요구된다. 사업주체를 공공부문과 민간부문으로 크게 구분할 경우 공급하는 시설의 특성이 서로 다르므로 어느 한쪽만으로는 다양성이라는 목표를 달성할 수 없다. 따라서 민간과 공공 사업주체 간의 적절한 역할분담이 필요하다.

민간개발의 경우 수익성이 높은 분야 또는 투자비의 회수가 빠른 사업을 선택하는 등 고급시설 위주로 개발되는 경향이 있다. 또 단일시설과 개별지구의 개발만으로 사람들이 요구한 다양한 관광목적지를 만들기 어렵고, 계절성이 심한 국내 여건상 각각의 시설을 일정한 지역에 집적하려는 경향이 있다. 90년대 이후 IMF 이후 소비둔화로 수익성이 저하되고 투자자금의 회수효율이 좋지 않은 상황에서 민간기업의 신규참여는 기대하기 어렵다.

따라서 여가시설의 개발에서 공공과 민간이 역할을 분담하는 가운데 새로운 영역의 시설개발에 대한 공공부문의 참여는 국민복지 차원에서 국민의 기본권리인 관광권, 즉 쉴 권리를 보장해주는데 의미가 있다. 새로운 유형의 시설개발을 공공부문이 주도한다는 것은 '인큐베이션 기능(시장을 육성하는 기능)'과 '기반시설의 확충'이라 측면에서 매우 중요하다. 이러한 의미에서 공공부문이 중점적으로 확충해야 할 시설은 도시 내 공공여가시설, 가족단위 및 청소년, 저소득층을 위한 휴양시설 등이다.

4. 시설의 복합적 이용 및 단계적 개발

시설설치 측면에는 초기 투자비를 줄이고 이용률을 높이기 위해 2가지 전략이 요구된다. 하나는 복합적인 시설이용 전략으로 시설이용의 융통성을 높이는 것이며, 다른 하나는 수익성이 높은 핵심 고객유인시설을 우선적으로 개발하고 이후 추세를 보아가며 시설을 확장해 나가는 단계적 개발전략이다.

시설의 복합적 이용전략은 우리나라와 같이 계절성이 높아 비수기와 성수기의 이용률이 현저히 차이가 나는 경우에 적합하다. 초기투자비가 많이 들어가는 시설을 개발하여 하계시즌에 40일을 운영하고 나머지 320일을 가동하지 못한다면 과잉투자가 아닐 수 없다. 대표적인 예가 가동일 수가 짧은 야외수영장이나 넓은 주차장을 필요로 하는 교외 레크리에이션 시설이다. 따라서 계절적으로 상호 보완되는 시설을 설치하거나 관광객 이용시설을 지역주민이 공동으로 이용하는 등의 방법을 모색하도록 한다.

단계적 개발전략은 고객 흡인력이 강한 중심시설을 일차로 개발하여 수익성을 최대로 하려는 것이다. 이때 개발단계 설정 및 도입시설의 결정은 고객의 이용률과 수익률을 기준으로 판단하는 것이 바람직하다. 이러한 방식은 미래 수요변화에 대비하여 시설확장 및 개선의 여지를 남긴다는 점에서도 의의가 있다.

이제 여가시설 개발에도 발상의 전환이 필요하다. 대규모 투자로 일시에 투자비를 회수하는 고가형 시설보다는 소규모로 투자하여 적은 수익으로 운영할 수 있는 사업형태가 적합하다. 즉 안정되고 꾸준한 운영수입에 의해 시설을 경영하는 자세가 요구된다. 따라서 안정된 운영수입을 확보하기 위해서는 소규모 투자이면서도 수익성이 높은 핵심 고객유인시설을 어떻게 개발하느냐가 관건이 된다.

5. 소유에서 이용중심으로 전환

지금까지 여가시설의 개발과정을 보면 실질적인 휴양이나 휴식을 위한 이용가치보다는 시설의 소유가치가 우선적으로 고려되었으며, 그러한 아이템을 중심으로 수요가 증가해왔다. 예를 들어, 콘도미니엄이나 골프장의 회원권은 부동산투자의

한 수단으로 활용되어온 측면이 없지 않았다. 실제로 1985년에서 1990년 사이의 회원권가격 상승률은 약 12%로 시중 은행금리를 상회하여 투자대상으로서 가치를 지니고 있다.

그러나 1990년대 들어와서는 대기업들의 진출로 공급물량이 폭발적으로 증가하면서 시세가 하락하여, 회원권의 가격은 연평균 7%의 성장률을 나타내고 있다. IMF 외환위기 이후 더욱 하락하여 이제 자산적 가치를 상실한 위기에 처해 있다. 이에 따라 앞으로 소유를 통한 자산적 가치보다는 실질적인 이용가치로서 회원권을 구매할 것으로 예상된다.

앞으로 분양방식에 의존한 여가시설의 확충은 한계를 맞을 것이며, 분양되더라도 저가형 회원권이 등장하는 등 적정한 수준에서 가격이 형성될 것으로 전망된다. 따라서 소유보다는 이용중심으로 사업을 전개해야 할 것이다. 이용방식에 있어서도 임대방식을 활성화하거나 타임셰어(Time Sharing)를 확대하여 이용률을 최대한 높이는 방식이 도입될 수 있다.

과제 조사

1. 주5일 근무제는 여가산업에 어떠한 영향을 미치는가?
2. 미래사회에서 여가산업의 전망은?
3. 여가공급과 수요의 측면에서 여가산업의 역할은?

Key Words

- 여가산업(leisure industry)
- 여행업(travel agency)
- 리조트(resort)
- 콘도미니엄(condominium)
- 펜션(pension)
- 테마파크(theme park)
- 오토캠핑(auto camping)

사례 고령친화 여가산업

1. 고령친화 여가산업의 주요 분야

① 문화산업: TV, 영화, 음악 등
② 여행/레저산업: 여행, 레저 등 관광레저산업
③ 스포츠산업: 운동, 스포츠 시설 운영
④ 기타 산업: 고령자 대상 음식점, 반려동물 관련 서비스, 자서전 집행 대행 서비스 등

2. 고령친화여가산업 전략 품목

스포츠 시설운영업, 고령친화방송, 문화오락센터, 기능성게임, 정보제공 웹사이트, 고령친화 휴양단지 등

3. 고령친화 여가산업 시장규모

고령친화 여가산업의 시장규모는 2015년 11조 268억원, 2020년 16조 1,917억원으로 나타남. 2010년 여가산업 대비 고령친화 여가산업의 비중은 6.1%로 나타났으며, 2015년 7.2%, 2020년 8.7%로 증가추세를 보임.

〈표 5-12〉 고령친화 여가산업 시장규모 예측

	2010년	2015년	2018년	2020년
여가산업	1,243,768	1,525,698	1,718,406	1,858,075
고령친화 여가산업	76,088	110,268	137,525	161,917
비중(%)	6.1	7.2	8.0	8.7

4. 고령친화 여가산업의 특징

① 공익성과 수익성이 결부된 사업

고령친화 여가산업은 자유경쟁원리를 바탕으로 단순히 상품이나 서비스를 판매하는 것에서 벗어나 기업의 신용과 신뢰를 통해 고령자들에게 안정감과 평안감, 신뢰를 함께 제공함으로써 고령자 복지에도 기여하는 공익성과 수익성이 결부된 산업임

② 중소형 기업에 적합한 사업

고령친화 여가산업은 구조적으로 세분화된 작은 시장을 형성하고 있음. 제공되는 서비스의 성격에 따라 고령자의 수요가 다양하고, 지속적으로 변화하기 때문에 수요의 세분화에 민감하게 대응하기 위해 중소형 기업이 적합함.

③ 연계성이 강한 사업

고령친화 여가산업은 보건·의료와 상호 연계성이 높으며, 여가산업 내에서도 스포츠, 문화, 관광 등의 분야가 혼합되어 나타남. 시설과 서비스가 연계되어 이루어지며, 재가서비스가 확대될수록 소프트웨어(서비스) 부문의 중요성이 부각됨

④ 노동집약적 사업

고령자들은 건강한 사람에서부터 수발이 필요한 사람에 이르기까지 다양하기 때문에 매우 세분화된 서비스 제공이 필요함. 따라서 특정한 자격을 갖춘 많은 노동력을 필요로 하는 사업임.

⑤ 도시 및 도시근교형 사업

각 지역에 산재되어 있는 고령자들은 활동성이 낮고, 새로운 상품에 대한 적응성이 낮을 뿐더러 시장에 잘 노출되지 않아 기업은 고령자 고객 확보가 쉽지 않음. 따라서 일정 규모 이상의 인구가 집중된 도시를 대상으로 해야 사업이 가능함

5. 고령친화 여가산업 활성화를 위한 정책지원 과제

① 노인 여가문화 활성화

- 노인 여가 향유 지원
- 여가프로그램의 특성화
- 제도 정비: 여가활동 지도자 교육의 제도화 등

② 노인 여가산업 활성화를 위한 정책 지원

- 실버콘텐츠산업 정책의 개념화
- 정부부처 및 지자체, 민간주체의 거버넌스 시스템 구축
- 고령자를 위한 콘텐츠 비즈니스 혁신 클러스터 구축
- 고령자를 위한 콘텐츠 전문인력 양성
- 핵심기술 개발
- 투자 활성화 지원 등

* 출처: 보건복지부(2011), 「고령친화산업 실태조사 및 산업분석」

참고문헌

엄서호 · 서천범(2001), 「레저산업론」, 학현사.
김광득(2000), 「여가와 현대사회」, 백산출판사.
채용식(2004), 「리조트 경영학」, 현학사.
차석빈 외(1996), 「여가론」, 대왕사.
김성혁(2002), 「관광사업론」, 백산출판사.
정희천(2003), 「최신관광법규론」, 대왕사.
문화체육관광부 · 한국문화관광연구원(2008), 「여가백서 2008」.
박시사(2004), 「여행업경영」, 대왕사.
서천범(2004), 「레저백서 2004」, 한국레저산업연구소.
Stan Parker and Alan Graefe(1987), Recreation and Leisure, Venture Publishing, Inc.

제6장 여가정책

제1절 여가정책의 개념

1. 여가정책의 개념

정책이란 국가가 여러 가지 행동지침을 선정하는 방법이라고 할 수 있으며, 특정목표를 달성하기 위한 하나의 계획(Plan) 혹은 지침체계(Set of Guidelines)라고 할 수 있다. 여가정책은 정부기관에서 결정한 국민여가에 대한 행동지침으로 여가행정을 종합적으로 조정하고 추진하기 위한 업무범위와 방향을 제시하는 시책이라 할 수 있다. 이러한 여가정책은 노동정책, 체육정책, 복지정책, 관광정책, 문화정책 등 여러 분야와 밀접하게 관련되어 있다.

여가정책은 국가의 여가현상들 중 현안문제나 미래의 과제를 해결하기 위한 목표지향적인 행동과정으로 여가정책의 목표는 국가 혹은 지역사회, 정책대상별로 다양하게 설정되고 있지만, 여가정책의 최종적인 목표는 여가생활을 통한 국민의 삶의 질 향상이라고 할 수 있다. 따라서 여가정책수립 이전에 명확한 여가정책 목표가 설정되어야 하며, 여가정책의 목표는 국민의 관심과 지역사회의 여건에 알맞게 설정되어야 한다.

여가정책의 목표는 첫째, 국민의 건전한 여가생활을 위한 여건을 마련하는 것이고, 둘째, 여가활동의 보편화 및 대중화를 유도하는 것이며, 셋째, 여가활동의 질적 향상을 통해 삶의 질을 향상시키고자 하는 데 있다.

〈표 6-1〉 세계 각국의 여가정책 목표

국가	여가목표
미국	여가기회의 균등화, 자연보호와 여가공간 제공의 양립
영국	복지국가 실현, 사회통합 추구, 여가재정 및 여가시설의 효율적 운영
프랑스	여가와 바캉스의 민주화, 국민들의 여가권 보장, 여가기회의 평등 추구, 사회적 결속과 통합 추구, 어린이 및 청소년들의 여가권 신장
호주	국민들의 여가욕구 충족, 국민건강 증진을 통한 삶의 질 제고, 사회통합을 통한 공동체의식 강화와 안정적인 사회분위기 조성
일본	국민들의 여가능력 향상, 여가 소프트웨어 개발
한국	국민들의 여가욕구 충족, 여가권 보장

* 출처: 한국문화관광연구원(2005), 한국여가정책 기본방향 연구

여가정책의 유형은 분류기준에 따라 다양하게 분류될 수 있다. 국경을 기준으로 국내 여가정책과 국제 여가정책으로 분류할 수 있다. 국내 여가정책은 자국민의 여가의식과 국내 여가자원의 개발 및 촉진에 관한 여가정책이며, 국제여가정책은 국가적 여가권익의 향상을 위해 추진되는 정책을 말하며, 외래 관광객의 유치, 국민해외여행 자유화시책 등이 이에 속한다.

지역범위를 기준으로는 전국적 정책, 지방적 정책, 국지적 정책으로 분류되며, 여가정책 목표의 달성기간을 기준으로 장기 여가정책, 중기 여가정책, 단기 여가정책으로 구분된다. 여가구조를 기준으로 분류할 경우, 여가이용자정책과 여가시설 및 공간정책, 여가산업정책으로 분류된다. 여가이용자정책은 여가정보 제공, 복지차원에서의 저소득층에 대한 지원, 여가활동 계도, 노동시간 단축 및 유급휴가 확대 등과 관련된 정책을 말한다. 여가시설 및 공간정책은 여가공간 및 시설의 입지 · 개발 · 관리 등과 관련된 정책이며, 여가산업정책은 교통, 인력 및 투자에 대한 정책을 말한다. 그 밖에 여가정책은 여가정책 대상, 여가활동 영역, 여가현상, 실제로 채택하고 있는 정책의 형태에 따라 분류될 수 있다.

〈표 6-2〉 여가정책 유형

분류기준	여가정책 유형
지역	국내, 국제 여가정책
기간	단기, 중기, 장기 여가정책
여가구조	여가이용자, 여가시설 및 공간정책, 여가산업정책
여가정책 대상	노인, 청소년, 장애인, 여성, 근로자, 외국이주민, 가족여가정책
여가활동 영역	문화예술활동, 체육(스포츠)활동, 관광, 취미·오락활동, 휴식활동 및 기타 사회활동
여가현상	여가이용자정책, 여가자원정책, 여가산업정책
정책형태	레크리에이션정책, 체육정책, 관광공원정책, 사회복지 관련 여가정책, 문화활동 관련 여가정책, 여가산업정책

여가정책의 주체는 공공부문, 공공단체, 민간부문으로 분류된다. 공공부문에서는 중앙정부나 지방기관 등이 주체가 되며, 여가정책의 수립 및 시행에 필요한 재정은 국가예산이나 기금, 특별세원으로 충당된다. 주요 업무는 국가의 전반적인 여가정책을 수립·연구·지도하며, 민간단체를 지원하거나 감독하며 공동협력사업을 수행하기도 한다. 또한 건전한 여가생활을 위해 전 국민이 참여할 수 있는 프로그램을 개발하고, 레크리에이션 기회를 확대하기 위해 여가시설을 확충하는 등의 정책방향을 설정한다.

공공단체는 여가정책의 주체로서 학교, 지역사회, 교도소, 군부대, 국립공원, 적십자사, 병원, 재단 등이 포함된다. 공공단체의 주요 사업으로는 건전여가생활 홍보, 레크리에이션 프로그램 개발, 각종 행사 개최, 레크리에이션센터 및 시설운영, 지역주민들이 참여하는 축제 및 체육대회 개최 등이 있다.

민간부문의 여가정책 주체로는 종교단체, 사회복지단체, 산업체, 친목단체, 노동조합, 사설기관 등이 포함된다. 주요 업무에는 레크리에이션 활동자문, 건전 레크리에이션 프로그램의 보급, 여가연구, 캠페인, 홍보 등의 사업과 레크리에이션 지도자 교육, 훈련사업 등이 있다.

〈표 6-3〉 여가주체

구분	내용
공공부문	중앙정부, 지방기관
공공단체	학교, 지역사회, 군부대, 국립공원, 교도소, 병원 등
민간부문	종교단체, 사회복지단체, 산업체, 친목단체, 노동조합, 사설기관 등

여가정책이 효율적으로 집행되려면 다음과 같은 요건을 갖추어야 한다. 첫째, 탄력성(flexibility)이다. 여가정책은 지속성은 갖되, 환경의 변화에 맞게 적응할 수 있어야 한다. 둘째, 포괄성(comprehensiveness)이다. 정책을 실행하는데 필요한 행동의 포괄정도를 말하며, 포괄성의 정도는 추구하고자 하는 행동지침과 직접적인 관련이 있다. 셋째, 상호조정성(coordination)이다. 여가정책은 다른 정책들과 상호 연계되어 있기 때문에 다른 정책들과 상호조정이 가능해야 한다. 넷째, 윤리성(ethic)이다. 여가정책에는 국민들에게 일상적으로 통용되는 관행이 반영, 계승되어야 한다. 정책수행에서도 모든 국민이 평등하게 이용할 수 있도록 대중적이면서 사회적 규범과 관습이 존중되어야 한다. 다섯 번째, 명료성(clarity)이다. 여가정책을 시행하는 개인 또는 집단이 이해하기 용이해야 하며, 정책집행 시 시간과 재원이 낭비되어서는 안된다.

제2절 우리나라의 여가정책

우리나라에는 현재 여가정책을 담당하는 독립된 조직이 구성되어 있지 않기 때문에 여가정책은 문화체육관광부를 포함한 보건복지부, 교육부, 여성가족부 등 여러 행정부처에서 각각 개별적으로 추진되고 있다. 즉, 우리나라에는 여가정책을 전체적으로 조정하고 관리하는 별도의 기구가 없으며, 아직 독립된 정책이 아닌 문화정책, 체육정책, 교육정책, 복지정책, 노동정책, 산업정책 등의 일부분으로 다루어지고 있는 실정이다.

우리나라 정부의 여러 조직들 중에서 여가정책과 관련된 업무를 수행하는 기관들로는 문화체육관광부, 교육부, 기획재정부, 안전행정부, 보건복지부, 여성가족부 등이 있다. 이 중 문화체육관광부의 문화정책국 산하 문화여가정책과에서 여가관련 정책들을 전반적으로 시행하고 있으며, 나머지 정부기관에서는 각각 개별적으로 다른 시책들 중의 하나로 여가관련 정책들을 추진하고 있다.

〈표 6-4〉에서 보듯이 우리나라에서는 문화체육관광부, 보건복지부, 교육부, 여성가족부 등 정부 여러 부처에서 여가정책에 관여하고 있다.

〈표 6-4〉 우리나라 정부부처의 여가정책 관련 주요 부서

기관명	담당부서	
문화체육관광부	문화콘텐츠산업실	문화산업정책과, 영상콘텐츠산업과, 게임콘텐츠산업과, 대중문화산업과
문화체육관광부	문화정책국	문화여가정책과
문화체육관광부	예술국	예술정책과, 공연전통예술과, 문화예술교육과
문화체육관광부	관광국	• 관광정책과, 관광산업과, 국제관광과 • 관광레저기획관: 관광레저개발과, 녹색관광과
문화체육관광부	도서관박물관 정책기획단	도서관정책과, 도서관진흥과, 박물관정책과

기관명	담당부서	
문화체육관광부	체육국	체육정책과, 체육진흥과, 국제체육과
교육부	평생직업교육국	평생학습정책과
	학생복지안전관	방과후학교지원과
	창의인재정책관	인성체육예술교육과
기획재정부	장기전략국	사회정책과(복지정책 총괄)
안전행정부	지역발전정책관	지역발전과, 지역활성화과, 자전거정책과
보건복지부	사회복지정책실	• 복지정책관: 복지정책과 • 복지행정지원관: 지역복지과 • 사회서비스정책관: 사회서비스사업과
	인구정책실	• 인구아동정책관: 고령사회정책과, 아동복지정책과 • 노인정책관: 노인정책과, 노인지원과
	장애인정책국	장애인권익지원, 장애인서비스과
여성가족부	여성정책국	여성인력개발과
	청소년정책관	청소년활동진흥과
	가족정책관	가족정책과, 다문화가족정책과
환경부	환경정책실	환경협력과
	자연보전국	자연정책과, 자연자원과, 국토환경정책과, 환경평가과
고용노동부	인력수급정책국	청소년고용기획과, 고령사회인력정책과, 여성고용정책과, 장애인고용과
	고용정책실	직업능력정책과, 인적자원개발과
국토교통부	도시정책관	녹색도시과

* 주: 각 부처 홈페이지 참고로 저작 작성((2013년 7월 기준)

이 가운데 우리나라 여가정책을 주도적으로 시행하고 있는 곳은 문화체육관광부의 문화여가정책과로 주로 시행하고 있는 업무들로는 여가정책 수립 · 조정 및 추진, 여가관련 법령 및 제도 정비, 여가연구 및 통계 수집, 국민여가프로그램 운영 등으로 구체적인 내용은 〈표 6-5〉와 같다.

〈표 6-5〉 문화여가정책과 주요 업무

• 문화 · 여가 정책에 관한 종합계획의 수립 · 조정 및 추진 • 문화 · 여가 관련 법령 및 제도의 정비 • 문화 · 여가 정책에 관한 조사연구계획의 수립 및 추진 • 문화 · 여가 정책 관련 연구기관 및 전문가 협조체제 구축 • 국민문화지수 · 지표, 여가지수 · 지표의 개발 및 조사 • 국민문화의식 · 여가의식 실태조사 · 연구 및 함양에 관한 사항 • 국민의 여가의 질 및 문화적인 삶의 질 향상에 관한 사항 • 국민의 문화향유 증대 업무의 총괄 • 소외계층의 문화향유 증대에 관한 사항 • 소외계층과 관련된 문화복지 업무의 총괄 • 여가정책 관련 부처 간, 지방자치단체 간 업무 협력 및 조정 • 여가 관련 통계의 수집 · 분석 · 유지에 관한 사항 • 일과 여가의 균형을 위한 업무 총괄 • 국민 여가교육 프로그램 운영에 관한 사항 • 여가 관련 자격증에 관한 사항 • 여가 관련 통합정보시스템 구축에 관한 사항 • 지방자치단체 및 기업의 여가 활동 지원에 관한 사항 • 여가 관련 단체의 지도 · 감독에 관한 사항 • 다문화사회 문화적 지원에 관한 종합계획 수립 · 조정

그 밖에 보건복지부에서는 노인여가정책 및 사업 관련 업무를 담당하고 있는데, 노인 여가문화프로그램 개발 및 보급, 노인 복지시설 인프라 확충 등의 업무를 담당하고 있다. 여성가족부에서는 여성의 평생교육 관련 프로그램 운영, 청소년 여가문화프로그램 개발 및 보급, 청소년 수련활동 및 문화예술체험 활성화, 청소년 축제 및 동아리 발굴 · 지원사업, 방과후 아카데미 등 주로 여성과 청소년 관련 여가프로그램을 개발 · 보급하는 업무를 담당하고 있다.

위에서 살펴본 바에 따르면 우리나라의 여가정책은 아직 독립적인 정책으로 시행되지 못하고 다른 정책의 일부로서 다루어지고 있다. 또한 국민의 삶의 질을 향상시키기 위한 문화정책이나 복지정책이 아닌 경제적인 목적으로 시행되는 경우가 많다. 즉 여가정책은 문화나 복지정책의 일환이 아닌 여가산업으로서 시행되고 있다.

제3절 해외 여가정책 사례

1. 미국의 여가정책

미국의 여가정책은 크게 연방정부의 정책, 주정부의 정책, 지역자치단체의 정책의 3가지 유형으로 분류되어 실행되고 있다. 우선 연방정부의 여가정책을 살펴보면, 미국의 연방정부는 19세기 말부터 여가정책에 개입하기 시작했는데, 현재 90여 개 이상의 연방기관과 300개 이상의 프로그램을 운영하고 있을 만큼 그 규모가 방대하다. 미국 연방정부의 기능을 살펴보면, 첫째, 야외 레크리에이션 자원을 직접적으로 관리하는 업무를 수행하고 있다. 연방정부는 국토의 34%를 소유하고 있으며 토지의 상당부분을 야외활동을 위해 사용하고 있는데, 국립공원관리청(National Park Service), 산림청(US Forest Service), 국토관리청(Bureau of Land Management) 등의 기관에서 토지사용과 관련된 업무를 수행하고 있다. 둘째, 자연자원과 야생생물을 보호하기 위해서 손상된 자연환경을 복원하고 재생하는 업무를 수행한다. 셋째, 야외공간과 공원개발계획에 대한 지원을 하는데, 지방정부가 공원용 토지를 구입하거나 시설을 개발할 경우 필요한 자금을 지원하는 역할을 담당한다. 그 밖에도 레크리에이션 프로그램을 시민들에게 직접 제공하기도 하고, 지방정부의 각 기관에 여가정책에 관한 조언을 해주고 재정적인 지원도 해준다. 또한 산하의 여러 기관들과 협력해서 여가분야에 대한 광범위한 연구를 수행하고 있으며, 연구결과를 지방정부와 여가산업분야에 배포하고 있다.

주정부의 여가정책은 주로 여가정책과 환경의 틀을 마련하는 역할을 담당하고 있다. 주정부에서는 지역자치단체에서 여가시설이나 프로그램을 운영할 수 있도록 법적인 뒷받침을 해주고, 연방정부와 지역자치단체를 연결해 주는 역할을 수행한다. 즉 주정부는 연방정부에서 여가정책을 수립하는데 협력하기도 하지만, 연방정부의 정책을 관찰하고 평가하는 역할도 수행한다. 또한 지역자치단체에 기술을 지원하고 재정적인 원조를 제공하기도 한다. 주정부에서 주로 관심을 기울이는 분야는 야외 레크리에이션, 관광 및 문화예술진흥사업이다. 또한 주정부에서는 지역자치단체와 함께 주민들에게 여가서비스를 제공하는 일을 중점적으로 수행하고 있다.

지역정부(Local Governments)에서도 연방정부나 주정부와 마찬가지로 다양한 여가 프로그램과 서비스를 제공하는 역할을 수행하고, 여가관련 시설을 관리하는 업무를 수행한다. 지역정부의 여가정책은 종합적인 도시계획을 강조하는데, 여가정책을 도시정책의 일환으로 간주하고 지역의 도시계획을 세울 때 반드시 지역주민의 여가욕구를 반영한다. 또한 장애인과 같은 소외된 구성원들도 여가활동에 참여할 수 있도록 공공여가시설과 프로그램을 확충하는 정책을 실시한다. 또한 여가공급주체 간의 협력을 증가시키기 위해 노력하는데, 공공기관의 협력은 물론 민간기구와의 협력 프로그램도 증가시켜나가고 있다.

2. 영국의 여가정책

영국의 여가정책은 산업화로 초래된 여러 가지 사회적 문제를 해결하기 위한 하나의 수단으로 시작되었다. 그러나 제2차 세계대전이 끝나고 복지국가의 기틀을 갖추기 시작할 무렵 여가정책에 대한 정부의 인식이 변화하기 시작했는데, 복지국가의 등장 외에 기계화에 따른 노동시간의 감소, 전통문화의 붕괴로 인한 계급문화의 약화, 노동계급의 중상층화 등의 요인들이 정부의 여가정책에 영향을 미쳤다. 정부는 여가시설과 서비스를 공공재로 인식하기 시작했고, 지역사회에서 레크리에이션의 필요성을 인식하기 시작했다.

영국의 여가정책은 미국의 여가정책에 비해 늦게 시행되었는데, 1949년 국립공원법이 제정된 이후 영국의 국립공원이 문을 열었으나 공공여가시설을 대표하는 국립공원은 미국에 비해 발달이 미흡한 편이다. 반면 문화예술정책은 상대적으로 일찍 시행되었다. 영국의 여가정책을 담당하는 대표적인 기관에는 예술위원회(Arts Council), 스포츠위원회(Sports Council), 전원위원회(Countryside Commision)가 있다.

3. 프랑스의 여가정책

프랑스에서는 오래 전부터 여가가 하나의 정책으로 자리잡고 있었는데, 1936년에 인민전선정부(Popular Front Government)에 의해 이미 유급연가제도(Paid Annual Holidays)와 주40시간 노동제가 도입되어 확고한 하나의 제도로 자리잡았다. 인민전선정부는 차관급부서로 노동자와 일반대중의 야외 스포츠를 위한 환경 조성에 노력하였는데, 특히 노동자들이 여가시설에 쉽게 접근할 수 있도록 노력했다.

프랑스에서는 1970년대 삶의 질을 주제로 한 정책들이 마련되었으며, 경제적인 풍요로움 속에서 여가가 사회복지의 한 부분이라는 인식이 확립되었다. 1977년에는 사회적으로 열악한 조건에 있는 사람들의 여가활동에 대한 접근을 높이기 위해 정부의 적극적인 역할을 담당하는 위원회가 만들어지기도 했다.

프랑스의 여가정책에 획기적인 변화를 가져온 시기는 1980년대로 사회당이 집권한 후에 기존의 청소년청 외에 여가부를 신설했다. 여가부는 청소년과 스포츠를 담당하는 부서와 통합되어 여가를 하나의 시민권으로 인정하는 정책을 실행했다. 사회적 약자(노인, 장애인, 여성 등)와 노동계급 등 사회의 모든 구성원들이 동등하게 여가를 향유할 수 있는 여가의 민주화를 목표로 이를 실현할 수 있는 사회적 여건을 마련하기 위해 노력했다. 사회당 정부에서는 여가교육을 강화했고, 노동시간의 단축 및 여가시설을 개선하는 등 여가환경 개선을 위해 투자를 아끼지 않았다.

4. 일본의 여가정책

일본에서는 1978년 이후 주5일제를 도입하면서 자유시간이 증가하고, 국내여행객이 증가했다. 여가에 대한 관심이 증가함에 따라 일보다 여가를 중시하는 경향이 나타났으며, 오토캠프(Autocamp), 등산과 같은 야외레저와 가족여행, 개인여행이 증가하고 있다.

1987년 '종합보양지역 정비법'이 제정되면서 전국에 리조트 붐이 일어났다. 그러나 장기불황 이후 일본의 관광업계와 개발사업자들은 대규모 리조트 개발에 지역과 밀착한 체험형 관광지 개발로 방향을 바꾸었다.

1988년에는 복지수준향상 및 지역활성화를 위해 '90년대 관광진흥행동계획(Tourism Action Plan)'을 수립하였는데, 여행촉진과 지방의 국제화에 대한 내용을 포함하고 있다. 정부에서는 이 계획에 따라 리조트지역을 정비했다. 근로청소년휴양소, 청소년 여행촌, 근로자 휴가촌 등의 휴양시설을 다양하게 개발했고 국민휴양센터를 설치했다. 그리고 국민 여가활동의 충실화와 여행수요 확대를 위한 휴가제도 개선, 비수기 요금할인 확대 등 기초적인 제조건의 정비를 추진했다.

1990년대에는 각 지방자치단에서 지역활성화 프로그램의 일환으로 공영숙박시설 및 여가시설의 확충에 나서고 있다. 1995년에는 농촌 리조트의 정비, 농가민박 육성을 위해 정부가 나서서 '농 · 산 · 어촌 체재형 여가활동을 위한 기반정비 촉진에 관한 법률', '농산어촌민숙법' 등을 제정하였다. 또한 일부 경축일을 월요일로 지정함으로써 연휴를 제도적으로 창출하고 부모의 휴일에 맞추어 학생들이 휴일을 선택할 수 있도록 하는 방안을 도입하여 휴가의 질적 · 양적 개선을 도모했다.

5. 호주의 여가정책

호주의 뉴사우스 웨일즈(New South Wales)의 경우, 주민 3명 중 1명이 클럽회원으로 소속되어 있는 것으로 조사되었다. 이처럼 호주에서는 여가활동의 한 부분으로서 클럽에 가입해서 친구 · 친지를 사귀는 사교활동이 활발하다. 호주는 기후가 좋고 바다가 있기에 물과 관련된 활동을 하기 쉬워서 수영, 요트, 수상스키, 낚시 등의 활동이 여가활동으로 인기가 좋다. 호주인들의 여가활동은 영국인들의 전통적인 생활방식을 이어받아 가정을 중심으로 전개된다.

호주에서는 레크리에이션 진흥을 위해서 연방정부 및 주정부에서 레크리에이션 전담기구를 설치하고, 레크리에이션 시설, 프로그램을 담당하는 직원을 채용하여 운영함으로써 민간부문을 지원하고 있다. 또한 호주국내 여행을 장려하기 위해 5백만 달러를 투입해서 여행 인센티브 프로그램을 실시하고 있다. 이 프로그램은 750달러 이상의 여행상품을 구입할 경우, 150달러를 환급받을 수 있는 제도로서 면허가 있는 여행업자들을 통해 여행상품을 구입하는 경우에만 환급을 받을 수 있다.

제4절 우리나라 여가정책 활성화 과제

여가의 공공적인 성격으로 인해 여가문제는 개인적인 차원에서 해결하기가 어려우므로 국가적 차원의 정책적 접근이 필요하다. 우리나라 여가정책활성화를 위한 과제를 제시해보면 다음과 같다.

1. 여가법 제정

여가정책을 원활하게 실행하기 위해서는 여가 관련 법제정이 우선적으로 이루어져야 한다. 현재 우리나라에는 국민의 여가생활 활성화를 위한 정책의 기본방향이나 추진체계에 관한 사항을 규정한 독립적인 여가법이 존재하지 않는다. 대신 사회교육법, 국민체육진흥법, 근로기준법, 자연공원법, 관광기본법, 문화예술진흥법 등 여가와 관련된 다수의 법률이 존재한다.

즉 국민의 여가생활과 관련된 많은 개별법들이 존재하지만 이들 각 법률들의 제정목적이 '국민 여가생활의 질 향상'이라고 보기 어렵다. 따라서 여가정책의 수립 및 추진을 위한 토대가 되는 여가 관련 기본법률을 제정할 필요가 있다.

여가기본법에 국민의 여가권을 구체적으로 명시하고, 여가행정에 관한 기본적 방향, 여가시간 확보를 위한 노동시간의 단축 및 장기 유급휴가의 실현에 필요한 법적 정비, 여가정책 실행에 관한 중앙정부와 지방정부의 역할, 여가산업 진흥, 여가프로그램 개발 및 보급, 여가정보 및 교육 제공, 사회적 취약계층에 대한 여가지원 등 국민의 여가 활성화를 위한 여가행정 전반에 관한 법적 근거를 마련해야 한다.

〈표 6-6〉 여가기본법(안)

구성	조항	내용
총칙	제1조~제5조	목적, 기본이념, 정의, 국가와 지방자치단체의 책임, 다른 법률과의 관계
여가정책의 기본방향	제6조~제11조	여가와 일의 조화, 여가산업 진흥, 여가프로그램 개발 및 보급, 여가정보 제공, 여가교육 실시, 여가시설 확충
여가문화 활성화 계획수립 및 추진체계	제12조~제13조	기본계획, 시행계획, 한국여가문화위원회
보칙	제14조~제17조	전문인력 양성, 조사 및 연구, 여가지원
부칙	부칙	법률의 시행

* 자료: 최석호(2012). '여가를 통한 행복사회 정책토론회' 한국문화관광연구원

2. 여가행정체계 구축

우리나라의 경우 여가정책을 담당하는 정부조직이나 기구가 부재하며, 현재 문화체육관광부를 포함한 교육부, 안전행정부, 보건복지부, 여성가족부 등 여러 정부부처에서 여가 관련 정책들을 각기 개별적으로 추진하고 있다. 즉 여가정책이 별도의 정부조직에 의해 체계적이고 독립적으로 수립되고 시행되기보다는 문화, 관광, 체육, 복지, 노동, 여성, 가족, 청소년정책 등 각 분야의 개별정책들 범위 내에서 각기 다른 형태로 시행되고 있는 실정이다. 이로 인해 각 부처의 여가정책이 서로 중복되거나 연계성 없이 시행되고 있다. 때문에 여가시설, 프로그램, 인력 등을 통합적으로 관리하고 실행할 여가행정기구가 필요한 실정이다. 지역별 격차를 해소하고 특징을 살리는 등 맞춤형 여가제공을 통해 국민의 여가향유와 삶의 질을 향상시키기 위해 체계적인 여가행정체계를 구축해야 한다.

이를 위해서는 여가정책을 통합적으로 담당할 개별적이고 독립적인 정부조직이나 기구를 설치해야 한다. 해외 선진국의 여가행정체계를 살펴보면, 미국의 경우

여가정책은 연방정부, 주정부, 지방정부의 공원 및 레크리에이션국에서 주로 담당하고 있다. 여가정책 실행에 있어서 핵심적이고 주도적인 역할을 지방정부에서 주로 담당하고 있으며, 연방정부와 주정부는 지방정부에 대한 지원 등 간접적인 관리를 통해 협력체계를 구축하고 있다. 영국은 문화미디어체육부라는 여가주무부처가 존재하며, 문화, 미디어, 방송, 스포츠 등 여가 전반에 관련된 업무를 담당한다. 구체적으로는 여가관련 기회창출, 여가산업 및 관광산업 육성, 여가시설, 서비스, 재정교육 등의 지원을 제공한다. 이 밖에도 예술위원회, 스포츠위원회, 전원위원회 등 여가행정관련 기구들이 있으며, 체계적인 정비와 효과적인 운영, 중앙정부와의 효율적인 연계를 통해 영국의 여가정책의 핵심적인 역할을 수행하고 있다.

우리나라에도 여가정책의 효율적인 집행을 위해 중앙정부와 지방정부의 연계를 통해 여가행정체계를 구축할 필요가 있다. 중앙정부에 여가정책(문화)국, 여가정책과, 여가산업과, 여가진흥과 등과 같은 전담 행정기구를 설립해 여가 관련 중장기 계획수립, 여가관련 법제도 정비, 여가산업 진흥 및 육성을 위한 계획 수립 및 지원, 여가관련 콘텐츠 및 프로그램 개발, 지역별 여가기회 확대와 삶의 질 향상을 위한 시책 시행 등 여가정책을 수립 및 시행해야 한다.

3. 공공여가시설 확충

공공여가시설은 국민의 복지증진을 위해 공공서비스를 제공하는 시설로 국가나 지방자치단체 등의 공공단체가 직접 설치 및 관리하는 문화·체육시설을 말한다. 우리나라의 공공여가시설로는 문화시설, 체육시설, 복지시설, 교육시설 등이 있으며, 대표적인 문화시설에는 박물관, 미술관, 도서관, 문예회관, 문화의 집, 청소년 문화의 집, 지방문화원 등이 있으며, 체육시설로는 국민체육센터, 청소년수련관 등이 있고, 복지시설에는 사회복지관, 여성회관, 노인복지회관 등이 포함된다.

현재 우리나라의 여가시설들은 공공여가시설보다 상업화된 여가시설이 높은 비중을 차지하고 있으며, 공공여가시설은 지역주민의 욕구나 필요에 비해 부족한 실정이다. 여가생활은 주로 일상생활권 내에서 발생하는 것으로 여가생활 활성화를 위해서는 지역주민들이 생활권 내에서 편리하게 이용할 수 있는 여가시설들이 확충되어야 한다.

또한 공공여가시설 내 여가프로그램들은 대부분이 참여자들의 연령, 욕구나 필요 등 개인적인 특성을 반영하지 않은 생활체육프로그램, 취미, 문화예술, 오락 위주의 유사한 프로그램들이 실행되고 있다. 따라서 공공여가공간 및 시설확충과 함께 여가프로그램 참가자들의 특성과 욕구에 부합하는 여가프로그램 개발이 필요하다.

4. 여가전문인력 양성

현대인의 여가시간이 증가하고 여가활동참여가 다양화됨에 따라 여가생활을 전문적으로 지도 및 관리해줄 수 있는 전문인력 양성에 대한 필요성이 증가하고 있다. 여가전문인력은 여가관련 학과나 여가관련 자격증제도의 도입을 통해 양성될 수 있다. 하지만 현재 우리나라에는 전문적인 직업인으로 여가전문가를 지칭하는 합의된 명칭이나 호칭이 없으며, 여가전문가를 선발할 기준이 되는 공인된 자격요건이 없는 실정이다. 현재 여가전문인력으로 생활체육지도자, 레크리에이션 지도자, 치료레크리에이션 지도자, 노인여가지도관리사 등이 여가 관련 분야에서 활동하고 있다. 하지만 여가생활 전반에 관한 시책 수립 및 관리, 여가생활 상담, 여가프로그램 개발 등을 담당하는 여가전문인력은 부족한 실정이다.

선진국의 경우 여가관련 학과를 개설해 여가학을 정규 교과목으로 개설하거나 여가인력양성 전문기관의 설치를 통해 여가전문인력을 지속적으로 양성하고 있다. 영국에는 ISRM(Institute of Sport and Recreation Management)과 ISPAL(Institute for Sport and Recreation Management)이라는 여가관련 업무를 담당하는 전문가 양성 자격증 발급기관이 있다. 이곳에서는 여가관리사를 육성하기 위해 전문교육과정과 회원자격제도를 도입하여 운영하고 있다. 또한 여러 연구소 및 단체와의 파트너십을 통해 여가전문가들의 역량을 강화하고 지속적인 교육지원 및 직업훈련을 제공하고 있다. 또한 일본에는 여가관리 공인전문가로 여가생활개발사, 여가생활상담원, 복지 레크리에이션 워커, 레크리에이션 지도자, 그룹 레크리에이션 워커, 레크리에이션 코디네이터 등이 있으며, 관리는 도도부현(都道府縣)의 레크리에이션 협회나 문부과학성 소관 재단법인 일본 레크리에이션협회에서 주로 담당하고 있다.

최근 대학에 여가관련 학과 및 교과목이 개설되고 있지만 향후 여가교육에 대한 수요가 증가할 것을 고려해서 교육기관 혹은 민간자격제도를 통해서 여가전문인력을 양성하는 것이 효율적인지 고려해야 한다.

5. 여가교육

현대사회에서 여가의 개념은 단순한 휴식, 남는 시간이라는 소극적 개념에서 여가활동을 통한 삶의 질 향상, 여가참여를 통한 자기계발 등 보다 적극적인 개념으로 변화하고 있다. 여가를 긍정적으로 활용할 경우 신체적 건강 증진, 스트레스 해소, 자아실현, 사회적 결속 강화, 문화향유 등 긍정적인 기능을 수행하지만 불건전하고 퇴폐적인 여가생활로 인해 부정적인 결과를 초래하는 경우도 있다.

주5일 근무제로 인한 여가시간의 증가와 여가산업의 활성화로 인해 여가생활을 위한 정보들이 대중매체, 광고 등을 통해 제공되고 있지만, 주체적으로 여가생활을 설계하고 체계적으로 여가생활을 영위할 수 있도록 도와주는 여가교육은 가정, 학교, 사회기관 등에서 이루어지지 못하고 있는 실정이다.

따라서 국민들로 하여금 여가의 긍정적인 기능을 강화하고, 건전한 여가문화를 통한 개인의 성장을 촉진하기 위해서는 국가와 지방자치단체에서 여가교육을 실시해야 한다. 생애주기별 여가교육, 사회적 취약계층에 대한 여가교육, 여가전문인력 양성을 위한 여가교육, 여가기술 습득을 위한 여가교육 등 국민의 여가의식 고취와 여가생활 활성화를 통한 여가만족 증대를 위해 여가교육이 필요하다.

Key Words

- 정책(policy)
- 여가정책(leisure policy)
- 여가행정(leisure administration)

과제 조사

1. 여가정책의 유형과 주체에 대해 설명하시오.
2. 여가정책과 관련된 정책분야에는 어떤 것들이 있는가?
3. 우리나라에서 여가정책에 관여하고 있는 정부조직에는 어떤 것들이 있는가?
4. 해외 여가정책 사례에 대해 조사하시오.
5. 한국의 여가정책 활성화 방안에 대해 논의하시오.

사례 복지관광 사례: 여행바우처 제도

- 경제적, 신체적, 사회문화적 제약 등으로 인해 국내여행에 쉽게 참여하지 못하는 사회적 취약계층에게 국내 여행기회를 제공하여 여행참여 및 관광활동을 통한 삶의 질을 향상과 관광 향유권 증진 기여를 목적으로 함. 문화체육관광부에서 주관기관으로 시행하는 제도임.
- 관광분야의 바우처는 프랑스의 체크바캉스(Cheque Vacance)가 대표적이며, 우리나라에서는 2005년 7월부터 2006년까지 시행되다가 한시적으로 폐지됨. 그 후 2010년 재개되었으며, 2011년에 다시 기준이 재조정되어 시행되고 있음
- 신청자격 요건은 기초생활보장수급자 또는 법정차상위계층, 사회복지시설, 혹은 지방자치단체가 지원이 필요하다고 정하는 소외계층이나 기관, 단체 등임
- 개별 여행에는 1인당 최대 15만원까지 지원되며, 가족여행의 경우, 한 가족에 2인으로 30만원까지 지원됨. 복지시설단체에서 지원할 경우 1인당 15만원까지, 지자체에서 지원할 경우 1인당 15만원까지는 동일하나 가족 1인당 15만원까지 지원 가능함.

* 출처: [네이버 지식백과] 여행바우처 [travel voucher, 旅行—] (두산백과)
여행이용권 홈페이지(www.tvoucher.kr)

참고문헌

차석빈 외(1996), 「여가론」, 대왕사.
김광득(2000), 「여가와 현대사회」, 백산출판사.
노용구(2004), 「여가학」, 대경북스.
심윤종(1997), 「한국 여가정책의 현황과 과제」, 사회과학 제36권 제2호.
김종일(1997), 「서구 여가정책의 내용과 성격」, 사회과학 제36권 제2호.
한국관광연구원(2007), 「OECD 주요국 여가정책 사례연구」.
한국관광연구원(2008), 「여가 그리고 정책」, 대왕사.
관계부처합동(2004), 「주40시간 근무제 대비 여가문화 활성화 대책」.
문화체육관광부 홈페이지 www.mcst.go.kr
기획재정부 홈페이지 www.mosf.go.kr
교육부 홈페이지 www.moe.go.kr
행정안전부 홈페이지 www.mospa.go.kr
보건복지부 홈페이지 www.mw.go.kr
환경부 홈페이지 www.me.go.kr
고용노동부 홈페이지 www.moel.go.kr
국토교통부 홈페이지 www.molit.go.kr
여성가족부 홈페이지 www.mogef.go.kr

제7장 여가와 노동

노동은 생계확보의 수단이며 노력이다. 따라서 여가는 노동과 반대되는 개념으로 이해되기 쉬우며, 여가는 노동 이외의 시간으로 정의되기도 한다. 불과 얼마 전까지만 해도 노동의 본질을 재산, 부, 성공에 두었고 그것을 이루기 위해 근면, 규율, 의무감, 질서의식 등이 필요요건으로 강조되었다.

그러나 현대는 노동을 바라보는 시각이 금전지향성(money-mindedness)보다 시간지향성(time-mindedness)으로 무게중심이 전이되고 있고, 물질적 소유보다 자기실현의 수단으로 여가시간이 더 크게 강조되고 있다.

따라서 본장에서는 여가와 밀접하게 영향을 주고받는 노동의 개념과 보상, 노동과 여가와의 관계, 관련 이론 등을 살펴보고자 한다.

제1절 노동의 개념

노동의 어원에 대해서 살펴보면, 희랍어 'Ponos'는 노동이라는 뜻을 지닌 동시에 형벌이라는 뜻을 지니고 있으며, 불어 'Travail'은 노동의 개념을 포함하고 있는데, 라틴어 어원에서 고문용 기구라는 뜻을 가지고 있다. 위의 단어에서 알 수 있듯이 과거 전통사회에서 노동이라는 개념은 부정적인 의미를 지니고 있었다.

고대에서 중세에 이르기까지 노동은 비천한 것으로 여겨졌고, 노예에 의해서 주로 수행되었기 때문에 천시될 수밖에 없었다. 고대 그리스인들은 노동과 여가가 아무런 상관이 없다고 생각했으며, 그들에게 있어서 노동은 삶을 위한 필요악(必要惡)이며, 여가계급에 속하는 엘리트 계층은 노동을 하지 않아도 되는 특권을 가지고 있다고 인식했다. 부르크하르트(Burckhardt)에 의하면, 그리스에서는 귀족계급뿐 아니라 시민계급까지 노동을 경멸했다.

중세가 지나고 인본주의가 사회의 중심을 이루는 르네상스시대를 거치고 나서야 고통이고 일종의 저주라고 생각했던 부정적인 노동관이 배척되고, 도덕적이고 종교적인 의무로서 긍정적 의미를 지닌 노동관이 부각되기 시작했다. 루터는 노동을 할 수 있는 사람은 누구나 땀 흘려 일해야 하며 태만은 자연의 순리에 반하는 사악한 도피라고 규정하면서, 노동은 '생활의 기초이며 열쇠'라고 하는 근대적 노동관을 처음으로 제시했다. 인간의 운명은 신에 의해 이미 결정되어 있다고 하는 캘빈의 예정조화설에서도 인간의 태만한 생활을 인정하지 않았으며, 오히려 노동을 인간의 의무로 여겼다. 이와 같은 사고는 넓은 의미에서 여가의 범주에 포함되는 종교적 행위와 세속적인 노동행위 사이에 존재했던 커다란 단층을 사라지게 했다는 점에서 중요한 의의를 갖는다.

다시 말해 고대사회 이래로 지배적인 가치관으로 자리잡아 왔던 육체노동과 정신노동, 노동과 여가 사이에 존재했던 커다란 단층이 사라지고, 오히려 천시되어 오던 노동이 긍정적인 의미로 전환하면서 사회적 기능을 획득하고 부상하게 되는 계기를 제공했다.

노동은 경제적, 사회적 가치의 결과로서, 생산적인 활동으로 인식된다. '생산적인 활동(productive activity)'이란 사회에 공헌을 하는 경제적, 사회적 가치를 지닌 결과(outcome)를 의미한다. 노동에서 재화나 서비스를 생산하는 것은 부수적인 활동이 아니라, 활동의 목적이 된다. 노동은 사회에서 반드시 필요한 의무적인 활동이다. 반면, 여가는 비교적 자유롭고 자발적인 것이다. 여가는 반드시 필요한 활동이지만, 의무적인 것은 아니다. 여가는 요구되고 학습되지만, 여가의 의미는 경험에 초점을 둔다. 여가활동을 통해서 상품을 생산할 수 있지만, 반드시 경제적이고 사회적인 가치를 지니는 물질을 생산하는 결과를 수반하지는 않는다.

제2절 노동의 보상

노동은 '재정적인 보수를 얻기 위한 활동'이다. 즉 노동이란 인간에게 의·식·주를 제공하는 활동 전부를 말한다.

노동의 보상은 외적보상과 내적보상으로 구분되며, 구체적인 내용은 다음과 같다.

첫째, 외적보상, 즉 금전적 보상은 사람의 노동을 객관화시켜 일한 정도에 따라 금전으로 노동의 대가를 지급한다. 그러나 이러한 보상은 꼭 노동의 양과 일치할 수 없다. 사회적인 불평등과 여타의 조건에 의해 노동자는 자신의 노동에 비해 더 많거나 대부분의 경우 더 적은 보상을 받게 된다. 또 내부적 또는 심리적인 원인에 의해 가지고 있는 돈이 충분해도 계속 일하고자 하는 욕구가 있을 수 있으며, 자신이 받는 보상에 따른 최소한의 노동보다 더 많이 일하려는 욕구가 나타나기도 한다.

둘째, 내적보상이 있는데, 이것은 자기만족이나 자아실현의 다른 표현으로 결국 여가적 성격을 갖는다. 노동의 보상에도 외형적·사회적 보상과 함께 내부적 보상이 있고, 이런 내적보상은 노동자에게 진정한 만족을 주고, 그것 자체가 목적이 된다.

제3절 노동과 여가와의 관계

노동과 여가는 부정적 의미의 노동이 긍정적으로 치환되면서 분리할 수 없는 관계로 발전했다. 긍정적 노동에 대한 보상으로서 여가활동이 긍정되었던 것이다. 또한 여가가치에 대한 관심도 주목된다.

윌렌스키(Wilensky)는 노동과 여가와의 관계를 2가지로 제시했는데, 먼저 잉여이론(spillover theory)은 노동의 잉여분이 흘러 넘쳐 여가가 된 형태라고 정의했다. 여가는 노동에 대한 경험과 태도가 연결되어 나타나는 것이다. 두 번째로 보상이론(compensatory theory)을 내세우고 있는데, 노동에서의 불만족을 여가에서 보상받고자 할 경우, 여가는 보상적인 성격을 띠게 된다고 주장한다.

파커(Paker)는 여가와 노동의 관계를 다음과 같은 관점에서 파악했다.

첫째, 노동중심의 관계(priority of work)이다. 산업사회 초기 단계에서 노동과 여가의 관계를 설명하는 이론에 의하면, 노동이 인간생활의 주가 되며, 여가는 일을 보조하는 수단으로 존재하게 된다. 즉 인간은 휴식, 레크리에이션 등의 여가활동을 통해 노동에 필요한 에너지를 충족하게 되며, 여가는 오직 이러한 목적을 달성할 수 있을 때에만 의의를 지니게 된다. 이러한 여가가치에 대한 이론은 생산성의 향상이 중시되던 산업사회 초기의 여가관과 프로테스탄티즘의 직업윤리에서 발견될 수 있다. 노동에 최상의 가치를 부여할 때 여가시간은 단지 노동을 위해서만 존재하며 노동에 도움이 되지 않는 여가는 불필요하고 심지어는 죄악시되게 된다.

둘째, 노동과 여가가 균형을 이룬 관계(equality of work and leisure)이다. 노동과 여가는 인간의 삶에 동시에 필요하며, 둘은 상호보완적인 관계에 있다는 것이다. 즉 여가와 노동 중에 어느 하나만으로 우리의 삶은 완전할 수 없으며, 노동과 여가를 동시에 추구할 때 만족한 삶을 살 수 있다고 강조하는 것이다.

산업사회와 후기산업사회에 있어서 노동과 여가의 성격변화를 살펴보면, 〈표 7-1〉과 같다.

〈표 7-1〉 사회변동과 노동 - 여가의 관계

구분	산업사회	후기산업사회
생활공간의 비중	일, 집단생활	여가, 사생활
주생활 관심사	일, 직무, 보수	여가, 가족, 소비
자기 확인의 기반	일, 직업, 노동	자유시간, 여가, 휴식
몰두사항	일, 사회적 의무	여가, 자기실현
기계화, 조직화	생산양식	생활양식이 여가의 영역에 관련
일반적 가치기준	일중심의 업적주의, 금욕	여가중심의 향락주의, 욕구 충족
생활욕구의 기조	생리적, 경제적 욕구	정신적, 인간적 욕구
일과 여가의 특징	여가의 일화, 일을 위한 여가	일의 여가화, 여가를 위한 일

산업사회에 있어서는 여가보다는 일에 더 큰 비중을 두게 되고 일 중심의 직업주의나 금욕 및 생리적 · 경제적 욕구의 충족에 관심이 있었으나, 후기 산업사회로 이행하면서 노동보다는 여가에 큰 비중을 두게 되고 여가중심의 향락주의나 욕구 충족 및 정신적 · 인간적 욕구의 실현을 더욱 추구하게 됨을 알 수 있다.

제4절 여가와 노동 관련이론

1. 파커(Parker)

파커는 노동과 여가와의 관계를 3가지로 구분해 제시하였는데, 연장(extension), 대립(opposition), 중립(neutrality)의 입장에서 파악했다. 이것은 윌렌스키(Wilensky)와 듀마즈디에(Dumazedier)의 연구를 기초로 한 것이다.

1) 연장(extension)

노동과 여가의 유사성에 중점을 둔 것으로, 노동과 여가활동을 구별할 수 있는 요소가 불충분하다는 것을 강조한 것이다. 사회사업가, 성공한 사업가, 의사, 교사, 기술자(craft worker)들이 가지고 있는 관점으로, 노동환경에서는 자율성이 높고, 노동이 여가활동으로 확장된 경우이다.

2) 대립(opposition)

노동과 여가의 관계를 상호대립적인 관계로 파악한 것으로, 노동과 여가활동이 일치하지 않음을 강조하고, 노동과 여가활동 간에 명확한 경계선이 존재한다고 보는 것이다. 광부와 같은 육체노동자들과 비숙련노동자들은 노동을 싫어하기 때문에 노동 이외의 시간에는 노동에 대해 완전히 잊어버리려고 한다. 이러한 사람들은 노동 이외의 활동에서 만족감을 얻고자 하며, 여가활동을 통해서 노동에 대한 보상을 받으려는 경향이 있다.

3) 중립(neutrality)

노동과 여가를 중립적인 관계로 파악할 경우에는 노동과 여가의 영역이 뚜렷하게 구분되지 않는 모호한 입장을 취한다. 중립적인 입장은 노동과 여가의 관계에 대해 상반적인 견해를 절충하는 것이 아니라, 노동에 대해 긍정적이거나 부정적인 입장이 아닌 무관심한 입장을 나타내는 것이다. 만족스럽지도 않고, 억압적이지도 않은 직업에 종사하는 전문직 종사자들은 수동적인 경향을 나타내며, 노동에 몰두하지 않는 것처럼 여가활동에도 몰두하지 않는 경향이 있다. 이러한 노동자들은 자율성이 낮으며, 노동에 싫증을 느낀다.

		활동(activity)		
		제약 (constraints)	———	자유 (freedom)
시간 (time)	노동 (work)	노동 (work employment)	노동의 의무 (work obligation)	노동에서의 여가 (leisure in work)
	비노동 (non work)	신체적 욕구 (physiological needs)	비노동의 의무 (nonwork obligations)	여가 (leisure)

[그림 7-1] 노동과 여가의 관계(Parker)

2. 켈리(Kelly)

켈리(Kelly)는 노동과 여가의 관계와 개인의 임의적인 판단이 중요하다고 인식했다. 여가는 노동과 독립하여 존재할 수도 있지만 노동에 의해 의미를 부여받기도 한다. 또한 여가는 자유롭게 선택될 수도 있지만 노동의 압박이나 사회의 전반적인 규범에 의해 결정될 수도 있다. 켈리는 자유재량(Free-discretion)과 여가와 노동과의 관계(Work Relation)라는 두 가지 영역을 토대로 여가와 노동의 관계를 다음과 같이 4가지 영역으로 나누어 고찰했다.

		free discretion	
		chosen	determined
work relation	독립 (independent)	1. 무조건적 여가 (unconditional leisure)	3. 보상적 여가 (complementary leisure)
	종속 (dependent)	2. 통합된 여가 (coordinated leisure)	4. 준비와 회복 (preparation and recuperation)

[그림 7-2] 노동과 여가의 관계(Kelly)

* 출처: John R. Kelly, "Work and Leisure"

1) 여가 1(leisure 1) – 무조건적 여가(unconditional leisure)

고대 그리스의 이상형과 같은 순수하고 무조건적인 여가이다. 여가는 목적이 있거나 일과 관련되지 않은 것으로 노동과 독립하여 존재하는 것이다.

2) 여가 2(leisure 2) – 통합된 여가(coordinated leisure)

윌렌스키(Wilensky)가 말한 잉여여가(spillover leisure)와 같은 입장으로서, 여가는 선택에 의한 것이지만 노동과 관련되어 존재한다.

3) 여가 3(leisure 3) – 보상적 여가(complementary leisure)

보상적인 여가로서 형태와 내용은 구조적 · 사회적 요인(사회경제적 계층, 인구통계학적 변수)에 의해서 결정되지만, 노동과는 독립해서 존재한다. 보상적 여가는 자유롭게 선택하는 것이 아니며, 대부분 역할기대나 노동에 대한 보상으로서 선택된다. 이러한 관점에서 여가는 사회계층, 지위, 직업, 교육, 가족 등과 같은 사회적 요인들과 관련된다. 보상적 여가는 육체노동자들이 대표적이며, 이들은 일과 전혀 관련되지 않은 활동을 여가로 본다.

4) 여가 4(leisure 4) – 준비와 회복(preparation and recuperation)

노동에 의해 결정되고 노동과 연결된 여가로 노동을 위한 준비, 회복의 의미로서의 여가이다. 이때의 여가는 선택되지 않는 것이며, 노동을 한 후에 피로를 풀고 미래의 노동과 재충전을 위해 여가활동을 하는 것이다. 켈리는 이와 같은 여가활동은 자유재량에 의한 것이 아니라, 노동에 의해서 결정되고 요구되는 것이기 때문에 여가가 아니라고 본다. 노동에서 제외된 활동(nonwork activity)들을 모두 여가라고 보기는 어렵다.

3. 뉴우링거(Neulinger)

뉴우링거는 "여가란 자유행위자로서 자기 자신이 선택한 활동에 몰두하는 것을 의미하는 것"이라고 했다. 그는 '여가 패러다임(paradigm of leisure)'에 여가(leisure)와 비여가(non-leisure)를 구분하는 요소들을 제시하였다. 여가 패러다임에 제시된 인지된 자유(perceived freedom)는 무엇이 여가인지 아닌지를 결정하는 요소

인지된 자유(perceived freedom)

자유(freedom) 동기(motivation)			**제약(constratints)** 동기(motivation)		
내적 동기 (intrinsic motivation)	내/외적 동기 (intrinsic and extrinsic motivation)	외적 동기 (extrinsic motivation)	내적 동기 (intrinsic motivation)	내/외적 동기 (intrinsic and extrinsic motivation)	외적 동기 (extrinsic motivation)
순여가 (pure leisure)	준여가 (leisure–work)	노동형여가 (leisure–job)	순노동 (pure–work)	준노동 (work–leisure)	순일 (work–job)

마음 상태(state of mind)

[그림 7-3] 여가 패러다임

이며, 내 · 외적 동기화(intrinsic · extrinsic motivation)는 여가경험의 유형을 결정하는 요소이다. 그는 자유와 내적동기화의 최고의 상태를 의미하는 순수여가의 정도를 기준으로 여가의 상태를 분석했다. [그림 7-3]에서 보듯이 마음상태에 따라서 여가를 여가와 비여가로 나누었고, 또한 인지된 자유도와 동기에 따라서 다음과 같이 6가지 유형으로 세분화했다.

1) 순여가(pure leisure)

가장 순수한 형태의 여가로서 자기 자신을 위해 자유롭게 선택한 활동을 말한다. 고전적 의미의 여가로서, 외적통제로부터의 자유와 내적보상을 요구한다. 순수한 여가를 얻는다는 것은 개인의 기본적인 욕구를 만족시킬 수 있어야 하고, 동기유발로 기인한 활동을 즐길 수 있어야 한다.

2) 준여가(leisure-work)

다양한 형태의 활동을 포함한 여가로서, 자유롭게 선택했지만 외적 · 내적인 보상을 추구한다. 준여가를 선택한 사람은 개인이 원하면 언제든지 활동을 그만둘 수 있다. 오래된 가구를 손질하는 것, 집안의 허드렛일을 하는 것, 목공일을 하는 것 등이 활동에 포함된다.

3) 노동형여가(leisure-job)

노동형여가는 강요 없이 참여했지만, 활동 자체에서 만족을 얻지 못하고 결과에 의해서 만족을 얻는 경우에 해당된다. 이러한 형태의 여가에는 돈벌이로 카드놀이를 하는 경우, 피로를 풀기 위해 게임을 하는 경우, 건강을 유지하기 위해 운동을 하는 경우 등이 포함되는데, 이런 활동의 경우 인지된 자유도를 경험하는 동안에 외적인 보상을 추구하게 되므로 노동에 가깝다고 할 수 있다.

4) 순노동(pure-work)

제약 하에서 이루어지는 활동이므로 비여가(non-leisure)에 해당된다. 순노동은 오직 내재적인 보상만을 갖는 활동으로 의무적으로 행하는 활동이지만, 활동 자체에서 만족을 얻는 경우를 말한다. 그 예로 학생이 흥미를 갖고 숙제를 하는 경우가 해당되는데, 흥미를 가지고 활동은 하지만 의무감을 가지고 하는 경우를 말한다.

5) 준노동(work-leisure)

어느 정도의 제약 하에 활동에 참여하지만, 내적보상과 외적보상을 모두 갖는 경우이다. 준노동은 강제성을 띤 활동이지만 활동 자체에 만족을 느끼며, 이러한 만족감으로 인해서 강제성을 덜 느끼게 된다.

6) 순일(work-job)

이러한 유형의 활동은 여가와는 완전히 대립되는 활동으로 의무와 제약 하에 참여하는 활동을 말한다. 활동 자체에서 얻는 보상은 없지만 활동을 통해서 임금을 제공받는다. 순일은 일 자체에 대한 흥미나 보상보다는 생계를 유지하기 위해 일을 하는 경우에 해당한다.

제5절 일과 삶의 균형

1. 일과 삶의 균형의 개념 및 정책

세계화에 따른 노동의 성격변화와 20세기 중반 남성 가족부양자모델이 맞벌이 모델로 대체됨에 따라 일과 삶의 균형(Work and Life Balance: WLB)에 대한 문제가 대두되고 있다. WLB는 일과 가족, 여가, 개인의 성장 및 자기계발 등 일 이외의 영역에 시간과 심리적·신체적 에너지를 적절히 분배함으로써 개인의 삶을 스스로 조절하며, 삶의 질과 삶에 대한 만족을 향상시키고자 하는 것이다. WLB는 아래 〈표 7-2〉에서 제시하는 바와 같이 다양한 관점에 따라 정의된다.

〈표 7-2〉 일과 삶의 균형(Work and Life Balance: WLB)의 정의

연구자	정의
Guest(2002)	시간과 에너지의 적절한 분배를 통한 신체적·심리적 평정상태를 유지하고, 압력을 대처할 수 있는 능력과 개인의 통제감을 확보하는 것
김정운 외 (2005)	일과 일 이외의 영역(가족, 여가, 개인의 성장 및 자기계발 등)에 시간과 심리적, 신체적 에너지를 적절히 분배함으로써 삶을 스스로 통제하고 조절할 수 있으며, 이를 통해 삶에 대해 만족스러워 하는 상태
강우란 외 (2006)	근로자가 일과 생활 모두 잘 해내고 있다고 느끼는 상태
정영금 (2006)	일에서의 역할, 삶에서의 역할에 자신의 자원을 골고루 배분하는 것
김종관 · 이윤경 (2009)	근로자들의 일과 일 외적 생활을 조화롭고 균형 있게 만들어 줌으로써, 근로자들에게는 개인적인 삶의 만족을 제공하며, 이를 통해 회사는 생산성을 높일 수 있는 전략

* 출처: 송영미(2012), 일과 생활의 균형에 관한 질적 연구, 고려대 석사학위논문

미국, 영국, 일본 등 선진국에서는 1970년대부터 정부주도로 가족친화적 요소 강화, 근무형태 다양화, 직원 자기계발 지원, 보육서비스, 휴가제도 등 WLB 제도 및 프로그램이 체계적으로 시행되고 있다. WLB는 근로자가 일과 생활을 모두 잘 해내고 있다고 느끼는 상태로 WLB 프로그램 혹은 가족친화적 제도(Family-friendly Policy)라고도 한다. WLB 프로그램은 기업에게는 우수 인재확보와 생산성 제고를 개인에게는 삶의 질 향상을 이루게 함으로써 장기적으로 윈-윈 효과를 가져온다. 국내 대기업 직원들을 대상으로 '직장생활에서 무엇이 가장 중요한가'를 조사한 결과, 1위가 일과 생활의 균형(WLB), 2위가 급여수준, 그 다음 3위가 고용안정성, 4위가 승진으로 나타났다.

따라서 우리나라도 이러한 변화를 반영하여 근로자와 기업 모두에게 긍정적인 효과를 가져올 수 있는 일과 삶의 균형(Work-life Balance) 제도의 중요성을 인식하고 기업과 공공기관을 중심으로 WLB 프로그램을 홍보하고 점차 확대해 나가는 추세이다. 2014년 고용노동부에서는 일(work)과 가정(개인의 삶)이 행복한 균형을 이룰 수 있도록 일하는 방식에 대한 인식과 문화를 개선하기 위해 『일家양득』이라는 범국민 캠페인을 벌이고 있다. 캠페인 핵심 분야 실천과제는 근로시간 중 생산성 높이기, 불필요한 회식·야근 줄이기, 휴가·유연근무 사용 늘리기, 육아부담을 남성·기업·사회가 나누기, 알찬 여가(자기계발)로 제시하고 있다.

WLB 정책은 일과 삶 간의 갈등을 해결할 수 있도록 지원하는 제반 제도 및 정책을 의미한다. 구체적으로 일과 일 이외의 삶의 영역 간 균형을 유지함으로써 삶에 대한 통제력 회복, 삶의 질 향상을 도모하기 위한 제도라고 할 수 있다. WLB 관련 주요 정책은 크게 4가지로 구분해 볼 수 있다.

첫째, 업무의 효율성 증가를 통해 일 이외의 삶의 영역을 위한 시간을 확보하도록 지원하는 일 지원제도이다. 시간을 적절히 배분하는 것은 일과 삶의 균형을 위한 필수적인 요건이다. 하지만 하루 24시간은 한정되어 있으며, 일을 위해 할애해야 하는 시간은 어느 정도 고정되어 있다. 따라서 일에 분배된 시간을 삶의 영역으로 전환하기 위해서는 효율적인 일처리와 시간관리가 필요하다. 일 지원제도를 위한 해결과제는 과다한 업무시간 및 업무량 조절, 불필요하게 잦은 휴식, 업무 중 개인일 처리, 관행적 야근 등을 개선할 필요가 있고, 업무의 집중도와 효율성을 향상시킬 필요가 있다.

둘째, 가족지원제도로 임신, 출산, 육아, 교육, 재정 등 가족체계의 유지와 강화를 위한 제도이다. 가족은 개인의 사회화, 성격형성, 자녀양육, 활기의 재충전 등 개인 삶의 만족도를 결정하는 중요한 집단으로서 삶의 영역에서 가족은 일과 대등할 만큼 중요하다. 가족지원제도의 주된 과제로는 출산 및 육아 등 양육관련 문제, 교육문제, 부부관계, 가족관계, 재정문제 등이다.

셋째, 일의 영역에서 업무 관련 기술의 습득, 업무역량 강화, 개인의 성장 등을 지원하는 제도이다. 각 사회구성원 개인은 자기계발 및 성장의 욕구를 가지고 있으며, 이러한 성장욕구를 충족시켜주기 위한 지원제도이다. 희망하는 직무와 직장에서의 직무의 일치, 일을 통한 성장감 경험, 조직과 개인의 동반성장, 생애관리, 퇴직 및 경력관리, 직장의 안정성 등을 지원한다.

넷째, 여가 및 건강지원 제도로 개인의 삶의 활력과 재미를 찾고, 신체적 · 심리적 건강을 유지할 수 있도록 휴식, 여가활동, 건강 증진 활동을 지원한다.

2. WLB 프로그램 사례

노동시간이 증가하면 생산성이 향상된다고 여겼던 과거 산업사회와는 달리 21세기는 창의적인 업무에 대한 중요성이 증가하면서 일과 생활의 균형을 유지하면서 효과적으로 일하는 것이 더욱더 중요해지고 있다. WLB는 이러한 사회변화에 따라 국가정책, 기업전략, 시민사회의 정책적 요구사안의 현안과제로 부상하고 있다. 미국, 영국, 일본 등 선진국에서는 일과 생활의 중요성을 미리 인식하여 1970년대부터 정부의 주도하에 가족친화적 요소 강화, 근무형태의 다양화, 직원의 자기계발 지원, 보육서비스, 휴가제도 등 다양한 WLB 프로그램이 시행되고 있다.

아일랜드의 경우 WLB제도의 정착과 활성화를 위해 정부에서 WLB위원회를 설립하여 운영하고 있다. WLB운영회는 아일랜드 국회, 총리실, 재정부, 법무부, 국무부, 고용부 등의 정부부처로 구성되며, 기업에 WLB프로젝트 추진을 제시하고 지원하는 역할을 수행한다. 위원회의 목표는 근로자들에게 고용과 삶의 다른 부분들의 균형을 위한 정책을 제시하고, 고용주에게는 근로자들의 생산성 향상을 통해 이익을 증진하는 것이다. WLB프로젝트로 연간근로 총시간제, 출퇴근시잔 탄력제, 안식년제, 자진노동시간 단축제, 온라인 근무, 아버지 육아휴직제도 등을 시행하고 있다.

선진 외국기업들의 WLB프로그램은 100가지가 넘을 정도로 다양하며, 대체적으로 다음과 같이 근무형태 다양화, 가족대상 프로그램, 개인 신상 지원 등 3가지 유형이 있다.

- **근무형태 다양화**: 플렉스 타임, 재량근무, 원격근무, 휴가휴직제도 등
- **가족대상 프로그램**: 보육지원, 노인부양지원, 가정상담지원 등
- **개인 신상 지원**: 교육지원(학자금 지원 등), 보험제도 정비, 경력상담 지원, 문화생활 지원 등

국내에서도 〈표 7-3〉에서 제시하는 바와 같이 대기업을 중심으로 다양한 형태의 WLB 프로그램을 도입 중이며, 가족과 개인을 대상으로 다양한 여가 프로그램을 지원해주고, 근무형태를 다변화해 업무효율성을 높이려는 제도가 시행되고 있다.

〈표 7-3〉 국내 기업의 WLB 프로그램 사례

시행 기업	프로그램 내용
CJ 제일제당	• 키즈빌 어린이집 운영(2012년 6월) • 교사 21명이 취학 전(만 0~7세) 아동 100여 명을 돌봄
SK그룹	• 2007년 3월부터 사내 보육시설 '푸르니' 운영 • 10명의 보육교사가 영유아 전문 프로그램을 운영
두산그룹	• 2013년 9월 서울에 150명 규모의 어린이집을 열고, 최근 경남 창원에도 보육시설 '미래나무 어린이집' 운영
GS그룹	• 2013년 3월 서울 본사 근처에 '지예슬 어린이집'을 운영
LG그룹	• 2014년 3월 서울에 어린이집 운영 예정
삼성전자연구소	• 원격근무 실시
삼성전자	• 2012년 5월 원격근무센터인 '스마트워크 센터(Smart Work Center)'를 열고, 초등학교 이하 자녀를 둔 임직원 대상으로 재택·원격근무제 실시
동부화재	• 2007년부터 업계 최초로 콜센터 재택근무제 실시
LG디스플레이	• 파주공장 내에 병원을 운영, 의사 3명이 상주하며 가정의학과, 이비인후과, 내과, 외과, 안과 등을 운영
LG전자 홈어플라이언스	• 2013년 3월부터 크리에이티브 타임(Creative Time) 제도 운영. 매주 금요일 오후 3시~5시까지 2시간 동안 임직원들은 자유롭게 자기계발과 연구활동에 참여
SK 이노베이션	• 2005년부터 상담코칭센터 '하모니아'를 운영. 전문 심리상담사 2명이 임직원들의 경력개발, 역량개발, 가족상담, 생활상담 등 4개 분야에 대해 상담과 코칭 서비스 제공
현대카드	• 2003년부터 배낭여행 프로그램(Insight Trip)을 통해 직원들에게 재충전의 기회를 제공함. 3박 4일 일정의 단기 글로벌 배낭여행 프로그램도 운영 중

* 자료: 일과 생활의 균형(WLB) 〈삼성경제연구소, 2006〉

또한 정부는 유연근무제를 110개 이상의 공기업, 준정부기관으로 확대할 계획이다. 공공기관에서 다양한 유연근무제를 최소 2개 이상 도입하도록 권고할 예정이다. 이를 통해 신규 일자리 창출, 여성인력활용, 고령인력 활용을 가능하게 할 예정이다.

WLB 프로그램은 기업에게는 우수인재 확보, 생산성 제고, 근로연속성, 이직률 하락에 따른 비용절감 등의 효과를 가져오고, 개인에게는 업무의 효율성 향상, 직업 만족도 향상, 개인의 발전과 함께 삶의 질 향상시킴으로써 장기적으로 기업과 개인 모두에게 윈-윈 효과를 가져온다.

Key Words

- 잉여이론(spillover theory)
- 보상이론(compensatory theory)
- 파커(Paker)
- 연장(extension)
- 대립(opposition)
- 무조건적 여가(unconditional leisure)
- 내적동기(intrinsic motivation)
- 외적동기(extrinsic motivation)
- 일과 삶의 균형(WLB: Work and Life Balance)

과제 조사

1. 노동의 내재적 보상과 외재적 보상 간에는 어떠한 차이점이 있는가?
2. 당신은 노동을 어떻게 정의할 것인가?
3. 현대사회에서 올바른 노동관과 여가관에 대해서 논의하시오.
4. 노동과 여가 간의 관계에 대해서 설명하시오.
5. 여가와 노동과의 관계를 제시한 이론 중에서 가장 현실적인 이론은?
6. 일과 삶의 균형 프로그램을 시행하고 있는 기업이나 기관의 사례를 찾아보시오.
7. 일과 삶의 균형 프로그램의 효과와 우리 삶에 미치는 영향에 대해 논의하시오.

사 례 직장인 가족관계 증진 복지프로그램

• 최근 일과 가정의 양립의 중요성이 증가하면서 기업에서도 가족친화경영에 대해 관심을 갖고 있고, 정부(여성가족부)에서도 기업의 협조를 유도하기 위해 기업들을 대상으로 가족친화인증제도를 실시하고 있음.
• 가족친화인증제도는 가족친화 사회환경의 조성 촉진에 관한 법률 제15조에 근거하여 저출산 · 고령화, 여성의 경제활동 참여 증가 등 사회환경 변화에 따라 근로자가 가정생활과 직장생활을 조화롭게 병행할 수 있도록 사회환경 조성을 촉진하기 위해 도입한 제도임.
• 2008년도에 도입된 가족친화인증제도는 2008년 11개 기업, 2009년 15개 기업, 2010년 31개 기업, 2011년 95개 기업, 2012년 101개 기업으로 해마다 가족친화 인증기업이 증가하고 있는 추세임.
• 가족친화경영은 기업의 근로자들이 직장생활과 가정생활의 조화를 이루도록 지원하는 제도로서 근로자들은 삶의 질 향상, 가족생활 및 직무만족도 증가, 경력 개발, 동료 및 상사와의 관계 증진, 우울 및 불안 등 부정적 정서의 감소 등의 효과를 가져옴. 또한 기업의 입장에서는 우수한 인력의 채용 및 유지, 결근율과 이직률 감소, 근로자의 사기 증가, 직무몰입을 통한 생산성 증가, 기업 이미지 개선 등의 효과를 볼 수 있음. 결국 가족친화경영은 근로자와 기업 모두에게 긍정적인 성과를 가져올 수 있는 제도임.
• 가족친화기업의 인증기준의 핵심이 되는 프로그램은 가족관계 증진 및 여가생활지원프로그램으로 국내 기업들에서 실시하고 있는 프로그램에는 다음과 같은 사례들이 있음.
  – 가족 초청 프로그램: 직원 가족을 회사로 초청해 사옥투어 행사를 실시함. 마술쇼를 겸한 오리엔테이션, 사옥투어, 자녀와 함께 가족 케이크 만들기 등 실시
  – 패밀리 데이 실시: 특정한 요일을 지정해 직원 모두가 조기 퇴근해 가족과 함께 외식, 문화생활 등 여가시간을 보내도록 독려함.
  – 가족체험 프로그램: 매월 2회 정도 희망가족의 신청을 받아 코아트, 리본공예, 쿠키 만들기, 도자기 굽기, 주말농장 등 가족단위로 함께 배울 수 있는 주말 체험프로그램 실시
  – 문화관람 프로그램: 야구관람, 시네마 관람 등 매달 다른 테마를 정해 연극, 영화, 미술, 오케스트라, 스포츠 경기 등 다양한 문화행사에 참여
  – 가족교육 프로그램: 문화 강좌, 체험 학습, 강연 등 다양한 교육프로그램 진행

– 가족봉사 지원: 봉사활동 등 사회공헌활동 참여
– 리프레시 및 휴양시설 지원: 2주간 휴가지원, 법인콘도나 휴양소 제공

* 출처: 여성가족부(www.mogef.go.kr), 이지웰 복지칼럼(www.ezwel.com)

참고문헌

스탠리 파커 저, 이연택 역(2000), 「현대사회와 여가」, 일신사.

김문겸(1993), 「여가의 사회학」, 한울.

조현호(2001), 「여가론」, 대왕사.

김광득(2000), 「여가와 현대사회」, 백산출판사.

James F. Murphy(1981), 「Concepts of Leisure」, Prentice-Hall, Inc.

Chales K, Brightbill(1963), The Challenge of Leisure, New York: Prentice-Hall.

John R. Kelly and Geoffrey Godbey(1992), The Sociology of Leisure, Venture Publishing, Inc.

제8장 여가와 교육

제1절 여가교육의 개념

여가교육(leisure education)은 다양한 의미를 가지고 있으며, 광의의 여가교육과 협의의 여가교육으로 나눌 수 있다. 전통적인 여가교육의 개념은 레크리에이션 프로그램이나 방과후의 교육프로그램을 통해 여가참여의 기회를 제공하는 것이다. 따라서 여가교육은 상식적인 접근을 통한 여가시간의 행동참여와 여가시간에 대한 현명한 사용이 여가교육의 중심 내용이 된다. 이러한 개념을 북미 여가학에서는 '여가를 위한 교육(education for leisure)'으로 나타내며, 이는 광의의 여가교육이라고 할 수 있다.

협의의 여가교육은 치료 레크리에이션 서비스의 하나로 여가 태도, 여가 각성, 사회적 기술, 의사결정 능력, 그리고 여가자원의 활용에 초점을 두고 행하는 하나의 교수기법으로 정의된다. 즉 여가에 대해서 어려움을 가지고 있는 참여대상에게 치료의 수단으로서 행하는 인지적인 전문교육을 말한다.

먼디와 오둠(Mundy and Odum)은 여가교육을 "개인의 자아와 여가와의 관계, 그리고 개인생활양식 및 사회구조에 대한 여가의 관계를 이해하게끔 하는 하나의 전반적 발달과정(A total developmental process)"으로 정의했다.

여가교육의 개념 속에서는 다음과 같은 특징이 있다.

① 여가교육은 개인에게 여가생활의 질(quality of leisure life)을 향상시키려는 전반적 운동이다.

② 여가교육은 개인에게 여가의 가치, 태도, 목표를 확립하게 하는 과정이다.

③ 여가교육은 개인에게 여가생활에 대한 자기결정, 자기충실을 도모하게 하는 접근방식이다.

④ 여가교육은 개개인에게 그들 생활에 있어서의 여가의 위상(status)을 결정하게 한다.

⑤ 여가교육은 여가와 관련된 자기본능을 인식하게 한다.

⑥ 여가교육은 각자의 여가경험에 의하여 개인의 욕구, 가치 및 가능성을 충족시키게 한다.

⑦ 여가교육은 여가와 관련하여 삶의 질적 경험(quality experiences of life)을 충족시키게 한다.

⑧ 여가교육은 개인이 그의 목표와 관련하여 장·단기적으로 그의 여가행동을 결정 및 평가하게 한다.

⑨ 여가교육은 여가생활의 질을 향상시키기 위하여 개인의 잠재력을 계발시켜 준다.

제2절 여가와 교육의 관계

현대사회의 급속한 변화로 교육의 역할은 그 영역을 넓혀 여가활동에 있어서도 여가교육이 필요하게 되었고, 여가목적 달성의 필수적인 요소로 자리잡게 되었다. 여가는 참가자에게 어떤 활동을 통해 직접적인 만족감을 가져다주는 것임에 비하여 교육은 보다 원대하고 고차원적인 목표를 두고 있으며 강제적인 성격을 띠고 있다. 학교에서 우리는 여가활동을 위한 기술을 습득하고 관심을 일깨우게 된다. 반대로 레크리에이션 활동은 학습뿐만 아니라 놀이를 배울 수 있는 중요한 학교프로그램이다. 따라서 여가와 교육은 인간의 자기계발을 본질로 하는 것이다. 여가의 어원인 희랍어의 '스콜레(schole)'와 라틴어의 '스콜라(schola)'는 모두 학교(school)의 어원이다. 즉 여가는 본래 교육적인 면과 학습과정과 밀접하게 관련되어 있음을 보여주는 것이다.

여가에 대한 교육의 기능은 학교교육뿐만 아니라 성인교육에 있어서도 중시되고 있다. 성인교육은 대부분 비직업적 성격을 띠고 있기 때문에 목적, 조직, 방법에 있어서 레크리에이션과 흡사하다. 노인대학이나 대학의 교양강좌 및 특수대학원, 직업훈련원 등이 점차 증가하고 있는 것도 성인교육의 일환이며, 이러한 교육과정에는 레크리에이션이 필수적이다.

제3절 여가교육의 필요성

현대사회에서 여가교육은 평생교육 또는 사회교육의 하나로서 점차 인식되고 있다. 또한 여가는 우리 일상생활에 있어 필수불가결한 부문이며 인간생활을 윤택하고 보람 있게 하는 요소로서 재평가되고 있다. 이처럼 긍정적·생산적 의미로 가치가 인정되는 여가라 할지라도 이를 잘 활용하지 못하거나 건전한 여가문화로 발전할 수 있는 제도적 장치를 마련해 주지 않으면 오히려 역기능이 나타날 소지가 많다.

브라이트빌(Brightbill)은 우리가 여가의 홍수시대를 맞이하게 될 것이라면 체계적인 여가교육을 실시해야 하며, 새롭게 등장하는 여가를 건전하게 하고, 정신을 고양시키며, 격이 높고 창조적으로 활용하는 방안에 대해 배워야 한다고 강조했다. 사람들이 여가를 이용하든 안하든 간에 여가를 만족스럽고 창조적인 방법으로 활용하는 것이 중요하다고 했다. 또한 여가교육을 사람들로 하여금 여가시간에 대한 인식을 높이고 이를 활용하기 위한 기술을 개발하는데 도움이 되는 경험으로 일찍부터 지속적으로 가정, 학교, 사회에서 노출되도록 하는 데에 의미가 있다고 보고 있다. 여가교육은 점진적으로 꾸준히 이루어지는 과정이며 기술을 전파하고 그 기술을 활용하도록 준비시키는 데 그 중요성이 있음을 강조하고 있다. 여가는 세계를 이해하고 건강을 유지하며, 정서적 안정과 미적 추구에 기여하는 다른 교육목표와 부합될 수 있다. 이러한 관점에서 여가는 교육을 활성화시키는 요소라고 할 수 있다.

여가교육은 시간을 흘려보내는 방법을 가르치는 교육이 아니라 시간을 가치 있게 사용하는 방법을 가르치는 데 있으며, 건전한 생활관을 지니면서 개성과 창의성을 발휘하고 건전한 사회를 육성하기 위하여 도움을 주고자 하는 데 그 궁극적인 목표가 있는 것이다. 여가교육의 구체적인 필요성은 다음과 같다.

① 평소의 흥미, 취미를 계발할 수 있는 기회를 갖도록 하기 위해 필요하다. 즉 자기 자신의 관심사항, 장기(長技), 취미를 살려 여가를 선용하고 스트레스를 해소함으로써 심신의 건강을 유지하여 재생산적 기회에 대비할 수 있다.

② 창의성을 발휘할 수 있게 해 준다. 평소 바쁜 생활에서 벗어나 자기만의 시간을 확보 · 관리함으로써 자신이 꿈꾸는 일, 관심사항을 스스로 해보는 기회를 준다. 아마추어 정신에 입각한 교양, 직업기술, 예술활동의 발달을 가져오고 자기계발에도 도움을 준다.

③ 사회참여의 기회 확대를 위해 필요하다. 여가활동은 여러 사람이 한 장소에 어울려 이루어지는 것이므로 이웃 · 타인과의 자유로운 만남 · 사귐 · 유대를 기대할 수 있어 사교 · 사회생활 및 화목한 사회를 만드는데 원동력이 된다.

④ 건강과 정서함양을 위해 필요하다. 스포츠, 레크리에이션에 스스로 참여함으로써 체력향상, 건강관리, 화합친목, 사랑, 협조, 이해, 단결의 이치와 미덕을 배우게 된다. 특히 학교교육에 있어 스포츠 교육은 이와 같은 목표 아래 이행된다.

⑤ 인격완성과 성취감을 갖기 위해 필요하다. 인간이 원숙해지고 덕성 · 지성을 함양하는데 교육 · 경험 · 수련이 필요하다. 특히 취미생활, 여행, 독서, 예술활동 등은 인격완성에 기여한다. 이러한 여가활동은 교육을 통해서 활성화할 수 있다.

⑥ 기회균등의 보장을 위해 필요하다. 여가의 향유 · 이용은 어느 특정집단의 전유물이 아니라 모든 사람이 다같이 평등하게 이용할 수 있는 권리이므로 여가활동의 참여 · 향유는 신분 · 연령 · 성별 · 직업에 관계없이 자연스럽고 평등하게 실천될 수 있다는 점이 강조되는 홍보 · 교육이 필요하다.

⑦ 인간다운 삶, 생활의 만족감을 주기 위해 필요하다. 여가는 자기 자신의 발전을 위한 유용한 기회이고 가치 있는 투자이기 때문에 이를 위해서는 경제적 · 제도적 지원이 이루어져야 하고, 건전한 여가문화 프로그램의 보급 및 교육이 필요하다.

⑧ 투자자산으로서의 가치 확보를 위해 필요하다. 오늘의 충분한 휴식은 곧 내일의 일에 대비한 신선한 자극제이며 충전작용을 하는 기능이 있기 때문에, 원만한 재생산활동의 참여기회를 마련해 준다. 또한 건설적인 여가활동은 생산력을 높이는데 기여하기 때문에 활력소 · 윤활유와 같은 역할을 한다. 따라서 종사원들에게 충분한 자유시간을 부여하는 것을 종사원을 위한 사랑, 생산성 향상, 재생산을 위한 투자가 된다.

⑨ 정신적 보상수단으로서 필요하다. 오늘날 기업경영에 있어서 물질적 보상방법은 그 효과가 한계가 있다. 따라서 근무시간 단축, 유급휴가, 휴가기간 연장, 주5일 근무제, 잦은 휴식기간 제공 등과 같은 근로조건 개선이 도입되고 있다. 즉 정신적 보상수단으로서 여가시간을 늘려줌으로써 근로자가 자기 자신과 가족을 위해 보람 있게 시간을 사용할 수 있고, 결국 화목한 가정을 가꾸어 사기진작, 직무충실, 애사심을 고취하자는 것이다.

⑩ 공동체의식과 일체감 조성을 위해 필요하다. 개인주의와 배타주의 풍조가 만연되는 이기적인 현대사회에 있어 스포츠와 레크리에이션을 통해 만나고 사귀고 대화를 함으로써 상호이해와 협력분위기를 조성할 수 있다. 특히 집단적 여가활동을 통해 참가자들은 단합 · 협동 · 사랑의 싹을 트고 공동체의식과 소속감을 갖게 되는데, 이러한 것은 여가교육 · 현장교육을 통해서 달성될 수 있다.

Mundy(1998)는 여가교육의 목적을 첫째, 여가생활을 통해 삶의 질을 향상시키는 것, 둘째, 여가 속에서 기회, 잠재력, 가능성을 이해하는 것, 셋째, 개인의 삶의 질과 사회구조에서 여가의 영향력을 이해하는 것, 넷째, 다양하고 광범위한 여가선택을 가능하게 하는 지식, 이해, 기술을 습득하는 것이라고 했다.

여가교육은 개인들이 적합한 여가를 선택하는데 도움을 주고, 보다 효과적이고 만족을 주는 여가활동에 참여할 수 있게 하는데 반드시 필요하다. 틴스레이(Tinsley)는 여가교육의 유형을 관계유형과 목표에 따라 여가교육, 여가카운셀링,

여가안내, 여가의사결정 4가지로 분류했다. 이 4가지 유형을 포괄적으로 여가교육이라고 한다면 여가교육은 여가에 대한 정보 제공, 지도 및 내용을 결정하게 된다. 여가교육은 개인적인 성장과 정보제공에 초점을 두며, 여가 카운셀링은 개인적 성장과 지도, 여가의사결정은 여가활동의 선택과 지도에, 여가안내는 정보제공과 활동선택에 초점을 두게 된다.

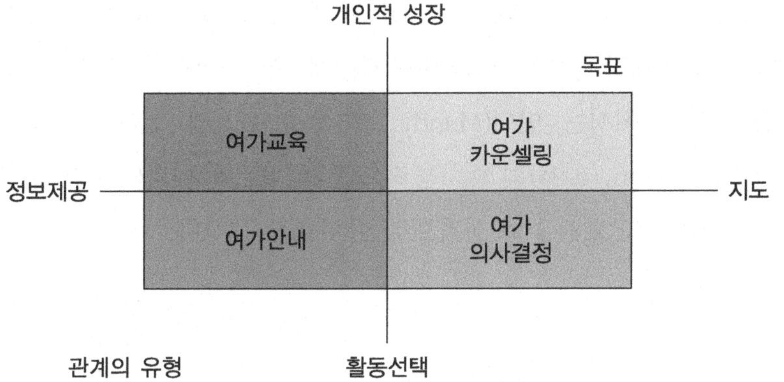

[그림 8-1] 여가교육의 범위

* 자료: P. Quellette, D. L. Berryman, "Le Counselling En Loisir: Dementions Et Perspectives", Society and Leisure, Vol. 7, No. 1, 1984, p.250. 김광득, 『여가와 현대사회』 p.471에서 재인용.

제4절 여가교육모델

여가교육모델은 개인이 참여하는 여가활동과 여가에 대한 정보를 제공하는 것에 초점을 두고 있으며, 여가교육프로그램 실행에 앞서 수행되어야 하는 과정이다. 여가교육모델은 지난 30여년 간 다양한 학자들에 의해 제시되었는데, 이러한 여가교육모델들은 여가교육프로그램 기획자들에게 여가교육의 목적, 여가교육의 경험 및 여가교육 전략개발 등 가이드라인을 제시해주는 역할을 수행한다. 다양한 여가교육모델을 본 장에서는 먼디(Mundy, 1976)의 시스템 접근모델, 피터슨과 건(Peterson and Gunn, 1984)의 여가능력모델, 데틸로와 머피(Dattilo and Murphy, 1991)의 체계적 접근모델을 중심적으로 살펴보고자 한다.

1. 시스템 접근모델

먼디와 오듐(Mundy and Odum, 1979)은 여가교육을 "개개인들이 자아, 여가, 자신의 생활유형 및 사회구조와 여가와의 관계에 대한 이해를 통한 전체적인 발달과정"이라고 정의했다. 나아가 그들은 여가교육을 통해 개인은 여가 속에서 삶의 질을 증진시키고, 여가에서 기회, 잠재력 그리고 도전을 이해하며, 개개인들의 삶의 질과 사회구조에 미치는 영향력에 대해 이해하고, 폭넓은 여가선택을 가능하게 하는 지식, 기술, 감상력을 갖는 결과를 얻을 수 있다고 보았다.

그들의 견해에 따르면 여가교육은 개인이 자신의 여가가치와 목표를 구체화하고 명료화할 수 있게 하는 과정이다. 개인이 여가를 즐기면서 그들의 삶의 질을 높일 수 있게 하는 접근법이고, 삶에 있어 여가를 어느 위치에 두어야 할 것인가를 스스로 결정하는 것이며, 여가와 관련하여 자신을 알아가며, 평생 계속되는 과정이라고 할 수 있다. 자신의 요구, 가치 그리고 재능은 여가와 여가경험과 관련이 있고, 여가 동안 만족할 수 있는 질적인 경험에 대한 개인적인 선택능력을 증가시킨다.

먼디(Mundy, 1976)의 시스템 접근모델은 [그림 8-2]와 같고, 모델을 구성하는 5가지 요소들로 자기인식, 여가인식, 여가기술, 의사결정, 사회적 상호작용이 있다. 여가교육과정은 여가교육의 목적달성을 도와줄 수 있는 전문가가 여가교육서비스를 투입(input)하는 데서 시작되며, 여가교육과정을 여가교육 참여자는 여가에 참여하는 동안 여가지식과 여가경험을 활용할 수 있게 된다. 또한 여가교육을 통해 여가참여 의사결정에 관한 지식을 활용할 수 있게 하고, 실제적인 여가계획을 통해 질적으로 향상된 여가경험을 이끌어내며, 개인의 여가목표에 부합하는 방식으로 다른 사람들과의 건전한 교류도 가능해진다. 시스템 접근모델에서 5가지 프로그램 영역의 각 내용을 살펴보면 다음과 같다.

① **여가의식**: 개인 및 여가교육을 받은 사람에게 실시되는데, 교육실시 결과에 의해 여가가 무엇인가를 알게 됨. 다양한 여가경험을 확인하고 인간의 생활 그 자체, 생활스타일, 생활의 질, 그리고 사회구조와 여가와의 관련성을 이해하는 것을 말함

② **자아의식**: 여가가 무엇인지를 알고 다양한 여가경험을 식별할 수 있는 사람에게 투입됨. 그 결과 여가흥미와 범위가 충족되고 어떤 가능성이 열망하는 수준과 부합되며, 실현가능한 여가기대를 식별하고 여가경험의 질적 요소를 확인하는 동시에 가치와 조화된 여가경험을 선택하며, 여가경험의 목적을 그의 가능성, 흥미, 기대 및 가치와 부합하게끔 수정함으로써 자기의 욕구를 충족하게 되는 것을 말함.

③ **의사결정**: 여가의 본질을 이해하고 다양한 여가경험을 식별하며 초보적 기술로서 현재의 여가흥미, 기대, 목적을 파악하려는 개인에게 투입됨. 그 결과 개인이 여가정보를 확인, 수집, 적용하고 의사결정의 대안을 제시하며 여가선택의 개연적 결과를 이해함. 그 다음에 자아의식에 입각한 의사결정을 하며 그 여가결정의 적합성을 평가할 수 있게끔 하는 것

④ **여가기술**: 각 개인에게 여가처리기술 및 여가계획의 이용을 습득케 하고 다양한 여가활동에 대한 기초적 수준의 기술을 이용하며 자기선택적 여가경험에 진보된 기술을 획득하게 되는 것을 말함.

⑤ **사회적 상호작용:** 앞의 제 조건을 갖춘 사람에게 그의 여가활동목적에 기여할 언어적 · 비언어적 행태를 확인 · 이용하게 하며, 여가경험에서 그 자신의 자아의식과 조화된 사회적 상호작용의 형태를 확인, 선택, 이용하도록 하는 것을 말함.

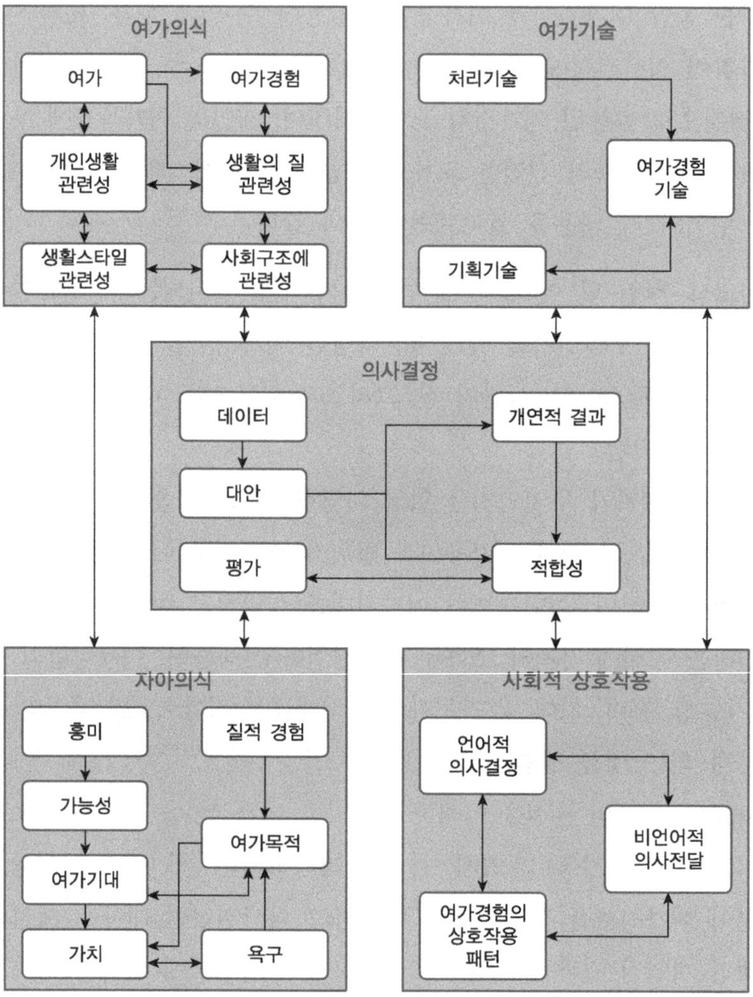

[그림 8-2] 여가교육의 시스템 접근모델(Mundy, 1976)

* 자료: Jean Mundy, "A Systems Approach to Leisure Education", Leisure Today, Journal of Physical Education and Recreation, pp.18-19 ; 김광득, 『여가와 현대사회』, p.479에서 재인용.

2. 여가능력모델 - Peterson & Gunn(1984)

피터슨과 건(Peterson and Gunn, 1984)은 여가교육을 다음과 같이 정의했다. 즉 여가교육은 다양한 여가 관련 기술, 그리고 지식의 개발과 습득에 초점을 두고 있는 서비스 체계 속의 한 부분이다. 적절한 여가생활유형을 만들고 나타내는 것은 다양한 지식과 기술의 습득에 달려 있다. 활동기술의 목록만이 필요조건은 아니다. 여가의 인지적 이해, 여가경험에 대한 긍정적인 태도, 다양한 참여 그리고 의사결정기술 뿐만 아니라 여가에 대한 지식, 자원을 활용할 수 있는 능력이 만족스런 여가참여에 있어 중요한 내용이다. 그들은 여가교육은 구체적으로 미리 정해진 내용이 있고, 이와 같은 내용들이 프로그램화되는 것이라고 했다. 그들의 정의는 여가교육에 있어 내용과 실행이 체계적이고 의도적이어야 한다는 것을 의미한다.

피터슨과 건(Peterson and Gunn)의 모델은 '치료 레크리에이션 모델' 또는 '여가능력모델(Leisure Ability Model)'로, 치료레크리에이션 서비스 개념 속에 여가교육이 치료레크리에이션의 핵심영역으로 자리잡고 있음을 보여준다. 특히 장애인의 여가교육모델을 그림과 같이 여가가치 및 태도개발, 사회적 상호작용 기술, 여가자원개발, 여가활동기술 등의 네 가지로 분류하고 있다. 이 여가교육모델에 따르면, 먼저 여가가치 및 태도를 개발하고 다음으로 사회적 상호작용의 기술을 개발하며, 그 다음에 여가활동기술의 개발에서 여가자원에 대한 지식개발의 순으로 전개된다. 이 모델은 미국 치료레크리에이션 학회(National Therapeutic Recreation Society)에서 공식모델로 인증을 받았다.

여가가치 및 태도의 개발
① 여가의식
② 여가에서의 자아의식
③ 여가태도
④ 여가의사결정

→

사회적 상호작용 기술
① 대인관계(2인)
② 소집단
③ 대집단
④ 협동/경쟁

↓

여가활동기술
① 스포츠 ② 수상
③ 야외 ④ 신체적성
⑤ 표현 예술 ⑥ 정신
⑦ 가정, 가족 ⑧ 지역사회 서비스
⑨ 감상 ⑩ 즉각적 놀이

←

여가자원개발
① 활동기회
② 인적자원
③ 가정자원
④ 지역사회자원
⑤ 국가적자원

↑ (여가가치 및 태도의 개발)

[그림 8-3] 여가교육모델(Peterson & Gunn)

* 자료: Scott L. Gunn, and Varol Ann Peterson, "Theraphy and Leisure Education", Parks and Recreation, Vol. 12, No. 11, November 1977, p.25. 김광득, 『여가와 현대사회』, p.483에서 재인용.

3. 체계적 접근모델 - Dattilo & Murphy(1991)

데틸로와 머피(Dattilo and Murphy, 1991)의 여가교육은 여가인식, 여가지식, 여가기술을 교육시켜 여가장애를 제거하는 것이라고 했다. 여가교육은 여가지도(leisure guidance)와 주위환경에 의해 촉진되어야 한다고 했다. 여가교육의 내용으로 자기결정, 여가인식, 자아인식, 의사결정, 사회적 상호작용, 여가자원 활용능력, 여가참여 등을 들고 있다.

또한 여가교육은 여가와 관련된 지식, 여가능력과 관련해서 끊임없이 변화하는 역동적 과정으로 인식하고 현재의 여가행동과 태도를 변화, 개선시키는 것을 목표로 한다. 그들은 여가교육의 내용을 ① 여가에서 자기인식, ② 여가인식, ③ 여가에서 자기결정, ④ 여가의사결정, ⑤ 여가자원의 활용지식, ⑥ 사회적 상호작용, ⑦ 레크리에이션 활동기술 등으로 구성되어 있다.

이들은 여가교육의 몇 가지 영역을 예시했고 여가교육 프로그램을 실시할 때 주의점과 여가교육을 대상에 맞게 변형시키는 방법을 제시했다. 그리고 참여자의 욕구에 적절한 목표를 정하는 방법과 새로운 교수전략을 보여주었고 시각적인 방법을 이용해서 학습시키는 방안에 대해서 검토했다.

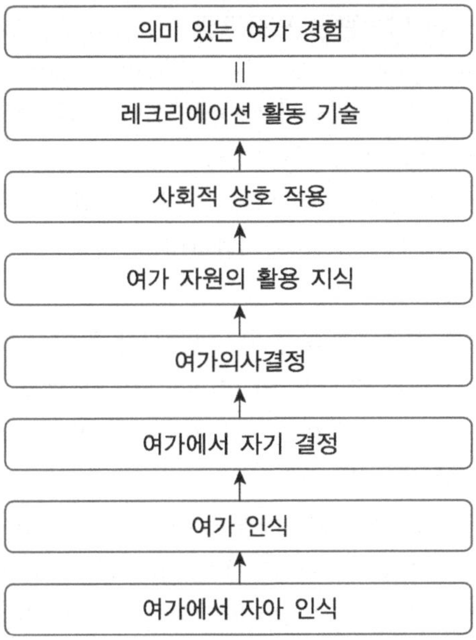

[그림 8-4] 여가 교육 모델(Dattilo & Murphy, 1991)

Key Words

- 여가교육(leisure education)
- 여가의식(leisure consciousness)
- 여가기술(leisure skill)
- 여가자원(leisure resources)
- 사회적 상호작용(social interaction)

과제 조사

1. 여가에 대한 긍정적인 태도를 갖기 위해 학교의 공공프로그램은 어떻게 바뀌어야 하는가?
2. 여가교육이 중요한 이유에 대해서 설명하시오.
3. 앞으로 여가교육은 어떤 방향으로 바뀌어야 할 것인가?
4. 여가와 교육 간의 관계에 대해서 설명하시오.
5. 여가에 대한 교육의 기능에 대해 설명하시오.
6. 여가교육의 필요성에 대해 설명하시오.

사례 후쿠시마의 청소년 학습관광 프로그램

- 후쿠시마현 학습관광은 후쿠시마현과 (재)후쿠시마현 관광물산 교류협회에서 운영하고 있으며, 다양한 지원체제를 갖추고 있음.
- 후쿠시마현 학습관광은 다양한 프로그램을 실시해 경험을 통해 청소년의 지적 호기심이나 감수성을 키울 수 있는 교육을 지향하며, 사업대상은 일본 내의 학교는 물론 일본 외의 학교까지 포함함.
- 후쿠시마현 학습관광은 학습효과를 높이기 위해 각 학교의 독자성 및 학년에 맞춰 프로그램 선택이 가능하도록 함. 인근의 현이나 수도권의 초·중학교를 중심으로 체험학습 전에 사전강좌를 통해 현지에 대한 정보를 제공받을 수 있으며, 사전강좌를 받은 해에는 여행을 실시하여야 함.
- 후쿠시마현은 학습관광에 관한 자료 제공 및 안내 등을 위한 원스톱 창구를 배치하여, 학교, 여행사, 지역 숙소 및 체험시설 등의 중간 지원 역할을 하고 있음.
- 후쿠시마현 학습관광 프로그램은 농림어업, 사회·생활, 자연·환경, 스포츠, 역사·문화, 전통·공예의 6가지 프로그램으로 구성됨. 체험학습은 지자체, 학교, 지역기업, 지역주민의 협력 하에 운영됨.

〈표 8-1〉 후쿠시마현 교육여행 프로그램

구분	세부 내용
농림어업	인성교육을 학습 포인트로 하고 있으며, 지역주민의 협력으로 다양한 체험이 가능함.
사회·생활	수력, 화력, 원자력, 풍력, 지열 등 다양한 발전 시스템이 있는 후쿠시마 현의 특징을 이용하여 에너지에 대한 다각적인 사고를 배우는 체험을 실시함.
자연·환경	자연의 아름다움과 가치를 배우는 것을 학습 포인트로 하며, 후쿠시마현의 자연자원 견학 및 환경에 관한 학습을 실시함.

구분	세부 내용
스포츠	후쿠시마현의 풍부한 자연을 이용한 다양한 체험이 가능하며, 스포츠를 통해 자신감과 팀워크를 배울 수 있는 학습효과가 있음.
역사 · 문화	역사로부터 지역의 문화와 정신을 배울 수 있음.
전통 · 공예	염색 공예, 도자기 공예, 직물 제작 등 전통 공예 체험을 통해 역사를 배우는 학습 프로그램임.

- 후쿠시마현과 후쿠시마현 교류협회는 외국인 대상 교육여행도 실시하고 있음. 외국인 참가자는 후쿠시마현 내의 교류학교를 방문해 일본의 수업 및 동아리 활동을 체험하고, 일본 학생들과 다양한 교류활동을 함. 또한 후쿠시마현에서는 외국인 참가자 대상 홈스테이를 실시해 일본의 생활양식을 체험할 수 있는 프로그램을 운영하고 있음.
- 2009년도 후쿠시마현 교육여행 숙박자 수는 709,932명이며, 학교 수는 7,920개소에 이름. 국외 교육여행 참가자 수는 1,344명이며, 27개소의 학교가 참가했으며, 이중 한국 570명, 대만 328명, 중국 287명이 참가함.

* 자료: 후쿠시마현 교육여행 홈페이지(www.tif.ne.jp/kyoiku)
한국문화관광연구원(2011). 「청소년 학습관광 활성화를 위한 제도화 방안」

참고문헌

노용구(2004), 「여가학」, 대경북스.

김광득(2000), 「여가와 현대사회」, 백산출판사.

손해식 외(2004), 「현대여가사회의 이해」, 백산출판사.

스탠리 파커 저, 이연택 역(2000), 「현대사회와 여가」, 일신사.

차석빈 외(1996), 「여가론」, 대왕사.

이승민(2007), 「한국적 여가교육을 위한 지식체계 및 실행활성화 요인 탐색」, 이화여자대학교 대학원 박사학위논문.

제9장 여가와 가족

가족은 먹고, 자는 기본적 욕구를 함께하는 혈연집단으로 정의되며 여러 가지 사회요인에 따라 그 모습이 변천되어 왔다. 가족이 여가행동연구에서 중요한 것은 가족구성원의 여가태도 형성에 직접적으로 영향을 미치는 요인의 하나이기 때문이다. 본장에서는 여가와 관련하여 가족생활, 가족여가활동 유형, 가족생활주기 등을 고찰해 보고자 한다.

제1절 가족생활과 여가

여가는 사회와 밀접하게 관련되어 발생하는 것으로서 여가활동의 주된 사회환경은 가족이다. 가족은 중요한 사회관계(Social Relationship)의 발달과 표현을 위한 기초적인 장소이며, 사회화가 이루어지는 주요 단위로서, 레크리에이션과 여가를 포함한 주요한 사회제도 및 관습에 대해 어린이들의 태도를 형성하는데 필요한 환경을 제공한다. 즉 언제 어떻게 놀이를 하여야 하며, 누구와 함께, 어떤 일은 해도 괜찮고 어떤 일은 해서 안 되는가 등 가족 내에서 행동양식의 옳고 그름에 대해 배우게 된다.

가정은 가족구성원들이 TV 시청, 독서, 취미생활, 휴식 등을 취하는 장소로서, 친척 및 친구들과 이루어지는 사회적 접촉의 대부분은 가정과의 연관 하에서 이루어지고, 가족의 생활조건에 따라 크게 좌우된다. 따라서 가족은 여가생활의 단위이자 여가활동의 장(場)으로서 중요하다.

가족단위의 여가활동은 오락 및 휴식의 기능 외에도 가족의 이해와 행복을 증가시키고, 소속감과 일체감을 증가시켜주는 역할을 한다. '함께 놀이를 하는 가족이 함께 머무른다'라는 말에서 제시하는 바와 같이 가족여가활동은 가족구성원의 상호작용과 만족을 촉진시키고, 또한 가족의 안정성을 증가시킨다.

가족의 결속력과 단합을 유지하는 것은 여가시간의 활용을 통해서 상당부분 가능하며, 현대가정의 기능으로서 바람직한 여가생활의 정착은 가족구성원 개개인뿐만 아니라 가정과 사회의 여러 가지 갈등을 해소한다는 측면에서 무엇보다도 중요한 의미를 갖는다.

제2절 가족여가활동 유형

비교적 최근까지만 해도 가족여가라는 용어가 없었다. 과거 여가가 가능했던 때에도 여가는 남성끼리, 또는 여성끼리 보내는 것이 대부분이었다. 함께 여가를 보내고 싶어도 서로의 생활이 너무 달라서 여가를 같이 즐기기가 어려웠다. 대부분의 사회는 남성위주였으며, 여자는 수동적이었기 때문에 함께 여가를 즐기는데 필요한 평등권을 확보하지 못했다. 최근 1, 2세기 전부터 비로소 가족단위의 여가가 다양한 형태로 나타나게 되었고, 19세기 이후부터는 새로운 유형의 다양한 여가활동들이 가족여가활동에 유입됐다.

오늘날 가정에서 여가를 보내는 경우가 과거에 비해 증가하고 있다. 이는 생활수준의 향상으로 인해 가정의 규모가 증가했고, TV · 비디오 · 컴퓨터와 같은 각종 오락시설들이 증가하면서, 가정 내에서 여가를 즐길 수 있는 기회가 많아졌기 때문이다.

영국에서 실시한 한 조사에 의하면, 자동차와 TV가 여가활동에 가장 큰 영향을 미치는 요인인 것으로 나타났다. 자동차는 옥외여가활동을 유도하는 반면에, TV는 옥내여가활동을 유도하는 것으로 나타났다. 그러나 자동차와 TV는 모두 가족구성원을 한 곳에 있게 하고, 가족의 일체감을 강화시키는데 도움을 주는 것으로 나타났다.

이 밖에도 가족구성원들과 함께 할 수 있는 여가활동으로 옥외활동으로는 캠핑, 수영, 하이킹, 낚시, 테니스 등이 있으며, 옥내활동으로는 카드놀이와 게임 등이 있다.

〈표 9-1〉 가족여가 유형

패턴	여가유형	행동패턴	여가욕구 충족패턴	가족기능 공헌유무	예
I	가족협조적 여가	집합적	집합적	유	가족여행, 가족외식 등
II	가정서비스적 여가	집합적	개인	유	동물원, 유원지 등 자녀와 함께 견학 등
III	가족공헌적 여가	개인	개인	유	일요목공, 분재 가꾸기 등
IV	가족갈등적 여가	개인	개인	무	골프, 낚시 등

제3절 가족생활주기와 여가

1. 가족생활주기의 개념

가족생활주기는 영국의 경제학자 라운트리(Rowntree)가 주장한 이래, 1930년대 소로킨(Sorokin), 짐머만(Zimmerman), 갤핀(Galpin)에 의해 연구되었고, 1948년 힐과 듀발(Hill and Duvall)이 가족을 각 가족구성원의 개별적 생활주기의 집합으로 취급하여 가족을 서로가 의존하는 관계로서 이해하고 발표한 것에서 비롯되었다.

듀발(Duvall)은 가족생활주기를 "가족의 형성으로 시작되어 해체될 때까지 가족의 생활을 통해서 계속적으로 나타나는 일련의 특징적인 단계들"이라고 정의하였다. 일반적으로 가족생활주기는 결혼으로 시작되어서 자녀의 출산으로 그 규모가 증가되고, 자녀가 출가해서 그들의 가족을 형성하면서 축소되고, 부부 중의 어느 하나가 사망하게 되면서 해체된다.

가족이 생활주기를 가지고 있다는 개념은 가족이 그들의 내적 요구뿐만 아니라 사회적 요구, 가족개별구성원의 요구에 반응해서 변화한다는 사실에 주목할 필요가 있다. 이러한 가족의 변화는 단순히 성장과 해체만을 의미하는 것이 아니라 많은 변수들 간의 복합적인 상호작용을 의미하는 것이다.

실제로 '생활주기'의 기본개념은 발달심리학에서 시작된 것으로서, 개인에게 적용되는 것이지만, 가족도 개인과 마찬가지로 생활주기를 가지고 있는 것으로 간주될 수 있다. 왜냐하면 가족은 뚜렷이 구분되는 단계들을 가지고 있고, 이것은 대체로 예측 가능한 패턴을 가지고 있기 때문이다. 발달심리학에서의 생활주기는 개인을 기초로 출생 후 사망까지의 기간 중 특정사건을 중심으로 표현되지만 가족생활주기는 결혼생활의 변화과정을 기초로 한다는 점에서 가족생활과 밀접한 관련이 있다고 할 수 있다.

일반적으로 가족의 특성을 규명하는데 있어서 그 규모나 세대구성 또는 구성원의 사회인구학적 특성을 정태적 측면으로 본다면, 생활주기는 역동적 측면에 해당한다고 볼 수 있겠다.

가족생활주기는 가족이 시간의 흐름에 따라 인간관계나 역할 기대에서 어떻게 달라지는가, 그리고 전반적인 생활구조가 어떻게 변화하는가 등을 탐구하는 가족발달적 접근의 한 형태로, 가족발달에 대한 예견력이 있어서 가족의 초기단계로부터 후기단계에서 무엇이 일어날지를 예견하는 인과적 분석에 사용된다.

그리하여 가족생활주기의 어느 단계에 있는지를 앎으로써 가족구성, 가족의 상대적 수입수준, 가족의 소비유형, 가족의 여가활동 유형, 부부의 결혼만족도, 가족갈등의 발생 가능한 영역들, 부모-자녀관계의 특성 등에 대한 예측이 가능해진다.

행동과학자들 특히 가족사회학자들은 최근 각 가족집단을 구획함에 있어 흔히 가족생활주기 개념을 활용하고 있으며, 가족소비행동이나 시장세분화에 관심을 지니고 있는 마케터에게도 유용한 도구로 인식되고 있다.

가족생활주기는 사회계급과 마찬가지로 결혼관계, 가족구성원들의 연령, 가족의 규모, 가장의 취업여부 등의 여러 인구통계적 특성으로 이루어진 하나의 복합변수이다. 이와 같이 각 가족들을 이들 복합변수를 토대로 해서 분류하게 되면 어느 한 변수만을 이용했을 때보다 그 가족의 행동특성을 보다 정확히 이해할 수 있게 된다.

렌싱과 키쉬(Lansing and Kish)는 인간행동을 연구하는 데 있어서 개인의 연령보다는 개인이 가족생활주기상의 어느 단계에 속하는지를 아는 것이 중요하며, 가족생활주기는 가족구성원의 경제적, 사회적, 정치적, 심리적 측면을 설명해주는 유용한 변수로서 중요하므로, 연령보다는 가족생활주기를 독립변수로서 더욱 폭넓게 사용하여야 한다고 하였다.

결국, 가족생활주기란 시간의 흐름에 따른 가족의 변화를 나타내는 것으로서, 가족이 형성되어 해체될 때까지 가족생활을 통해 나타나는 일련의 특징적인 단계들이라고 정의할 수 있겠다.

2. 가족생활주기 분류기준 및 모형

1) 분류기준

가족생활주기는 전형적인 가족이 시간의 흐름에 따라 필연적으로 거치게 되는 특정한 단계의 연속이라고 할 수 있으며, 각 단계에서는 다른 단계와 뚜렷이 구분되는 독특한 특성이 나타난다. 가족생활주기의 단계를 구분하는 기준에 대해서는 학자들마다 의견을 달리하고 있는데, 가족원들의 구성과 가족크기의 변화, 결혼지속 연수, 맏아이의 출산, 자녀의 연령 및 교육제도상의 위치, 가장의 연령, 결혼 상태, 배우자의 사망 등의 다양한 요인들을 바탕으로 단계를 구분하고 있다.

가족생활주기의 구분은 핵가족을 기초로 결혼과 함께 재생산행위가 이어짐을 전제로 하는 것이다. 따라서 결혼을 하지 않거나 결혼 후 자녀를 두지 않는 경우, 혼전 및 혼외출산의 경우, 또는 복혼가족 등에서는 가족생활주기의 추정이 어렵게 된다. 즉 가족생활주기는 일반적인 부부중심의 핵가족에서 그 가족이 어떻게 성장, 발전해 가느냐의 개념인 것이며, 그 단계의 구분 역시 관점에 따라 견해를 달리할 수 있다.

일반적으로 가족생활주기는 크게 가족확대기와 가족축소기의 두 단계로 구분하는데, 가족확대기는 부부의 결혼으로부터 자녀가 성장하는 시기를 말하며, 가족축소기는 자녀들이 성장하여 가족을 떠나 독립하거나 자신의 가족을 형성하게 되는 시기부터 부모세대의 배우자 중 하나 또는 양쪽이 사망하여 가족이 축소되는 시기를 말한다.

그 밖에 단순히 자녀의 유무에 중요성을 부여하여 자녀를 양육하는 시기와 자녀가 없는 시기로 가족생활주기를 분류하는 모델이 있다. 이러한 분류는 양적 측정이 용이하다는 장점이 있지만, 그 밖의 중요한 특징들이 고려되지 않았다는 단점이 있다.

1930년대 가족생활주기에 대한 연구초기에 소로킨(Sorokin)은 가족원들의 구성과 가족크기의 변화를 기준으로 가족생활주기를 4단계(자립적인 경제생활을 시작한 신혼부부기, 하나 또는 그 이상의 자녀를 낳아 기르는 단계, 1~2명의 자녀가

자립하여 부모를 떠나는 단계, 노년부부기)로 구분했고, 가족생활주기 분류에서 자녀양육의 단계에서 나타나는 다양한 차이점에 관심을 갖기보다는 자녀의 부양과 독립을 다른 부분의 문제보다 더 중요한 것으로 보았다.

그 이후 1960년대에는 가족생활주기에 관한 연구가 본격화되면서 가족생활주기에 관한 이론들이 다양하고 광범위해졌다. 비젤로우(Bigelow), 듀발(Duvall), 로저스(Rodgers) 등이 대표적 연구자들이다.

비젤로우(Bigelow)는 가족의 수입, 지출, 자녀의 교육제도상의 위치를 기준으로 가족생활주기를 7단계(가족형성기, 자녀출산 및 미취학 아동기, 초등교육기, 중등교육기, 대학교육기, 회복기, 은퇴기)로 구분하고 있다.

듀발(Duvall)은 가족관계를 연구하는 학자들 중에서 특이성을 보이는데, 가족생활주기를 개인의 발달과정과 비슷하다고 보고 가족도 인간과 마찬가지로 주기를 통해 발달과업을 지닌다고 하였다. 즉 가족생활의 일정 단계에 이르면 특정한 과업이 주어지는데, 이것을 달성해야만 다음의 과업들을 성취할 수 있다는 것이다. 또한 가족은 각 단계에서 제기되는 생물학적, 문화적 욕구 등이 충족되어야만 계속 유지, 성장할 수 있다고 하였다. 이러한 이론적 입장에서 듀발(Duvall)은 가족생활주기를 첫 자녀의 출생에서 독립할 때까지의 연령과 학교 교육상의 위치를 근거로 8단계(신혼부부 가족, 자녀 출산 및 영아기 가족, 유아기 가족, 아동기 가족, 청년기 가족, 독립기 가족, 중년기 가족, 노년기 가족)로 구분했다. 각각의 단계들은 자녀들의 연령, 교육단계 그리고 집을 떠나는 요인 등 그리고 부부만으로 구성된 단계를 더욱 세밀하게 고려한 것이다.

글릭(Glick)은 가족생활주기를 미국의 국세조사 자료를 이용하여 인구학적으로 분석했다. 이것은 가족생활주기를 연령을 기준으로 초혼 연령, 첫 아이 출산, 막내 아이 단산, 자녀들 혼인 및 배우자 사망 등의 요인으로 전국적 경향과 변화의 추세를 실증적으로 제시하고 있으며, 그의 분석은 가족이 생활의 주기적 단계를 경과하는데 따라 나타나는 가족구성원과 가족생활의 여러 가지 변화를 더욱 구체적으로 설명하는 것을 가능하게 하였다.

한국에서는 유영주가 우리나라 도시가족의 생활실태를 근거로 하여 가족생활주기를 6단계(형성기, 자녀 출산 및 양육기, 자녀교육기, 자녀성년기, 자녀결혼기, 노년기)로 설정하였는데, 이 분류방법은 자녀교육기를 한 단계로 통합하였기 때문에 자녀의 교육단계별로 문제를 보고자 할 경우에는 자녀 출산 및 양육기 또는 자녀교육기를 세분할 필요가 있다.

한편, 공세권 등은 1985년도 인구센서스 자료를 기초로, 가족생활주기의 범위를 결혼 시점에서 남편 사망 시까지로 하고 자녀 출산 · 자녀 결혼 등을 감안하여 6단계(가족형성기, 가족확대기, 가족확대 완료기, 가족축소기, 가족축소 완료기, 가족해체기)로 구분하고 있다. 이 구분은 특히 제5단계와 제6단계를 구분하였기 때문에 노년기 여성의 단계별 연구에 유용하다. 그러나 막내 자녀 출생부터 자녀 결혼 시기까지가 확대완료기 하나의 단계로 되어 있어서 성장기 자녀의 연령 변화에 따른 문제를 보기 위해서는 확대완료기 내에 하위 단계를 설정할 필요가 있다.

이상 각 학자들의 가족생활주기 분류를 살펴보면, 자녀 출생 이전과 자녀의 독립 후를 각각 하나의 단계로 보고 있다는 것이 공통적으로 나타나고 있지만, 자녀 출생 후부터 자녀독립 이전의 시기에 대해서는 분류기준을 달리해서 다양하게 분류하고 있음을 알 수 있다.

또한 위 학자들의 분류기준은 시간의 흐름에 따라 가족의 발달과정에서 모든 가정이 거치는 공통적인 진행과정인 혼인, 자녀 출산, 자녀의 취학, 자녀의 분가, 은퇴, 배우자의 사망 등을 기준으로 하고 있다. 무자녀 부부, 별거 내지 이혼으로 파괴된 가족, 확대가족, 만혼인 가족, 동거부부 등과 같은 특수한 경우는 분류기준시 제외하고 있어서 가정생활의 변화를 모두 반영하고 있지 않다.

가족생활주기 개념은 가족을 인구통계적 특성에 따라 구분하기 때문에 가족의 행동패턴을 정확히 예측해 주지 못한다는 것도 한계점으로 지적될 수 있다. 그리하여 가족생활주기 개념은 라이프스타일이나 성격과 같은 심리적 · 사회학적 변수로 보완되어야 한다는 주장도 제기되고 있다.

2) 가족생활주기 모형

(1) 듀발(Duvall)

듀발의 8단계 모델은 발달과업분석에서 가장 자주 사용되는 모델로, 이 모델은 각각의 단계들을 정의하는데 있어서 가족의 크기에 따라 변화하는 상호작용의 패턴, 첫 자녀의 연령, 첫 자녀의 학년, 자녀가 생기기 전과 후의 가족기능과 지위의 4가지 요인을 이용하고 있다.

듀발은 가족의 생활주기를 개인의 발달과정과 비슷하다고 보고 가족도 인간과 마찬가지로 주기를 통해 발달과업을 지닌다고 하였다. 즉 가족생활의 일정단계에 이르면 특정한 과업이 주어지는데 이것을 달성해야만 다음의 과업들을 성취할 수 있다는 것이다. 또한 가족은 각 단계에서 제기되는 생물학적, 문화적 욕구 등이 충족되어야만 계속 유지, 성장할 수 있다고 하였다.

자녀의 출생에서 독립할 때까지의 연령과 학교 교육상의 위치를 근거로 다음과 같이 8단계로 구분하고 있다.

〈표 9-2〉 가족생활주기 단계 - 듀발(Duvall)

가족생활주기 단계	내용
신혼부부 가족	부부확립기 · 무자녀
자녀 출산 및 영아기 가족	첫 아이 출산~30개월
유아기 가족	첫 아이 2.5세~6세
아동기 가족	첫 아이 6세~13세
청년기 가족	첫 아이 13세~20세
독립기 가족	첫 아이의 독립~마지막 아이 독립
중년기 가족	부부만 남은 가족~은퇴기
노년기 가족	은퇴 후~사망

(2) 웰즈와 구바(Wells and Guber)

웰즈와 구바의 모델은 가족생활주기 모델 중 가장 널리 이용되는 것으로서, 이 모델에서는 막내 자녀와 가장의 직업유무를 기준으로 9단계로 설정했다. 이 모델은 마케팅 측면에서 가장 전통적인 가족생활주기 모델로 받아들여지고 있다.

〈표 9-3〉 가족생활주기 단계 – 웰즈와 구바(Wells & Guber)

가족생활주기 단계	내용
독신기(bachelor)	가족구성원과 동거하고 있지 않은 젊은 독신자
신혼부부기(newly married couples)	결혼해서 자녀가 없는 시기
보금자리 1기(full nest 1)	막내 자녀가 6세 이하의 가정
보금자리 2기(full nest 2)	막내 자녀가 6세를 넘는 가정
보금자리 3기(full nest 3)	출가 전 자녀를 둔 중년가정
노부부 1기(empty nest 1)	모든 자녀가 출가하고 부부만 남음, 가장 취업중
노부부 2기(empty nest 2)	가장이 퇴직한 부부가정
고독생존 1기(solitary survivor 1)	한 명만 생존해 있으나 아직 노동력이 있음
고독생존 2기(solitary survivor 2)	모든 일에서 은퇴함

(3) 머피와 스테플즈(Murphy & Staples)

머피와 스테플즈의 모형에서는 웰즈와 구비의 단계설정에서 포함되지 못한 증가하는 이혼율, 평균가구원의 축소 등을 고려해서 새로운 가족생활주기의 모델을 제시했다. 즉 비정상적인 단계인 자녀 없는 기혼부부, 별거 · 이혼으로 파괴된 부부, 독신, 6세 이하 자녀가족, 가족생활주기 초기 단계에서 독신이 된 가족, 확대가족, 만혼가족, 미혼모, 동거를 고려하고 있다.

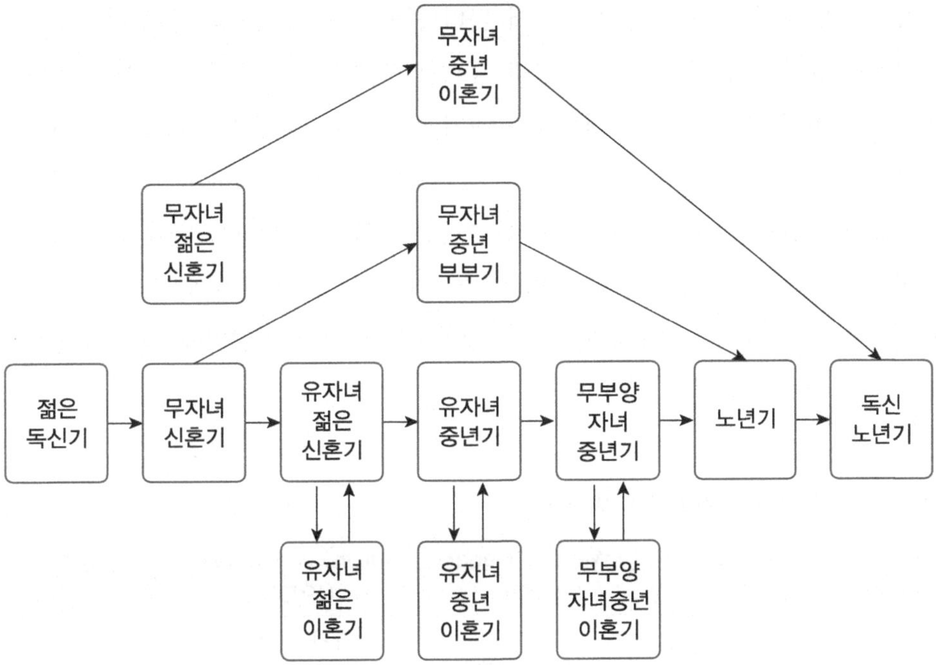

[그림 9-1] 가족생활주기 모형(Murphy & Staples)

＊자료: Murphy & Staples, *op. cit.*, p.17.

(4) 유영주

유영주는 우리나라 도시가족의 생활실태를 근거로 하여 가족생활주기 모형을 다음과 같이 6단계로 설정했다.

① **형성기**: 결혼으로부터 첫 자녀출산 전까지 약 1년간
② **자녀출산 및 양육기**: 첫 자녀 출산으로부터 자녀가 초등학교에 입학할 때까지
③ **자녀교육기**: 첫 자녀의 초등학교 · 중학교 · 고등학교 교육기
④ **자녀성년기**: 첫 자녀가 대학에 다니거나 취업 · 군복무 중이며, 가사를 협조하는 시기
⑤ **자녀결혼기**: 첫 자녀의 결혼으로부터 막내 자녀 결혼까지
⑥ **노년기**: 막내 자녀 결혼으로부터 배우자가 사망하고 본인이 사망할 때까지

유영주의 모형에서는 한국사회에서 나타나는 가족생활주기의 특징적인 경향은 자녀진수기(결혼 전 취직이나 군입대 등으로 집으로부터 출타하는 시기) 단계가 뚜렷이 보이지 않고, 자녀를 대학에 보내지 않을 경우 취업을 하거나 군입대를 하거나 여자의 경우 가사를 돌보며, 결혼 전까지는 부모와 동거하게 되고, 막내 자녀를 결혼시키고 독립시킨 후에는 이미 57세경의 중년기 이상의 단계 즉 노년기에 접어들게 된다. 중년기의 경제적 회복기가 전무함을 보이기에 외국, 특히 미국의 가족생활주기 모형을 그대로 인용하는 것이 우리나라 사회실정에 맞지 않음을 실증적으로 증명했다.

〈표 9-4〉 가족생활주기 단계 비교

연구자	Duvall (1957)	Wells & Gubar (1966)	Murphy & Staples (1979)	유영주 (1984)
분류 기준	첫 자녀 연령	막내자녀 직업	가장 연령 자녀 유무	첫 자녀의 교육상황
가족생활 주기단계	• 신혼부부기 • 자녀출산 및 영아기 가족 • 유아기가족 • 아동기가족 • 청년기가족 • 독립기가족 • 중년기가족 • 노년기가족	• 독신기 • 신혼부부기 • 보금자리 I 기 • 보금자리 II기 • 보금자리 III기 • 노부부 I 기 • 노부부II기 • 고독생존 I 기 • 고독생존 II기	• 젊은독신기 • 무자녀신혼기 • 유자녀 젊은 부부 • 유자녀 중년 부부 • 의존자녀 없는 중년부부 • 노부부 • 노년독신층	• 형성기 • 자녀출산 및 양육기 • 자녀교육기 • 자녀성년기 • 자녀결혼기 • 노년기

* 자료: Duvall , Wells & Gubar, Murphy & Staples, Nikel & Dorsey, 유영주의 연구를 참고로 저자 작성

3. 가족생활주기와 여가활동과의 관계

가족생활주기는 오늘날 여가행동을 이해하는데 유용한 틀을 제공해 주고 있으며, 개인의 여가행동도 근원적으로는 가족구성원의 상호작용 및 생활주기와 관련이 있다.

가족생활주기에 따른 여가행동을 이해하기 위해서는 변화가 삶의 통합적인 한 부분이라는 사실을 알아야 한다. 이러한 발달적 접근은 대부분의 사람들이 유사한 단계를 거치면서 계속 변화하고 발달하는 것으로 본다. 이러한 단계 즉 생활주기의 개념은 삶이 일련의 연결된 단계를 가지고 있으며, 각각의 단계들은 다른 단계에 영향을 미치며, 변별적인 특징을 가지고 있다는 것을 의미한다.

가족생활주기는 옥외레크리에이션 참여에 있어서 연령보다 더 나은 지표로 입증되고 있다. 앞에서 언급했듯이 25세 미혼자의 여가활동과 2명의 자녀가 있는 25세 기혼자의 여가활동은 다를 것이다. 또한, 여가활동 패턴은 부부의 연령보다는 부부의 자녀들의 출가 여부에 따라 더욱더 달라지는 경향이 있다. 이처럼 가족생활주기는 가족의 여가행동에 어떤 영향을 미치는지 이해하도록 해주는 가장 가치 있는 도구라고 할 수 있다.

가족의 여가활동 패턴과 가족생활주기와의 관계에 대한 조사에서는 가족생활주기 모델을 ① 무자녀의 40세 이하, ② 유자녀의 40세 이하, ③ 유자녀의 40세 이상, ④ 무자녀의 40세 이상 등 4가지 단계로 분류하여 각 단계에 따른 가족의 여가활동을 조사했다. 조사결과에 의하면, 가족생활주기의 후기단계에서는 볼링이나 값비싼 외식 등을 즐기는 반면에, 가족생활주기의 초기단계에서는 영화 관람, 나이트클럽, 학교 간 운동경기 등에 관심도가 높다는 결론이 나왔다.

가족생활주기에 따른 여가활동 양상의 변화를 조사한 GHS(The General Household Survey)에 의하면 무자녀 가정에 비해 유자녀 가정은 음악 감상, 독서 등의 여가활동이 낮은 것으로 나타났는데, 이는 개인을 위한 진정한 여가공간이나 시간이 자녀로 인해 제약받고 있음을 나타내주는 것이다.

또한 5세 이하의 자녀를 둔 경우는 여가활동을 전혀 하지 못하는 경우가 남녀 모두 높은 비율로 나타나고 있으며, 고연령 집단으로 갈수록 클럽이나 자원봉사활동, 연주회 등의 여가활동이 증가함을 보여주고 있다. 이러한 결과는 신체활동성의 약화나 양육에 대한 책임감이 제거된 노년기에 새로운 활동양상이 정립됨을 시사하고 있다.

당코와 쉐닝거(Danko and Shaninger)는 각각의 가족생활주기 단계별로 나타나는 태도의 속성과 선호하는 레저의 특색을 밝히고자 하였다. 연구의 분석에 있어서 가족생활주기는 부인과 자녀의 연령을 기준으로 하였고, 길리와 에니스(Gilly and Enis)의 가족생활주기 모델을 14단계에서 10단계로 수정하여 적용하였으며, 결과는 다음과 같다.

① 정력적인 운동에는 젊은층들의 참여가 활발하다.
② 신혼부부 시절에는 다양한 여가활동을 즐기게 되지만 갓난아이를 갖고부터는 외적인 여가생활에 큰 변화가 온다. 즉 영화관람 대신 비디오테이프를 빌려 보고, 활발한 운동 대신 휴식을 더 찾는다.
③ 외식은 자녀 없는 부부, 노년부부, 신혼부부, 중년의 독신자 여성들이 즐겨하며, 반대로 단독 가정, 어린자녀 가정, 만혼 가정 등에서는 외식의 빈도수가 낮다.
④ 결혼을 늦게 한 기혼자들은 기계 및 기구 등을 이용한 스포츠를 선호하며, 조깅, 낚시, 무도회의 참여율이 낮다.
⑤ 하이킹, 캠핑은 젊은 독신자와 나이든 중년 독신자들이 가장 선호하고 정원가꾸기는 젊은 부부 층만 제외하고는 전 연령대에서 즐기는 것으로 나타난다.

랜돈과 로캔터(Landon and Locander)는 여가와 레크리에이션 행동 연구에 있어서 가족생활주기의 유용성을 연구했는데, 이들의 단계설정은 웰즈와 구바의 가족생활주기 단계를 기준으로 하였으며, 독신기, 보금자리 1 · 2 · 3기의 4단계로 나누고 있다. 연구결과 가족생활주기의 각 단계에 따라 레크리에이션 활동 빈도와 종류가 다르게 나타났다. 독신기가 여가활동에 가장 많은 시간을 할애하며 자녀의 연령과 가족동반외출의 빈도는 반비례하는 것으로 나타났다.

주기별 여가행동 패턴을 살펴보면 독신기에는 테니스, 수영, 배구, 승마, 하이킹, 캠핑 등의 동적인 활동이 우세하며, 신혼기에는 독신기보다는 덜 활동적이나 비슷한 유형의 활동을 즐긴다. 보금자리 1기에서는 모든 활동이 평균적임을 보이고, 보금자리 2기에서는 피크닉이나 수영장 등의 가족유형 활동이 증가했다. 보금자리 3기에서는 대부분의 활동들이 앞의 단계들에서보다 현저히 감소하나 테니스, 자전거, 사냥 등은 강세를 보였으며 그 이후의 단계들에서는 대부분의 활동의 빈도가 감소되나 수영, 피크닉, 하이킹, 캠핑, 낚시 등은 강세를 보이고 공원의 이용은 급격히 감소한다고 하였다.

슈닝거(Schaninger)는 사회변화에 따른 가치관, 인구학적 변화를 분석하고 각 가족생활주기 단계별 태도의 속성과 선호하는 여가특색을 연구하였다. 가족생활주기의 단계설정은 부인의 연령과 자녀의 연령을 기준으로 했으며, 길리의 모델을 수정, 이용하였다. 연구결과 늦게 결혼한 부부가 보수적이며, 신혼부부나 젊은 부부들이 젊은 미혼 독신들보다 성역할 면에서 현대적임을 주장하였다. 여가활동 면에서는 신혼단계에서 다양한 여가활동에 참여하며, 자녀를 가지게 된 이후로는 정적인 활동으로 변화한다는 것, 만혼자들은 기구를 이용한 스포츠를 선호하며 하이킹, 캠핑을 젊은 독신자와 나이든 중년 독신자들이 가장 선호한다는 것을 밝혔다.

4. 가족생활주기별 여가행동 특성

1) 독신기

초혼 연령이 점차 늦어지고, 초기 이혼의 증가, 독신 남녀의 증가 등으로 이 시기는 앞으로 계속 기간이 길 것으로 예상되고 있다. 이 시기에는 금전적인 여유를 가지고 있고, 오락기구, 스포츠 용품, 휴가를 구매하려는 경향이 높다. 여가활동에 가장 많은 시간을 할애하는 시기로 여가지향적이다. 휴가여행은 그들의 생활에서 중요한 부분을 차지하며 가정을 이루고 자녀가 생기게 되었을 때 그들의 자유가 제한되고, 재량소득 또한 감소할 것이라는 것을 인식하면서 휴가여행에 매우 활동적이게 된다.

여가활동으로 하이킹, 캠핑, 테니스, 수영, 배구, 승마 등에 참여하는데, 주로 동적인 활동에 많이 참여하고, 동료나 친구와의 여행이 대부분이다. 여행을 선택하는데 있어서 금전문제가 중요한 선택속성이 된다. 금전부담이 적은 시기이므로 개인별 비용지출이 가장 높다. 관광행위에 있어서 활동적이고, 해변, 야간유흥 등의 동적인 활동을 선호하며, 흥분과 모험을 추구한다.

2) 신혼부부기

신혼기는 자녀가 없는 부부만으로 구성되는 시기이다. 전통적으로 이 시기는 다소 짧으며, 첫 자녀를 출산하기 이전의 시기로 1~2년 정도 지속된다. 그러나 최근에는 출산 조절, 취업여성 등의 증가로 그 기간이 다소 길어지고 있다. 이 시기에는 대부분이 맞벌이이므로 금전적으로 안정되어 있다. 휴가여행이 생활에 있어서 중요한 역할을 하는데, 자녀가 생기게 될 경우 그들의 자유가 제한되고, 자유재량소득이 감소할 것이라는 것을 인식하면서 여행시장에서 매우 적극적인 경향을 나타낸다.

이 시기에는 독신기와 비슷한 유형의 다양한 여가활동에 참여하지만 독신기보다는 덜 활동적이다. 독신기와 마찬가지로 아직 자녀가 없고, 대부분이 부부가 모두 직업을 가지고 있어 금전적 여유가 있기 때문에 개인별 휴가비용 지출이 높다. 부부의 가족여행이 주를 이루며, 짧은 기간에 다양한 관광활동 및 지역방문을 선호하며, 야간유흥의 중요성은 감소하나 다양한 활동을 제공하는 해변휴양지를 선호한다.

3) 자녀양육기

첫 출산에서 자녀가 초등학교에 입학할 때까지의 기간을 말한다. 최근 이 시기는 자녀수의 감소로 그 기간이 점차적으로 짧아지고 있다. 자녀가 생기게 되면서 가족의 라이프 스타일과 금전적 상황이 바뀐다. 주부가 직장을 그만두게 되면서 소득이 감소하고 재정적 상태가 나빠진다. 자녀가 생기면서 여가생활에 변화가 나타난다. 여가활동에 있어서 영화관람 대신 비디오테이프를 빌려보고, 활발한 운동 대신 휴식을 하는 등 전반적으로 동적인 활동에서 정적인 활동으로 변화하게 된다. 외식 빈도수도 감소하고 휴가지출 비용도 독신기와 신혼부부기에 비교해서 크게 감소한다. 여행에서도 자녀의 영향을 크게 받게 되는데, 주로 자녀들의 전반적인 교육을 목적으로 한 여행을 하게 된다. 어린 자녀의 동반으로 관광활동이 다양해지는 반면 활동적이지 못하게 된다.

4) 자녀교육기

자녀가 초등학교, 중학교, 고등학교에 재학 중인 시기이다. 자녀양육기와 마찬가지로 부부의 라이프 스타일은 자녀중심적이 된다. 일부 주부들이 재취업을 하게 되면서 재정상태가 안정된다. 부부가 모두 직업을 가지고 있고, 자녀들이 학교나 학원 등 밖에서 보내는 시간이 많아지면서 시간적 제약을 많이 받게 되는 시기이다. 가족들이 휴가와 해외여행에 많은 소비를 하는 시기이다. 우리나라의 경우에는 이 시기에 자녀들의 교육비가 증가하기 때문에 저축이 감소한다. 이 시기에는 피크닉, 수영장 등 가족유형 활동에 참여하게 되며, 운동경기 관람, 친지방문의 빈도수가 증가한다. 가족여행에 있어서도 자녀 중심적이 되며, 자녀들을 위한 교육여행이 주를 이루게 된다.

5) 자녀성년기

자녀가 고등학교를 졸업한 이후부터 결혼하기 이전까지의 시기로, 자녀의 결혼연령이 과거에 비해 늦어짐에 따라 그 기간이 점차 길어지고 있는 추세이다. 이 시기에도 부부의 라이프 스타일은 어느 정도 자녀의 영향을 받는다. 부부는 계속 해서 직장생활을 하고, 자녀들도 대학에 진학하거나 취업을 하는 시기이므로 가족들 모두가 시간적 제약을 많이 받는다. 이 시기에는 시간적 제약과 가족구성원이 개별적인 여가활동을 더 많이 하기 때문에 대부분 가족여가 활동이 전 단계보다 감소한다. 소득이 안정되는 시기이지만, 우리나라의 경우 대부분의 자녀가 대학에 진학하기 때문에 교육비가 전 단계보다 훨씬 더 증가해서 가처분소득은 오히려 감소하게 된다. 테니스, 자전거 타기, 사냥 등의 활동은 강세를 보이지만, 공원 이용은 급격히 감소한다. 골프, 낚시, 경기관람, 영화관람 등의 여가활동에 참여하고, 여행 시 여행사와 렌터카 이용이 증가하는 시기이다.

6) 자녀결혼기

자녀가 결혼해서 출가하는 시기로, 일반적으로 금전적 여유가 생기게 되고, 저축규모가 가장 만족스러운 시기이다. 우리나라의 경우에는 자녀결혼비의 지출 등으로 저축이 오히려 감소하고 가처분소득도 감소하는 경향을 보이다. 여행 및 오락에 관심을 갖게 되는 시기이며, 세계여행, 크루즈여행 등과 같은 새로운 형태의 여행을 하게 된다. 이 시기에는 가족의 규모가 축소되고, 자녀를 보살필 필요가 없기 때문에 장기간 여행을 할 수 있는 시기이다.

7) 노년기

노년기는 자녀들이 모두 결혼해서 부부만 남은 시기이다. 자녀수의 감소로 인하여 자녀의 결혼에 소요되는 기간이 단축되면서 부부가 함께 보내는 기간이 장기화되고 있다. 즉 전통적 직계가족이 부부 중심의 핵가족으로 변모하면서, 모든 자녀를 출가시킨 후 부부만의 노년기를 어떻게 영위해 나가느냐하는 문제가 중요한 관심사가 되고 있다. 대부분이 가장의 은퇴로 실질적인 저축이나 건강상태가 양호한 사람들은 빈번한 여행이 가능하게 되므로, 앞으로 노부부기는 관광시장에 있어서 중요한 위치를 차지하게 될 것이다. 가처분소득과 시간이 많아지고, 숙박과 레스토랑에 있어서 질을 추구하게 된다. 외식 빈도수가 증가하는 시기이며, 의사결정 시 부부공동 결정이 우세하다. 국립공원, 박물관, 민속관람 등에 빈번하게 참여하고, 친구나 친지방문을 선호한다. 야외에서 여가활동을 할 경우 낚시를 선호한다. 여행을 선택함에 있어서 여행방법은 편안하고 안락한 여행이 주요 선택속성이 되며, 여행기간과 숙소가 주요 관심대상이 된다.

지금까지 가족생활주기별 여가행동 특성에 관해 살펴보았다. 전반적으로 생활주기의 초기단계(독신기, 신혼부부기)는 금전적으로 부담이 적고, 여가지향적인 시기로서 다양하고 동적인 여가활동에 참여하는 것으로 나타났다. 자녀가 있는 생활주기의 단계(자녀양육기, 자녀교육기, 자녀성년기)에서는 대체로 자녀의 영향력이 커지면서 라이프 스타일이 전반적으로 자녀중심적이 되어가는 경향을 나타냈다. 또한 대부분의 여가활동들이 감소하게 되고, 동적인 활동에서 정적인 활동으로 변화하는 경향이 있었다. 자녀가 결혼해서 출가하는 시기(노년기)에서는 다시 부부만 남게 되는 시기로 여행과 오락에 관심을 갖게 된다.

Key Words

- 가족생활주기(FLC: family life cycle)
- 가족생활주기 모델(family life cycle model)
- 머피와 스테플즈(Murphy and Staples)
- 독신기(bachelor)
- 신혼부부기(newly married couples)
- 노년기(empty nest)

과제 조사

1. 가족생활에 여가활동이 미치는 영향에 대해서 설명하시오.
2. 가족생활주기와 여가활동 간의 관계에 대해서 설명하시오.
3. 가족여가활동에는 어떤 것들이 있는가?

사례 키자니아

- 키자니아는 어린이들이 현실세계의 직업을 체험하며, 진짜 어른이 되어 볼 수 있는 어린이 직업체험형 테마파크
- 키자니아에 입장한 어린이들은 즐겁게 놀면서 일하는 법을 배우고, 일하고 나면 일한 대가로 키자니아의 화폐인 키조를 받게 됨. 어린이들은 키조를 가지고, 키자니아 내에 있는 은행에서 계좌를 개설하고 현금카드를 발급받은 후 직접 현금인출기를 사용해 키조를 인출함. 이러한 과정을 통해 어린이들은 일하는 보람과 경제흐름을 배우게 됨.
- 또한 어린이들은 다른 아이들과 함께 체험을 하면서 서로 어울리는 법을 배우며 사회성을 키우고, 리더십을 기를 수 있음. 승무원, 소방관, TV 앵커, 패션모델, 연예인 등 약 90여 개의 실제 직업을 마음껏 체험해 볼 수 있음.
- 현실 그대로의 도시 실제 기업의 참여로 더욱더 현실감과 생동감 넘치는 직업체험이 가능함. 어린이들을 위해 철저한 안전 및 보안 시스템이 운용되고 있음.

[그림 9-2] 키자니아의 직업체험

- 각 시설마다 수퍼바이저가 있어 어린이들의 안전하고 즐거운 활동을 서포트하고 있으며, 전문트레이닝을 받은 직원들이 어린이들의 직업체험을 도와줌. 또한 어린이들을 위해 철저한 안전 및 보안 시스템이 운용되고 있음.
- 승무원 교육센터, 아이스크림 가게, 병원, 출판사, 백화점, TV스튜디오, 요리학교, 소방서, 대사관, 경찰서, 과학수사대, 백화점, 치과, 은행, 국세청, 병원 등 다양한 직업체험시설이 있으며, 안내데스크, 물품보관소, 사진촬영데스크, 부모라운지, 수유실, 멀티샵, 네셔널스토어(캐릭터샵) 등의 편의시설도 갖춰짐.

* 출처: 키자니아 홈페이지(www.kidzania.co.kr)

참고문헌

스탠리 파커 저, 이연택 역(2000), 「현대사회와 여가」, 일신사.

손해식 외(2004), 「현대여가사회의 이해」, 백산출판사.

유영주 외(2000), 「현대결혼과 가정-건강 가족적 접근」, 신광출판사.

공세권 외(1994), 「가족의 변화와 가족정책」, 세명문화사.

이영분 외(1999), 「가족의 변화에 따른 가족복지서비스의 대응」, 한국가족복지학, 제3호.

표영희(1996), "기혼여성의 가족생활주기와 여가활동과 여가제약과의 관계, 이화여대 박사학위논문.

최병용(1996), 「최신소비자행동론」, 박영사.

이정우 외(2001), 「현대결혼과 가족문화」, 숙명여자대학교 출판부.

김양희 · 이형실(1997), 「결혼과 가족」, 중앙대 출판부.

유영주(1984), "한국 도시가족의 가족생활주기 모형설정에 관한 연구", 한국가정관리학회지, 제2권 제1호.

최돈혁(1996), "여성의 가족생활주기에 따른 여가활동참여에 관한 연구", 강릉대 석사학위논문.

Susan. M. Shaw(1997), "Controversies and contradictions in family leisure: An analysis if conflicting paradigms", Journal of Leisure Research, First Quarter.

Jennifer Mactaviah et al(1997), "Patterns of family recreation in families that include children with a developmental diability", Journal of Leisure Research, First Quarter.

David A, Schuaz(1982), 「The Changing Family Its Function and Future」, 3rd ed. Prentice-Hall, Inc., Englewood Cliffs, N.J.

J. B. Lansing & L. Kish(1957), "Family Life Cylce as an Independent Variable", American Sociological Review, Vol. 22, No. 5.

P. C. Glick(1977), "Updating the Life Cylce of the Family", Jouranl of Marriage and the family, 39.

William D. Wells and George Guber(1966), "Life Cycle Concept in Marketing Research", Journal of Marketing Research 3, November.

P. E. Murphy and W. A. staples(1979), "A modernized Family Life Cycle", Journal of Consumer Research, Vol. 6.

Chsistopher R. Edginton, Debra J. Jordan, Donald G. DeGraf, Susan R. Edginton (1995), Leisure and Life Satisfaction, Wm. C. Brown Communication, Inc.

Edward J. Mayo, and Lance P. Jarvis(1981), 「The Psychology of Leisure Travel」, Boston: CBI Publishing Co.

Robert D. Hisrich and Michael P. Peters(1974), "Selecting the Superior Segmentation Correlate", Journal of Marketing, 38, July.

제10장 청소년여가

제1절 청소년기의 여가

1. 청소년기의 특징

청소년기(Adolescence)라는 용어는 라틴어의 adolescere에서 유래한 말로서, '성장하다(to grow up)' 또는 '성숙해지다(to grow into maturity)'라는 의미가 있다. 일반적으로 심리학계에서는 12세부터 18세까지를 청소년기로 보고 있으며, 우리나라에서는 「청소년기본법」에서 9세에서 24세까지를 청소년으로 보고 있다. 1999년부터 시행된 「청소년보호법」에서는 청소년을 만 19세 미만의 자로 정해놓고 있다.

청소년기는 사춘기에서 성인기로 이어지는 과도기에 속하는 시기로 신체적 · 정신적 · 사회적으로 급격한 발달이 이루어지는 시기이다. 사춘기를 지나서 2차 성징을 경험하는 청소년들은 신체적으로는 성인의 모습을 띠게 되지만 정신적으로는 아직 원숙하지 못하므로 불안정한 상태에 놓여있게 된다.

청소년기 발달과업은 크게 8가지 영역으로 나누어진다. 발달과업(developmental task)은 개인의 인생에서 어떤 특정한 시기에 성공적으로 성취해야 할 과제로서, 개인이 환경에 적응하기 위해 요구되는 기술이나 능력을 말한다. 각 발달단계에는 성취해야 할 발달과업이 있고 그 시기에 적절한 발달과업이 수행되지 못했을 경우 다음 단계의 발달에도 지장을 초래하게 된다.

① 같은 연령단계의 남녀 사이에 성숙한 인간관계 유지하기
② 남성 · 여성의 성역할을 습득하고 수용하기
③ 자기신체의 특징을 수용하여 자부심을 갖고 신체를 효과적으로 사용하기
④ 부모나 성인들로부터 정서적 독립 이루기
⑤ 결혼과 가족생활에 대한 준비 자세 갖추기
⑥ 직업세계와 경제적 취업에 대한 준비
⑦ 가치관 · 이념 · 윤리체계의 획득과 형성
⑧ 건실한 시민으로서의 책임 있는 행동수행

또 다른 발달과업은 〈표 10-1〉에 제시되어 있다.

〈표 10-1〉 청소년기 발달과업

발달과업의 종류	발달과업 내용
자아정체감 형성	• 자신의 체격을 타고난 그대로 인정하고, 신체를 효율적으로 사용 • 자기의 능력과 적성에 대해 객관적으로 인지하고 수용 • 자신이 처한 가족적 · 사회적 · 국가적 현실을 수용
사회적 역할 획득	• 친구들과 새롭고 성숙한 교우관계 형성 • 남성 또는 여성으로서 사회에서 기대된 역할을 수행
독립과업 성취	• 부모나 다른 성인들로부터 감정적으로 독립 • 적성에 맞는 진로를 선택 • 경제적 독립을 위해 직업을 준비 • 결혼과 가족생활을 준비
윤리적 체계 획득	• 사회적으로 책임질 수 있는 행동을 바라고 또는 성취할 것. • 행동지침이 되는 가치관이나 윤리적 체계 획득, 이념 발달

* 자료: 오영재 외, 「청소년복지론」

또한 청소년기에는 다음과 같은 특징을 나타내게 된다.

① 아동기에서 성년기로 전이하는 시기
② 사회적인 역할이 명확하게 정의되지 않은 시기
③ 자아정체성과 부모로부터의 독립을 추구하는 시기
④ 자유과 자원에 대한 접근성이 증가하는 시기
⑤ 이상적이고 자아중심적인 경향이 강한 시기
⑥ 가치에 대해 혼란스러운 시기
⑦ 또래집단과의 관계가 중요한 시기
⑧ 신체적으로 급격한 성장이 이루어지는 시기
⑨ 신체적 변화와 심리적 반응이 일치하지 않아 혼란스러운 시기
⑩ 이성에 대한 관심이 증가하는 시기

피트맨(Pittman)은 청소년들이 성인으로 성장하는데 필요한 5가지 발달능력을 제안했다.

① 신체적 능력(health/physical competence): 청소년들은 미래의 건강을 위해 건강한 신체와 건전한 지식, 태도, 행동양식을 가지고 있어야 함.
② 개인적/사회적 능력(personal/social competence): 인간내적 능력(자신의 감정을 이해하고 자제할 수 있는 능력)과 인간상호간 능력(다른 사람들과 어울리고, 커뮤니케이션, 협조, 감정이입, 의견조정을 통해서 관계를 발전시키는 능력), 판단능력(계획, 의사결정, 문제해결능력)을 개발해야 함.
③ 인지/창조적 능력(cognitive/creative competence): 다양하고 광범위한 지식, 창조적인 분야에 참여할 수 있는 능력, 언어능력, 문제해결 및 분석능력, 학습능력을 개발할 필요가 있음.

④ **직업상의 능력(vocational competence)**: 직업선택과 관련된 인식과 이해가 필요하며, 자신에게 적합한 직업을 갖기 위해 준비해야 함. 또한 일과 여가의 가치와 기능에 대해 이해가 필요함.

⑤ **사회구성원으로서의 능력(ethics and preparation)**: 청소년기에는 국가와 지역사회의 역사 및 가치에 대해 이해해야 함.

피트맨과 스켈스(Pittman and Scales)는 다음과 같이 청소년기의 여가욕구를 제시했다. 청소년기의 여가활동 프로그램은 청소년들의 여가욕구를 충족시킬 수 있도록 계획되고 실행되어야 한다.

① **긍정적인 사회적 상호작용에 대한 욕구**: 또래집단, 성인들과 긍정적인 사회적 상호작용을 형성하기를 원함.

② **안전, 사회조직 및 명확한 한계에 대한 욕구**: 기대, 사회조직 및 한계(boundary)는 청소년들에게 중요함.

③ **가족, 학교 및 지역사회에 대한 소속 및 참여에 대한 욕구**: 청소년들은 가족, 학교 및 지역사회와 관련된 활동에 참여하기를 원함.

④ **창조적 표현에 대한 욕구**: 청소년들은 타인에게 자기 자신과 자신의 생각에 대해 표현할 기회를 추구함. 음악, 글쓰기, 스포츠활동, 요리 및 그 밖의 활동들은 이러한 목표를 성취하는데 도움이 됨.

⑤ **자신의 가치를 알리려는 욕구**: 보다 넓은 목표를 달성하기 위해 노력하는 것은 청소년들에게 매우 중요함.

⑥ **신체적 활동에 대한 욕구**: 청소년들은 많은 에너지를 가지고 있으며, 신체적 활동 및 놀이할 시간이 필요함.

⑦ **독립, 자율성, 통제에 대한 욕구**: 청소년들은 보다 독립적으로 행동하기를 원하고, 자신의 인생을 통제하고 영향력을 발휘하기를 원함.

⑧ **친밀감에 대한 욕구**: 청소년들은 또래집단 및 어른들과 보다 친근한 관계를 형성하기를 원함.

⑨ **능력 및 성취감에 대한 욕구**: 청소년기에 성공하고 인정받을 수 있는 기회를 갖는 것은 중요함.

⑩ **개성 및 자아정체성에 대한 욕구**: 청소년들은 개성 및 자아정체성을 찾고자 하며, 다른 사람들에게 긍정적인 이미지를 남기고자 함.

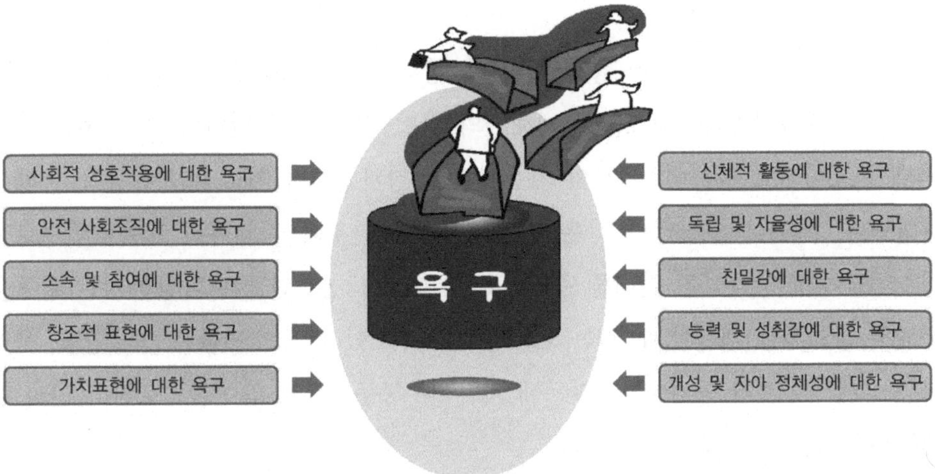

[그림 10-1] 청소년기 기본적인 욕구

2. 청소년여가의 필요성

청소년의 여가활동은 청소년의 인간관계 형성, 긴장 및 스트레스 해소, 협동심과 창의력 계발, 비행·범죄 예방 등에 도움을 준다.

첫째, 청소년은 여가활동을 통해 바람직한 인간관계를 형성할 수 있다. 청소년들이 좋은 인간관계를 형성하기 위해서는 타인의 의견을 이해하고 존중하면서 상부상조할 수 있는 경험이 필요하다. 청소년기의 여가활동들은 대부분이 여러 사람들과 어울려서 즐기는 활동이기 때문에 여가활동을 하는 동안에 서로간의 친선, 우정, 이해, 협조의 분위기가 형성되면서 인간관계를 형성하게 된다. 즉 여가활동은 청소년들이 타인들과 원만한 인간관계를 형성할 수 있도록 도와준다.

둘째, 청소년의 여가활동은 긴장과 스트레스를 해소시켜 준다. 오늘날 청소년들은 입시위주의 교육, 성적에 대한 부담감, 기성세대와의 갈등, 학교생활에서 오는 긴장감, 욕구불만 등으로 인해 스트레스를 받고 있다. 청소년들은 여가활동을 통해서 자기표현의 기회를 갖고 욕구를 충족시킬 수 있는 기회를 가짐으로써 스트레스를 해소시킬 수 있다.

셋째, 청소년 여가활동은 청소년들에게 창의성을 길러준다. 창의성이란 과거의 경험에 의존하지 않는 새로운 문제해결의 방법 및 태도를 말한다. 창의성은 교육에서 중요시되고 있는데, 인간의 자유로운 성장과정이나 자발적인 활동을 통해서 나타난다. 그러나 오늘날과 같은 과밀화된 교육환경과 획일화된 교육방법으로는 청소년들에게 창의성을 길러줄 수가 없다. 따라서 청소년들은 다양한 여가활동을 통해서 창의성을 계발할 수 있는 기회를 가질 수 있다. 청소년들은 연극활동, 음악활동, 그림, 글짓기 등과 같은 활동에 자발적 · 능동적으로 참여함으로써 자신의 잠재능력을 최대한 발휘할 수 있다.

넷째, 청소년들은 여가활동을 통해서 협동심을 기를 수 있다. 인간은 혼자서 살아갈 수 없으며 반드시 다른 사람들과 어울려서 살아가야만 하는 사회적 동물이다. 한 집단과 사회가 협동하고 단합하기 위해서는 사회구성원들이 마음의 문을 열고, 남을 가족처럼 생각하는 공동체정신이 필요하다. 청소년들은 여가활동을 하면서 자연스럽게 협동심과 공동체의식을 형성하게 된다.

다섯째, 청소년 여가활동은 비행 및 범죄예방에 도움이 된다. 스포츠활동 및 다양한 취미활동을 통해서 여가시간을 보내는 청소년들은 비행이나 범죄를 저지를 가능성이 적다. 여가활동은 즐거움을 주고 자기를 표현할 수 있는 기회를 갖게 함으로써 삶에 대한 보람을 느낄 수 있도록 해주기 때문에 청소년들의 욕구불만은 감소하게 된다. 따라서 여가활동은 청소년들의 바람직한 인격을 형성하는 데 도움이 되며, 비행과 범죄를 예방하는 데 도움이 된다.

제2절 청소년 여가활동실태

1. 청소년 여가활동유형

청소년 여가활동은 학자에 따라 다양하게 분류하고 있는데, 고영복(1980)의 연구에서는 청소년 여가활동을 다음과 같이 4가지 유형으로 분류하고 있다.

① **활동형**: 운동, 낚시, 등산, 여행, 견학, 답사, 봉사활동, 종교활동, 써클활동, 단체활동, 예능활동 등
② **소극형**: 독서, 음악감상, 사색, 공상, 라디오 청취, 텔레비전 시청, 바둑, 장기, 영화 · 연극 관람, 스포츠 관람, 잡담 등
③ **중간형**: 집안일 돕기, 산책, 쇼핑, 데이트, 취미활동, 공작활동, 수예, 뜨개질
④ **부정형**: 전자오락, 낮잠, 당구장, 음주, 화투, 카드놀이 등

라겝(Ragheb, 1982)은 여가활동을 6개로 범주화하였는데, 그 내용은 다음과 같다.

① **대중매체**: TV, 잡지, 영화보기 등
② **사회적 활동**: 친구방문, 데이트, 실내게임, 파티참석 등
③ **실내활동**: 소풍, 낚시, 원예, 하이킹, 보트타기, 캠핑 등
④ **스포츠활동**: 스포츠 참여 및 관람
⑤ **문화활동**: 연주회 · 무용 · 연극 · 전시회 참여 및 관람 등
⑥ **취미활동**: 그리기, 수집, 뜨개질, 목공예, 사진찍기, 꽃꽂이 등

청소년개발원(1998)에서는 청소년이 여가활동을 하는 장소에 따라 다음과 같이 여가활동을 분류했다.

① 가정중심의 여가생활이다. 어린이와 청소년들은 가정의 문화공간에서부터 여가생활을 시작한다. 가족의 구성원과 가정의 공간 등에 따라 여가생활이 달라진다. 주택의 구조와 가족관계가 급격히 변화함에 따라서 현재의 청소년들의 가정 내서의 놀이나 여가생활은 예전과는 많이 달라졌다. 따라서 주택구조도 가족의 여가생활을 염두에 두고 설계해야 하며, 특히 청소년들을 위한 공간을 마련해야 한다. 그리고 주택주변의 환경을 고려해야 하고, 이웃과 공동으로 여가시간을 보낼 수 있는 공간을 마련해야 한다.

② 이웃중심의 여가생활이다. 청소년들이 주로 시간을 보내는 활동공간은 집에서 50m 이내 골목이나 길거리가 대부분이다. 청소년들의 집주변이 활동무대가 되고 있음을 볼 때 동네나 이웃환경에 관심을 기울여야 한다. 청소년들의 주된 활동은 동적 여가, 정적 여가, 사회성 여가 등으로서 그 장소가 주택가 주변이나 인근의 학교 · 놀이터 등이 되고 있다.

③ 시 · 읍 · 면의 공공시설 중심의 여가생활이다. 최근 우리나라에서도 지역청소년회관을 건립하고 있는데, 많은 선진국에서는 지역사회마다 각종 청소년 복지시설이 건립되어 있어 청소년들이 이곳에서 여가를 보내고 있다. 또한 도서관 · 박물관 및 각종 문화시설 등도 이용되고 있다. 예를 들어 영국은 Settlements에 청소년센터를 건립하여 각종 프로그램을 운영하고 있다.

④ 종교단체를 이용한 여가생활이다. 종교기관은 청소년의 여가생활을 위한 시설과 프로그램 확보가 가장 잘 되어 있는 기관 중의 하나이다. 종교단체나 기관이 청소년 여가생활에 기여한 바는 매우 크며, 이런 의미에서 종교단체나 기관을 이용한 여가활동을 적극적으로 고려하고, 그 역할을 확대할 필요가 있다.

⑤ 자연공간을 이용한 여가생활로서 산책로, 자전거 전용도로, 잔디밭, 가족놀이장소, 수련장소 등을 이용한 여가활동이다. 외국에서는 마을과 마을 사이를 산책할 수 있는 인도나 산책로, 자전거 전용도로, 수련장, 캠프장 등이 잘 갖추어져 있어 청소년들이 자연스럽게 찾아다니며 자연공간을 마음껏 이용

해 여가를 즐기고 있다. 또한 이러한 활동은 주로 가족중심으로 이루어지며, 유럽 등에서는 하류계층 청소년들의 경제적 사정을 고려하여 제도화하여 운영하고 있다.

⑥ 각종 사회체육시설을 이용한 경우로 각종 구기종목시설, 실내외수영장, 스키장 등을 들 수 있다. 사회체육이 잘 발달된 나라에서는 청소년들도 사회체육협회에 가입하여 스포츠활동을 통해 여가생활을 하면서 심신을 단련하고 있는데, 우리나라도 최근 사회체육에 대한 관심과 활동이 활발하게 진행되고 있다.

⑦ 각종 청소년센터 및 시설을 이용한 취미활동을 통한 여가생활이다. 청소년들은 청소년센터나 시설을 이용해서 연극 · 영화 · 음악회, 전시회 등을 관람할 수도 있고, 여가생활 프로그램을 통해 취미활동, 즉 사진 · 무용 · 공작 · 독서 등에 직접 참여할 수도 있다. 다양한 취미활동을 통해 여가시간을 유용하게 보낼 수 있을 뿐만 아니라 개인의 잠재력이나 창의력을 향상시킬 수도 있다.

⑧ 국가간 · 국제간의 시설 및 청소년교류 프로그램을 통한 여가생활이다. 국제화시대에 대비할 수 있는 청소년, 이념과 체제를 초월한 청소년, 국제공동체를 형성하기 위한 청소년을 육성하기 위해 세계 모든 나라에서는 국제시설을 이용한 각 국가 간의 청소년교류 프로그램을 운영하고 있다.

2. 청소년 여가활용실태

1) 청소년 여가활동 참여 실태

한국청소년정책연구원(2009)의 조사에 따르면, 우리나라 청소년들이 가장 많이 참여한 여가활동 유형은 취미오락 활동(78.0%)으로 나타났고, 그 다음으로 휴식활동(72.9%), 문화예술 관람활동(40.3%) 순으로 나타났다. 남학생들은 여학생들에 비해 스포츠 관람 및 스포츠 참여활동 유형이 다소 많았고, 여학생들은 문화예술 관람 및 휴식활동에 참여비중이 다소 높게 나타났다.

〈표 10-2〉 청소년 참여 여가활동 유형

구분	문화 예술 관람	문화 예술 참여	관광	스포츠 관람	스포츠 참여	휴식	취미 오락	기타
남	33.1	11.0	16.0	25.6	49.4	67.0	75.3	10.2
여	48.3	20.6	21.3	10.0	13.5	79.5	81.1	17.8
전체	40.3	15.5	18.5	18.2	32.5	72.9	78.0	13.8

* 자료: 한국청소년정책연구원(2009), 「한국 아동·청소년 온라인게임 및 가족여가활동 실태」

청소년들이 참여를 희망하는 여가활동으로는 취미오락 활동(59.3%), 문화예술 관람활동(50.7%), 휴식활동(48.0%), 관광활동(45.9%) 순으로 조사됐다. 실제 참여하는 여가활동 유형과 희망하는 여가활동 유형을 살펴본 결과, 관광활동의 경우 실제 참여비율이 18.5%인데 반해 참여를 희망하는 비율은 45.9%로 격차가 다소 높게 나타났다. 성별에 따른 희망 여가활동유형에서는 남학생들은 취미오락활동(62.6%)이 높게 나타난 반면, 여학생들의 경우 문화예술관람활동(61.3%)이 가장 높은 비율을 보였다.

〈표 10-3〉 청소년 참여 희망 여가활동

구분	문화 예술 관람	문화 예술 참여	관광	스포츠 관람	스포츠 참여	휴식	취미 오락	기타
남	41.2	16.0	37.5	25.0	47.5	49.7	62.2	9.8
여	61.3	31.9	55.3	10.0	18.9	46.1	56.0	13.4
전체	50.7	23.5	45.9	17.9	34.0	48.0	59.3	11.5

* 자료: 한국청소년정책연구원(2009), 「한국 아동·청소년 온라인게임 및 가족여가활동 실태조사」

청소년 여가활동의 장애요인을 조사한 결과에서는 가족생활주기(2.45%), 상호규범 불편(2.43%), 시설부족(2.40%) 순으로 나타났다. 장애요인에 대해서 고등학생, 중학생, 초등학생 순으로 체감도가 높게 나타났다. 고등학생들의 경우 시설부족(3.08%), 중학생들은 상호규범 불편(2.56%), 초등학생들은 기회접근 부족(1.96%)들이 가장 큰 장애요인인 것으로 분석됐다.

〈표 10-4〉 청소년 여가활동의 장애요인

구분	전체	성별		교급		
		남	여	초	중	고
공부걱정	2.22	2.19	2.26	1.90	2.24	2.46
상호규범 불편	2.43	2.43	2.44	1.94	2.56	2.72
돈 부족	2.26	2.26	2.47	1.60	2.35	2.97
시설 부족	2.40	2.40	2.60	1.72	2.54	3.08
심리상태 원인	2.03	2.03	2.11	1.73	2.11	2.30
대인관계	2.20	2.20	2.28	1.78	2.29	2.55
가족 생활주기	2.45	2.45	2.51	1.95	2.49	2.89
시간 부족	2.19	2.19	2.33	1.73	2.23	2.70
기회접근 부족	2.33	2.33	2.40	1.96	2.36	2.69

* 자료: 2009 한국 아동 · 청소년 온라인게임 및 가족여가활동 실태조사

3. 청소년 여가시설

청소년 이용시설은 「청소년활동진흥법」 제10조에서 청소년수련시설과 청소년이용시설로 구분하고 있다. 국가, 지방자치단체 또는 법인, 단체, 개인 등 민간분야도 활동시설의 설치 및 운영이 가능하지만, 민간의 경우 시 · 군 · 구청장의 허가를 받아야 한다.

〈표 10-5〉 청소년활동시설의 유형

유형	사례
청소년수련시설	청소년수련관, 청소년수련원, 청소년문화의집, 청소년특화시설, 청소년야영장, 유스호스텔
청소년이용시설	문화예술시설, 공공체육시설, 기타 청소년이용시설

* 자료: 여성가족부(2012), 「청소년백서」

1) 청소년 수련시설

청소년들에게는 학교에서 배우는 지식교육도 중요하지만 자연 속에서 심신을 단련하며 호연지기와 진취적 기상을 기르거나, 일상생활 속에서 자질을 배양하고 정서를 함양시키며, 취미를 개발할 수 있고 스스로 배움을 실천할 수 있는 수련활동이 필요하다. 청소년 수련활동은 성장기에 있는 청소년들의 몸과 마음을 스스로 갈고 닦을 수 있도록 해주는 체험활동이라고 할 수 있다. 청소년수련시설은 수련활동에 필요한 시설, 설비, 프로그램 등을 갖춘 곳으로 청소년지도자의 지도 하에 체계적이고 조직적인 수련활동을 실시할 수 있는 곳을 말한다. 「청소년기본법」에서는 청소년 수련시설을 "수련활동의 실시를 주된 목적으로 하는 시설"이라고 정의하였으며, 시설의 설치와 운영은 국가와 지방자치단체, 법인 및 민간인도 할 수 있도록 하고 있다. 예전에는 생활권 수련시설(청소년수련관, 청소년문화의집), 자연권 수련시설(청소년수련원, 청소년야영장), 유스호스텔로 구분되었으나, 2005년부터 청소년수련관, 청소년수련원, 청소년문화의집, 청소년특화시설, 청소년야영장, 유스호스텔로 구분되고 있다.

〈표 10-6〉 청소년수련시설

유형	내용
청소년수련관	다양한 수련활동을 실시할 수 있는 각종 시설 및 설비를 갖춘 종합수련시설
청소년수련원	숙박기능을 갖춘 생활관과 다양한 수련활동을 할 수 있는 각종 시설과 설비를 갖춘 종합수련시설
청소년문화의집	간단한 수련활동을 실시할 수 있는 시설 및 설비를 갖춘 정보·문화·예술중심의 수련시설
청소년특화시설	청소년의 직업체험·문화예술·과학정보·환경 등 특정목적의 청소년활동을 전문적으로 실시할 수 있는 시설과 설비를 갖춘 수련시설
청소년야영장	야영에 적합한 시설 및 설비를 갖추고 수련활동 또는 야영편의를 제공하는 수련시설
유스호스텔	청소년의 숙박체제에 적합한 시설·설비와 부대·편의시설을 갖추고 숙식편의 제공, 여행 청소년의 활동지원 등을 주된 기능으로 하는 시설

* 자료: 여성가족부(2012), 「청소년백서」

2) 청소년이용시설

청소년이용시설은 청소년만의 공간은 아니지만, 설치 목적의 범위 내에서 청소년활동 실시와 청소년의 건전한 이용 등을 위해 제공될 수 있는 시설을 의미한다. 청소년이용시설로는 문화시설, 과학관, 체육시설, 평생교육시설, 자연휴양림, 수목원, 사회복지관, 시민회관·어린이회관·공원·광장·고수부지와 그 밖에 이와 유사한 공공시설로 수련활동 또는 청소년 여가선용을 위한 이용에 적합한 시설들이 해당된다.

〈표 10-7〉 청소년이용시설 현황

유형	내용
문화시설	청소년들의 정서함양을 위해 국가가 건립한 시설로 국립중앙극장, 국립중앙박물관, 국립현대미술관, 국립국악원, 국립민속박물관, 국립중앙도서관 등이 있으며, 각 지역별로 박물관, 미술관, 도서관, 문예회관, 지방문화원 등이 시설이 있음
과학관	대표적으로 국립중앙과학관과 국립서울과학관이 있음
체육시설	건전한 여가선용과 생활체육활동 증진을 위해 생활권 주변 내 생활체육시설을 건설 및 확충하고 있음. 정부가 지원하는 공공체육시설에는 생활체육공원, 국민체육센터, 마을단위 체육시설, 동네운동장, 길거리농구대, 시·군 기본체육시설 등이 있음

* 자료: 여성가족부(2012),「청소년백서」

4. 해외 청소년 여가관련 시설

1) 영국

영국의 청소년시설에는 청소년센터(Youth Center)와 숙박활동시설(Residential Center)이 있다.

(1) 청소년센터

청소년들이 쉽게 이용할 수 있는 시설로 학교근처에 위치하고 있다. 청소년센터는 비공식적인 사회교육보다는 구체적인 활동을 강조하는 시설로서 특정한 활동에 숙련된 지도교사(tutor)의 지도하에 운영된다. 운영되고 있는 활동은 스포츠, 음악, 연극 및 공예 등 다양하다. 일부 학교에서는 학교 내에 청소년센터를 가지고 있으며, 학교 자체가 청소년활동을 위한 장소로 사용된다. 학교는 청소년들의 학문과 직업교육을 보충하는 다양한 활동장소가 되기도 한다. 스포츠, 연극, 음악, 창조활동, 취미활동 등은 학교교육과정의 일부로 구성되어 있지만, 학교수업 이외의 시간에도 이러한 활동을 할 수 있다. 많은 학교에서는 지방정부 및 중앙정부로부터의 지원과 학부모들로부터 기금을 모아서 스포츠, 레크리에이션, 교육과정 외의 활동을 위한 시설과 장비를 개발하고 있다.

(2) 숙박활동시설

전국적으로 설립된 시설로서 숙박을 하면서 다양한 활동들을 경험하게 된다. 도심지에 위치한 청소년센터에서는 경험할 수 없는 다양한 활동들을 경험하게 되는데, 일상생활의 압력에서 벗어나 다른 청소년들과 어울리면서 자신과 다른 사람들을 더 잘 이해할 수 있는 기회를 가질 수 있다. 활동은 집단활동을 중심으로 이루어지며, 야외모험활동, 봉사활동, 취미활동 등을 한다.

2) 독일

청소년시설로 개방된 문호의 집(Haus der offenen Tur), 유스호스텔(Youth Hostel), 청소년의 집 등이 있다.

(1) 개방된 문호의 집(Haus der offenen Tur)

독일에서 가장 잘 알려진 청소년시설로서 명칭은 일정하지 않고 지역마다 '청년의 집(Haus der Jugend)', '청소년 여가의 집(Jugendfreizeitheim)' 등 다양하다. 이곳에서 이루어지는 활동에는 정치교육, 일반교양 등의 학습활동, 전통공예나 예술활동, 스포츠활동 등 다양하며, 이 밖에도 영화회, 스포츠대회, 정치문화학습회 등의 행사를 개최하고 있다.

(2) 유스호스텔(Youth Hostel)

유스호스텔은 청소년이 여행할 때 저렴하고 간편한 숙소를 제공하는 곳으로 단순한 숙소가 아니라 남녀가 구분되어 있으며, 일정장소 이외의 금주나 금연이 제한되어 있는 등 질서 있는 생활을 제공함으로써 청소년들이 조국과 전원, 자연에 대한 이해뿐만 아니라 유·무형의 무언가를 얻도록 기회를 제공하기 위한 시설이다. 유스호스텔은 제2차 세계대전 후 건전청소년시설 육성정책의 일환으로서 연방이나 주에 의해 활발하게 건설이 추진되었다. 유스호스텔의 운영에 청소년들이 참여하는 경우가 많은데, 군복무 대신에 유스호스텔에 머무르면서 민간봉사를 수행하는 것이다. 독일의 유스호스텔은 규모가 크며, 학교의 산간학교로 적극적으로 이용되고 있으며, 외국 청소년과의 교류를 위한 장소로도 적극 활용되고 있다.

(3) 청소년의 집

청소년의 집은 모든 읍 · 면이나 지역단위로 설치 · 운영되고 있는 소규모의 청소년 여가시설로 청소년들이 이웃의 친구들과 여가시간을 부담 없이 가벼운 마음으로 참가해서 의미 있는 시간을 보내도록 하기 위한 시설이다.

3) 프랑스

프랑스의 대표적인 청소년 시설은 '바캉스센터'라고 할 수 있다. 매년 약 100만 명 이상의 어린이와 청소년들이 바캉스 기간이 되면 전 지역에 흩어져 있는 바캉스센터나 이동캠프장으로 떠나며 수많은 어린이들이 부근의 여가센터에 수용된다. 이 시설은 '청소년센터'와 '청소년야영장'으로서 청소년들에게 최대의 자율성을 허용하면서 숙박을 제공한다. 프랑스 전역에 분산되어 있는 1,000여 개의 청소년센터에서는 저렴한 가격으로 청소년들에게 숙박시설을 제공한다.

4) 일본

청소년시설에는 직접적으로 청소년을 대상으로 하는 시설, 청소년과 일반인들을 대상으로 하는 시설이 있다. 문부성에서는 26개의 가장 많은 청소년시설을 운영하고 있는데, 청소년의 집, 소년자연의 집, 국립올림픽기념 청소년종합센터, 아동문화센터, 사회체육시설 등이 있다. 시설의 특징은 숙박, 레크리에이션활동, 야영, 체육활동 등의 기본적 활동을 위한 시설과 위생시설, 자판기, 휴게실, 독서실, 자료실 등 각종 교육 · 문화 · 편익시설들이 갖추어져 있다.

(1) 청소년의 집

청소년의 집은 단체 숙박훈련을 통하여 건전한 청년의 육성을 목적으로 하는 청년전용시설이다. 전국적으로 현재 13개소가 설치되어 있으며, 연수실, 강당, 체육관, 숙박실, 욕실, 식당을 갖추고 있으며, 옥외시설로 운동장, 야구장 외에도 주변의 자연환경을 이용하여 캠프장, 하이킹코스, 스키장, 해양연수시설 등을 갖추고 있다. 숙박정원은 약 400명이다.

(2) 소년자연의 집

자연 속에서의 숙박을 통해 청소년들의 정서와 사회성을 풍부하게 하고 심신을 단련하는 것을 목적으로 하는 시설이다. 특히 최근 도시화 현상의 증대에 따라 자연과 친해지는 기회가 적은 청소년들에게 있어 그 역할이 더욱 중대되고 있는 시설이다. 숙박실, 연수실, 담화실, 식당, 욕실 등이 있고, 옥외시설로는 야외취식장, 스키장 및 하이킹코스 등이 있다.

제3절 청소년 여가프로그램 사례

1. 청소년 여가활동 프로그램 사례

1) 프랑스

(1) 독서축제

프랑스에서는 국민들이 책을 쉽게 접할 수 있는 기회를 제공하기 위해 책 전시회, 책읽기 대회, 저자와의 만남 등 다양한 행사를 실시하고 있다. 행사는 문화부 주최로 매년 10월 15일부터 17일까지 3일 동안 자치단체, 공공도서관, 서점, 외국인 문화센터, 극장, 학교, 인터넷 사이트 등 공공장소를 통해서 실시되고 있다. 병원이나 교도소와 같이 책을 접할 수 있는 기회가 제한되어 있는 장소에서도 행사를 실시하고 있다.

특히 청소년들은 이 축제에 참여함으로써 독서를 통해 다양한 지식과 정보를 접할 수 있다. 축제기간 동안 각 행사장에서는 청소년들을 대상으로 독서축제 대경연대회, 철도청대회, 청소년을 위한 문학상, 3시간 글쓰기대회 등 다양한 경연대회가 개최된다. 독서축제 대경연대회는 베이야 신문사 주최로 열리는 대회로 각 행사장에 질문지가 비치되어 있는데, 청소년들이 응답, 제출해서 추첨될 경우 청소년들은 도서상품권, 잡지구독권, 스포츠 관람권 등과 같은 다양한 상품을 받게 된다. 3시간 글쓰기대회는 J신문사협회에 의해 주관되는 대회로 15세에서 30세에 이르는 청소년들은 3시간이라는 정해진 시간 동안 정해진 주제에 대해 글을 쓰게 된다. 지정된 전문작가들이 심사를 하게 되는데, 참가자들은 팩스나 인터넷을 통해서 글을 제출한다. 시상은 연령에 따라서 15~18세, 19~24세, 25~30세의 3그룹으로 구분해서 한다.

(2) 국제 청소년활동 프로그램

청소년과 대중교육 국립연구소에서는 대중교육을 활성화시키고 청소년활동을 장려하기 위해서 다양한 청소년활동을 실시하고 있다.

① 유로음악축제

유로음악축제(Les Euro-Musicales)는 청소년들을 위한 국제대회로, 각국에서 선정된 음악인들이 참여해 4일 동안 다양한 경연을 벌인다. 총 100여명 정도가 참여하는데, 유럽 및 북아프리카 청년창작인, 언론인, 음악과 관련된 기성세대 창작인 등이 참여해서 서로 경험을 교환하고, 콘서트를 개최하며, 음악축제에 참여하는 등 다양한 활동을 한다.

② 국제여름대학교

국제여름대학(Universite Internationale d'Ete)은 매년 7월 16일부터 2주 동안 마를리 르 루아에서 열리는데, 18세부터 40세까지 프랑스어를 할 수 있는 사람들을 대상으로 열린다. 이 프로그램의 목적은 다양한 문화 및 전문지식을 경험하는 것이다. 주제는 매해마다 바뀌며 지금까지 약 60여 개 이상의 매번 새로운 주제에 대해서 논의해왔다. 본 행사는 프랑스 외무부와 체육청소년부에서 주최하며, 각국의 교사, 학생, 청소년지도사 등 총 80여 명이 참여한다.

③ 유럽청소년 프로그램

유럽청소년 프로그램(Jeunesse pour l'Europe)의 목적은 유럽청소년들의 서로의 문화에 대한 이해를 넓히는 데 있다. 유럽에서 청소년과 관련된 조직, 기관들은 모두 이 프로그램에 참여할 수 있는 자격이 주어진다. 참여를 희망하는 기관들은 일정양식의 서류와 계획서를 작성하여 제출하면 되며 제시된 일련의 프로젝트가 끝나면 최종보고서를 제출하면 된다.

④ 유럽자원봉사대(Service Volontaire Europeen) 프로그램

유럽자원봉사대 프로그램은 유럽위원회에서 책임을 맡고 있으며, 하부조직으로 각국별 실무담당조직이 구성되어 있다. 또한 벨기에의 브뤼셀에 위치한

SOS(실무보조구조: la structure de soutien operationnel)는 자원봉사 프로그램의 효과적인 실행을 위한 보조적인 역할을 담당하고 있다. 이 프로그램에 참여할 수 있는 자격은 15개의 유럽연합국과 노르웨이, 아일랜드에 거주하고 있는 18세에서 25세 사이의 청소년들에게 주어지며, 이 밖에 특별히 요구되는 자격조건은 없다. 이 프로그램에서 실행하고 있는 구체적인 프로그램에는 장기 자원봉사활동, 단기 자원봉사활동, 다국적 봉사활동, 제3국 봉사활동 등이 있다.

2) 호주

(1) 녹색연합 청소년 프로그램

이 프로그램은 녹색연합과 환경보존을 위해 지역사회 조직 및 호주 전 지역의 주정부와 연계해서 개발한 것이다. 청소년 10명이 한조가 되어 6개월 단위로 환경 및 국가유산 보호 우선사업에 참여해 국가환경의 조성을 도모하는 청소년 자연친화 프로그램이다. 프로그램 참가는 만 17세 이상 20세 이하의 호주 청년으로서 환경보존문제에 헌신할 뜻이 있으면 전상이나 우편을 통해 신청서를 제출해서 프로그램에 참여할 수 있다. 이 프로그램은 환경보호 자원봉사자단체(Australian Trust for Conservation Volunteers)에서 운영하고 있는데, 이 단체는 지역사회에 기반을 둔 비영리적, 비정치적 국립단체로 1982년 이래 호주 전 지역의 실질적인 환경보호 사업을 주도해오고 있다. 프로그램 참가자들에게는 주당 165불에서 280불 정도의 훈련비가 지급되며, 주요 활동내용은 다음과 같다.

① 각 환경사업을 실시하는 데는 사업내용과 부합하는 공인된 훈련과정의 이수, 지역사회봉사, 실제 환경보호활동을 포함하여 총 26주의 기간이 소요되는데, 이 중 주요 환경보호 활동에 소요되는 시간은 14주 정도이다.

② 녹색연합에서 실시하는 환경사업에는 멸종위기의 생물보호, 동식물상 조사, 식물 재증식, 자연 및 문화유산의 복구 등이 있다.

③ 환경사업은 호주 전역에 걸쳐서 시행되며 2~3개월마다 새로운 사업이 추진된다.

④ 청소년 환경사업단의 훈련과정에서는 구급요법, 직업상 건강과 안전, 환경감시를 핵심요소로 이수하게 되며, 특정사업의 시행을 위해 기타 기술훈련을 병행실시한다.

⑤ 지역사회에 근간을 둔 환경보호 프로그램에서는 해당지역의 학교와 협력하거나 재활용 프로그램을 보조하는 역할 또는 그 지역의 환경그룹을 지원하는 일 등을 하게 된다.

(2) 국제 청소년 교류 프로그램

청소년국제교류 프로그램은 1998년에 창설된 프로그램으로 15~24세의 청소년들을 국제 지역사회사업에 참가시킴으로써 청소년참여, 지도력 개발 및 개인적 발전을 위한 기회를 제공한다. 합격한 지원자들은 국내 혹은 외국에서 실시하는 청소년사업에 2~4주간 참여하여 의미 있는 학습경험을 하고, 개인적 기술과 직업적 기술을 향상시킨다. 청소년국제교류 프로그램은 호주청소년협회, 리바이 스트라우스, 마이어 기금(Myer Foundation)으로 1998년에 창설되었다.

청소년 국제교류 프로그램에 참여함으로써 청소년 및 관련기관에서 얻게 되는 혜택은 다음과 같다.

〈표 10-8〉 청소년 국제교류 프로그램 참여 혜택

청소년	관련기관
• 새로운 사업직원들과 청소년들을 만나 함께 일한다. • 새로운 사회·문화적 생활양식을 경험하고 세계적으로나 국내적으로 다양성을 경험하게 된다. • 지도력과 중재자역할에 대한 이해를 증가시킨다. • 자신의 문화뿐만 아니라 외국의 문화유산 보존에도 참여한다. • 자신의 사회적 기술들을 증가시키고, 여러 문화 속에서의 활동기술을 개발한다.	• 국제적 프로그램들과 사업들을 배우고 공유한다. • 국제수준에서 청소년 기관들과 네트워크를 형성한다. • 프로젝트에 지도자를 보냄으로써, 다양한 관리 스타일과 훈련을 관찰할 기회를 갖는다. • 프로그램이 청소년들에게 주는 열성과 동기로부터 이익을 얻는다.

국제 청소년 교류 프로그램에 따라 1998년 호주 청소년들이 필리핀을 방문하였다. 프로그램의 궁극적인 목적은 지구의 전역에 걸쳐서 시행되기를 바라고 있지만, 초기에는 주로 아시아와 태평양지역과 남미지역에 중점을 두고 있다. 청소년 국제교류 프로그램에 대한 참여는 AYF와 다른 청소년단체로부터의 초청형식으로 이루어진다. 이 프로그램은 불우한 청소년 가운데 지역사회에서 존경받을 만한 지위와 지도력으로 발전시키기를 원하는 청소년들을 위해 만들어졌다. 프로그램에서 충당되는 비용은 참가자의 여행비, 식사, 주거, 보험 및 의복이다.

3) 캐나다

(1) 청소년 여름캠프(Summer youth camp)

청소년 여름캠프(Summer youth camp)는 일본 청소년들을 대상으로 캐나다의 웅대한 자연 속에서 다양한 경험을 할 수 있도록 마련된 프로그램이다. 일본 청소년들은 수상스포츠, 육상스포츠, 예술, 음악, 자연관찰 등을 체험할 수 있으며, 프로그램을 통해서 언어와 문화를 습득할 수 있고 외국 청소년들과 우정을 키울 수 있다.

(2) 모험지 프로그램(Adventureland Program)

모험지 프로그램은 유소년들을 대상으로 야외캠프에서 여러 가지 활동을 하는 자연친화활동 프로그램이다. 이 프로그램의 목적은 청소년들의 건전한 심신의 함양, 지도력 배양, 질서의식 고취, 자연보호의식 함양에 있다.

활동프로그램으로는 양궁, 스포츠, 트램폴린, 수영, 산악자전거타기 등이 있다.

① 양궁

타마랙크(Tamarack) 지역에 위치한 사격장에서 5~6명이 한 조가 되어 동시에 사격을 한다. 엄격한 안전수칙이 요구되며 사격장요원이 이 프로그램을 총괄한다. “황소 눈(Bullseye)”이라는 상이 사격결과에 따라 청소년들에게 수여된다. 이 프로그램의 목적은 청소년들에게 인내심과 질서의식을 배양시켜 주는 것이다.

② 스포츠

스포츠 프로그램은 생존게임, 알래스카 킥 볼, 깃발잡기와 같은 일반스포츠와는 다른 이벤트로 구성되어 있다.

③ 트램폴린

1993년에 신설된 프로그램으로 한번에 한 사람씩 스프링이 달린 캔버스로 된 도약용 운동용구인 트램폴린(Trampoline)을 배우게 된다.

④ 수영

더운 여름에 하루에 2번 수영 프로그램이 있으며 여기에는 유소년과 직원들이 모두 참여한다.

⑤ 산악자전거 타기

산악용 자전거로 산길을 따라 타면서 자전거타기 안전에 대해 배운다.

⑥ 진흙구렁

여러 가지 진흙구렁에 들어가서 마음껏 즐기게 한다.

⑦ 장애물 코스

기존의 스포츠 프로그램과 함께 신설된 프로그램이다.

⑧ 특별프로그램

이 프로그램은 매주 프로그램의 주제에 맞추어 만들어지는 것으로 매일 시행되지 않는다. 특별 프로그램에는 생존게임, 응급처치, 휴가가기 등이 있다.

⑨ 초청강연회

정규 초청강연자들이 초빙되어 청소년들에게 유익한 정보를 제공하며 청소년들과 프로그램 주제와 관련된 정보를 토의한다. 초청강연자들에는 경찰견단, 기마경관대, 프로야구선수들, 헬리콥터 조종사들, 중세기사단 등이 포함되어 있다.

⑩ 영화의 밤

영화의 밤은 특정한 하루 저녁이나 우천 시에 이루어진다.

⑪ 캠프파이어

모든 캠프 참가자들이 한자리에 모여 캠프파이어(campfire)를 한다. 여기서는 청소년들이 준비한 노래, 촌극, 연극 등과 같은 여러 가지 오락으로 이루어진다.

제4절 청소년 여가정책 사례

1. 외국의 주요 청소년 여가정책

1) 미국의 청소년정책

미국의 청소년정책은 청소년을 문제거리로서 보는 관점, 이에 대한 사회예방적 차원이 강하게 반영되어 있다. 이러한 이유로 저소득 가정이나 소외집단 청소년이 주요 목표 집단이 되고 있다. 미국 청소년정책의 방향 전환은 이들 집단에 대한 대응방식의 변화를 의미하고 있다. 종전에는 문제에 대한 대책이나 문제행동 예방에 관심을 기울여왔다면, 이러한 정책의 실효성에 의문을 제기하고 이들 집단의 성공적인 성장과 발달에 관심을 기울이고 있다. 청소년개발(youth development)이 현재의 미국청소년 정책의 주요 목적이 되고 있다.

미국의 경우 연방차원의 통일된 청소년정책은 아직 없다. 청소년사업은 유관부처가 독자적으로 집행하고 있다. 청소년사업이 연방정부 관련부처에서 분산되어 실시되고 있으며 정업무를 담당하는 부서도 없다. 주요 부처는 Department of Health and Human Service의 아동 · 청소년정책과이다. 청소년재정은 관련부처에서 확보한 사업예산으로 구성된다. 미국의 청소년 정책모형은 자유주의(지역사회중심) 모형에 속한다고 볼 수 있다.

각 부처는 부처고유업무와 유관한 청소년사업 예산을 확보한 후 정부에이전시를 통해 비영리기관, 단체 등에게 사업비를 배분하여 주는 방식으로 사업을 수행한다. 사업의 실제적 수행은 시민사회단체가 담당하고 있다. 연방정부가 재정보조를 하는 프로그램으로는 범죄와 비행 방지, 교육, 노숙자 지원, 직업지원, 직업훈련 프로그램 등이다. 정부 외 민간재단의 청소년사업에 대한 기부금도 청소년사업을 활성화하는 데 크게 기여하고 있다.

청소년관련 입법은 수없이 많으나 청소년정책을 통괄하는 기본적인 법은 없다. 현재 국회에 계류중인 'The Younger American Act(YAA)'가 청소년정책에 대한 최초의 법으로서 의미를 부여받고 있다.

연방정부가 추진하는 주요 사업은 '21세기 지역학습센터 사업', 'JUMP', 'Youth Opportunity Grants', 'Youth Build' 등이다. '21세기 지역학습센터 사업'은 학교가 중심이 되어 지역사회단체와 협력해 청소년의 방과 후 활동을 증진시키는 것이다. 이 사업에서 주목할 만한 점은 청소년의 긍정적 발달을 위해 학습과 활동을 통합한 서비스 지원체제라는 점이다. 미국 청소년정책은 청소년 개발, 비행 · 범죄청소년에 대한 상담(멘토)활동, 청소년 자원봉사활동, 고용증진 등이 주요 사업이 되고 있다. 미국 청소년사업의 특징은 사업별로 목표집단과 활동내용이 구체화되어 있고, 수행방식에 대한 사전규정을 마련하여 민간기관 · 단체를 선도해 나가고 있다는 점이다.

2) 일본의 청소년정책

일본은 비행방지와 범죄청소년의 보호, 교정, 문제행동에 대한 '대책위주'의 청소년정책에서 청소년 전체의 건전한 육성환경 정비라는 '육성' 위주의 청소년정책으로 방향을 전환하였다.

일본의 청소년행정은 2001년 정부조직 개편과 더불어 크게 변화되었다. 종전에는 총무청 청소년대책본부가 청소년업무를 담당했으나, 지금은 내각부가 담당하게 되었다. 내각부는 행정 각부의 시책을 통일시키기 위해 필요한 기획입안 및 종합조정, 행정각부 시책의 사후조정 등의 기능을 담당하는데 청소년정책에 있어서는 청소년 건전육성에 관한 사항의 기획 · 입안 및 종합조정 등을 담당하고 각 관계부처는 청소년에 관한 시책을 분담하도록 되어 있다.

일본의 경우, 지방청소년행정이 잘 발달되어 있다. 지방자치단체 각 부서와 공안위원회, 교육위원회에 청소년 관련업무가 할당되어 있다. 중앙에서는 '지방자치단체 청소년관계 주관 과장회의' 등을 개최하여 내각부 및 관계부처 시책 및 사업

설명 등을 실시하는 등 중앙과 지방조직의 연계가 잘 되어 있다. 청소년대책위원회에서 내각부로의 청소년행정체계 변화는 외형적 규모가 커진 반면, 종전과 같은 응집력과 전문성을 발휘하기는 어려울 것으로 보인다.

일본의 경우 한국의 「청소년기본법」이나 「청소년보호법」과 같은 청소년 부문의 독자적인 입법은 없다. 소년법, 아동학대방지법, 아동복지법 등에 분산되어 있다. 도도부현(都道府縣)의 조례에서 규정하고 있는 청소년보호에 관한 내용들을 법률로 통일시키려는 움직임이 최근 일어나고 있다.

일본의 청소년육성사업은 국민운동 등 홍보 · 계몽활동이 많은 것이 특징이며 주요 청소년사업으로는 전국 코도모플랜이 있다. 코도모플랜은 2002년부터 주5일제 수업이 전면 실시됨에 따라 청소년육성환경을 정비하고 다양한 활동을 진흥시키는 체제를 정비하기 위한 3개년 전략이다. 학습체험, 자원봉사, 국제교류, 정보화 등이 주요 사업이다.

일본의 청소년정책 현안은 ① 가정, 학교, 기업, 민간단체 등이 연대하여 지역사회에서 청소년을 육성하는 환경의 구축, ② 비행 등 문제행동의 징후 조기발견과 상담기관과의 연계협력 강화, ③ 관계부처에 흩어져 있는 청소년시책을 체계적으로 정리하여 청소년 육성의 기본이념과 정책추진방침을 정하는 '청소년플랜'의 수립을 통해 종합적인 청소년정책을 추진하는 것이다.

3) 영국의 청소년정책

영국의 청소년정책은 청소년서비스(youth service)의 전달과 지원을 중심으로 계획되고 집행된다. 청소년서비스란 청소년들에게 개인적이고 사회적인 교육프로그램을 제공하는 교육체계의 한 부분으로서 이를 통해서 청소년들은 다양한 활동에 참여할 수 있는 기회를 제공받는다.

청소년서비스는 다양한 범위의 활동을 통해서 청소년들의 개인적인 발달과 비공식적 사회교육의 증진에 중점을 두고 있다. 청소년서비스의 전달체계는 지방정부(Local Authority)를 포함한 법적인 기구와 다양한 형태의 자원단체(Voluntary

Organization)에 의존하고 있는데, 청소년활동의 90% 이상은 자원단체에서 담당하고 있다. 청소년서비스활동의 목표는 모든 청소년들이 개인으로서, 집단과 지역사회의 일원으로서 그들의 가능성을 충족시킬 수 있도록 기회의 평등을 보장하며, 성인으로 자라는 동안 청소년들을 지원하는 것이다.

청소년활동의 내용은 다음과 같다. 첫째, 청소년들에게 도전을 주고 그들의 개인적이고 영적인 개발과 사회적이고 정치적인 교육을 증대시킬 비공식적인 교육프로그램을 제공하는 것이다. 둘째, 시설과 인간관계로서 청소년들은 그들에게 제공되는 시설과 다른 사람들과의 인간관계 속에서 즐거움을 갖고 안정감과 가치를 느끼며 자신의 삶을 보다 나은 방향으로 통제할 수 있는 방법을 배운다. 셋째, 적절한 정보와 자문, 상담을 이용할 수 있는 능력을 제공받는다. 넷째, 청소년들이 필요한 분야의 서비스를 지원한다.

청소년서비스의 다양한 모든 사업들은 영국 전체를 통해서 청소년들의 생활과 기회를 개선시키는 것을 목표로 하고 있다. 지방정부와 청소년단체들은 청소년들에게 스스로 즐기고 지역사회에 대해 자부심을 가질 수 있는 기회를 제공하려 노력하고 있다.

제5절 아일랜드 전환학년제

1. 아일랜드 전환학년제 도입배경

아일랜드의 전환학년제는 1974년 당시 교육부장관이었던 리처드 버크(Richard Burke)에 의해 도입되어 시험적인 프로젝트로 시작되었다. 그는 아일랜드 교육은 학생들에게 공부만을 강조했고, 학생들은 성적과 학력경쟁에 대한 압박이 심해지면서 삶을 제대로 주시할 기회를 잃고, 미래사회에 대한 생각할 기회를 잃고 있다고 판단했다. 따라서 전환학년제를 통해 학생들을 1년 동안 학업에 대한 압박에서 해방시킴으로써 인성적 발달과 함께 다양한 경험을 하게 함으로써 학생들의 내적 성장과 함께 사회적, 교육적, 직업적 발달을 돕는 것을 목적으로 했다.

아일랜드의 교육제도는 일반적으로 초등교육(6년), 중등교육(Second Level, 5~6년), 대학과정의 3단계로 구분된다. 중등과정은 주니어 과정 3년(Junior Certificate: JC, 한국의 중학교에 해당), 시니어 과정 2년(Senior Cycle, 2년, 한국의 고등학교에 해당)으로 이루어져 있다. 전환학년제(Transition Year: TY)는 주니어 과정을 마치고 시니어 과정에 들어가기 전, 1년 동안 운영되는 학교교육과정을 말한다. 즉 우리나라로 치면 중학교를 졸업하고 고등학교에 입학하기 전에 선택적으로 이수할 수 있는 1년간의 교육과정에 해당한다고 볼 수 있다.

초기에는 이 제도에 대한 관심과 이해가 부족했으며, 대부분 학교들이 별다른 열정과 관심을 보이지 않았다. 1974년 시행 첫 해에는 3개교가 참여했으나 시간이 흐르면서 학교의 분위기가 달라지고, 교육개혁을 경험하게 되면서 학교와 지역사회의 연계도 강해지고, 학부모들의 관심도 점차 높아졌다. 이러한 전환학년제는 1986년 이후 총 115개의 학교가 참여하게 되고, 1994년부터 본격적으로 확대되었으며, 전환학년제 발달은 〈표 10-9〉와 같이 크게 3단계로 구분된다.

전환학년제는 국가적으로 표준화된 강의계획서, 평가방식이 존재하지 않으며, 일반적인 가이드라인 내에서 학교의 재량으로 전환학년 프로그램을 결정하고 운영한다. 즉 국가에서 제시한 가이드라인 내에서 학교가 자유롭게 학교별 특성에 맞게 차별화된 전환학년 프로그램을 개발 · 운영할 수 있다. 각 학교에서는 전환학년제 프로그램을 적용하기 위해 학생과 교사의 특성, 지역사회 및 학부모 자원의 특성 등을 고려하여 차별화된 프로그램을 개발하고 적용할 수 있다. 따라서 학교의 프로그램 구성과 운영에 따라 학생 및 학부모의 만족도를 높이고 학생들의 진로개발에 많은 도움을 줄 수 있다.

〈표 10-9〉 전환학년제 발달단계

구분	시기	내용
1단계	1974~1983	• 불안정한 기간으로 언론 등의 심한 반대에 부딪힘 • 도입은 되었지만 실제 많은 학생들이 참여하지 못했음 • 정부의 적극적인 개입이 부족했음
2단계	1984~1993	• 교육부의 적극적 개입으로 참여율 증가 • 전환학년제 지원 촉구 회람지 및 가이드라인 제작 • 3년제 주니어 과정 도입
3단계	1994~2007	• 새로운 전환학년제 가이드라인 제시 • 교과부의 적극적 홍보 및 교사연수 실시 • 시니어 과정 재구조화 및 선택권 부여

2. 아일랜드 전환학년제 특징 및 프로그램

전환학년제 운영의 궁극적인 목표는 첫째, 학생들로 하여금 커뮤니케이션 기능, 자신감, 책임감 등과 사회에서 실질적으로 필요한 능력을 계발함으로써 인성적 · 사회적으로 성숙하게 하는 것이다. 둘째, 다학문적이고 자기주도적인 학습을 통해 학문적인 지식습득을 통해 학문적으로 성숙하게 하는 것이며, 셋째, 성인사회와 직업생활의 체험을 통해 진로에 필요한 역량들을 개발하고 성숙하게 하는 것이다. 따라서 전환학년제 프로그램들은 이러한 목적을 달성하기 위해 구성되며, 다음과 같은 핵심사항들이 프로그램의 특징을 나타내 준다.

- 학제적인 프로그램
- 학생 중심
- 학생 스스로의 책무성 강조
- 각종 시험증서를 넘어선 삶의 기술
- 성숙의 기회
- 학습내용의 복습과 직업선택의 기회
- 프로그램 설계를 통한 교사들의 역량 증진
- 학교 전체를 풍요롭게 하는 실천적 학습방법
- 학교, 학부모, 지역사회의 연계를 통한 다양한 교육적 요구 충족
- 시험 없는 환경에서 즐겁게 아일랜드의 언어와 문화, 유럽의 환경, 문화예술, 남녀평등의 가치 등을 습득

[그림 10-2] 전환학년제 프로그램

* 출처: 국제학생교류기구 홈페이지(www.eil.or.kr)

전환학년제 프로그램은 매우 다양하며, 대략적으로 학습영역, 문화연구, 스포츠, 컴퓨터 관련 학습, 직업 관련 학습, 시민 · 사회 영역의 학습 6개의 주제로 구성된다. 프로그램은 학교의 자율에 의해 편성되며, 학교마다 각기 다른 전환학년 가이드라인을 각기 다른 방식으로 적용해서 프로그램을 기획하고 스케줄을 운영한다. 학생들의 프로그램은 전환학년 코디네이터의 자문을 받아 자유롭게 선택되고 실시된다.

예를 들어, 전환학년 프로그램 중에는 웹디자인, 주식운용, 스포츠 코칭, 요리 등의 실용적 수업과, 영화, 패션, 작곡, 사진, 회화, 건축학, 심리학 등과 같은 심오한 수업이 있고, 영어, 경영, 수학, 체육, 역사 등과 같은 필수과목도 있다. 직업체험 기간에는 실제 학생들이 원하는 직장에 들어가 임금을 받고 직업을 체험하기도 한다. 그 밖에 다음과 같은 프로그램이 운영된다.

- 여가생활: 여가선용을 위한 지식, 기능, 방법, 습관 등 갖추기(자기 자신의 여가를 이용하는 방법의 개발과 창조)
- 진로 탐색(직장체험/멘토 찾기): 자기표현의 기회, 진로의 이해, 본인의 멘토가 되어 줄 사람 찾아가기(자기가 좋아하는 취미활동 및 꿈을 통해서 자기표현을 실현, 각자의 욕구불만을 해소할 수 있는 기회)
- 사회 이해: 인간관계의 형성과 개선(사람과 사람의 마음을 맺게 하는 교량적 역할, 서로 신뢰하고 돕고 믿는 밝은 분위기 조성)
- 마인드 관리: 스트레스 해소와 긴장 해소, 심신의 건강과 체력 향상

아일랜드 애쉬학교(Ash School)의 전환학년 프로그램은 총 43주 동안 운영되는데, 이중 74%가 체육, 영어, 수학, 컴퓨터, 아일랜드어 등의 필수과목이며, 모든 학생들이 1년 동안 배운다. 나머지 26%는 환경학습, 물리, 스페인어, 드라마, 가정경제, 경영학습 등의 선택과목이다. 이 밖에도 정신건강프로그램, 미니컴퍼니, 사진, 심리학 등의 특별프로그램이 있고, 직업체험, 야외 체험활동, 여행, 특별강연 등 지역사회에서 자유롭게 체험하는 외부 자유활동이 있다. 이러한 4가지 활동들이 조화롭게 구성되도록 권고하고 있으며, 프로그램 구성은 학교의 자율에 맡긴다.

〈표 10-10〉 애쉬학교의 전환학년제 프로그램

필수과목	선택과목	특별프로그램	외부 자유활동
• 체육 • 컴퓨터 • 수학 • 아일랜드어 • 영어 • 종교교육	• 환경학습 • 물리 • 스페인어 • 드라마 • 가정경제 • 경영학습 • 컴퓨터	• 정신건강 프로그램 • 미니컴퍼니 • 사진 • 관광프로그램 • 심리학 • 로그 온 런(노인들에 대한 IT 멘토봉사 프로그램) • 청소년 사회혁신가	• 직업체험 • 야외 체험활동 • 아웃리치 활동 • 여행 • 특별강연 • 드라마, 음악 제작

샌드퍼드 파크 스쿨의 전환학년제 프로그램은 9월 학년이 시작되며, 수학여행, 직업체험, 연극공연, 포트폴리오 작성 등의 프로그램으로 운영된다. 이수해야 할 과목들은 영어, 프랑스어, 아일랜드어와 같은 언어 외에도 경영, 수학, 과학, 체육, 컴퓨터, 역사, 지리, 토론, 예술, 스포츠, 음악 등 다양한 과목들을 선택해서 배우게 된다.

전환학년제 프로그램들은 전체 교육과정의 일부로 운영되고 있기 때문에 교장, 전환학년 코디네이터, 전환학년 핵심팀, 타 교과 교사들 간의 팀워크가 중요하다. 특히, 전환학년제 코디네이터와 전환학년제 핵심팀은 프로그램을 이끌어가는 주체이다. 전환학년제 코디네이터는 전환학년제의 핵심 주체이자 전담인력으로 전환학년제 관계자(교장, 학교 경영진, 학부모, 지역사회 관련 단체, 전환학년제 팀에 소속되지 않은 교사들 등)들과의 관계, 전환학년제에 대한 정보 제공, 교외 활동프로그램, 핵심팀과의 정기적 미팅, 학생들의 월간 행사, 학기말 보고서 작성, 평가 등 전반적으로 전환학년제를 운영하는 역할을 수행한다.

〈표 10-11〉 샌드퍼드 파크 스쿨의 전환학년제도 프로그램

〈연간 주요 일정〉

9월 (학년시작)	1박2일 수학여행
12월	직업체험 주간 1기
1월	학부모와 교사 간담회
2월	연극 공연
2~3월	직업체험 주간 2기
4월	주간 도보여행
5월	야간 도보여행, 학생별 포트폴리오 완성, 여름평가, TV 마무리 여행
6월	직업체험 주간 3기

〈이수 과목〉

필수 과목	• 영어, 프랑스어, 아일랜드어 • 경영 • 수학 • 과학 • 체육 • 유럽컴퓨터운영자격증(ECDL) • 역사, 지리 중 선택 • 디지털사진, 러시아어, 건축학 중 선택 • 토론, 영화, 자기계발 중 선택 • 예술, 드라마 중 선택 • 암벽등반, 무술, 스포츠과학 중 선택
선택 과목	스페인어, 음악, 디자인

3. 아일랜드 전환학년제의 교육적 효과

아일랜드 전환학년제의 목표는 학생들로 하여금 1년의 시간을 통해 학교교육과정 안에서 다양하고 포괄적인 학습을 체험하고, 이를 통해 자신의 삶과 진로에 대해 의미 있는 탐색을 가능하도록 하는 데 있다. 이러한 전환학년제의 교육적 효과는 다음과 같이 4가지로 요약할 수 있다.

첫째, 인성발달이다. 전환학년제 프로그램에 참여하는 학생들은 동료학생들과 협업활동을 통해 교우관계가 증진되고, 교사들과의 체험활동을 통해 서로를 이해하는 기회를 가짐으로써 학생과 교사 간의 관계가 개선되는 효과가 있다. 또한 부모와의 대화를 통해 부모와 자녀 간의 관계 개선에도 도움을 준다.

둘째, 사회성이 발달된다. 학생들은 학교 밖에서 지역사회 봉사활동, 직업체험활동을 통해 자신이 속한 지역사회에 대해 이해하고, 성인들의 세계에 대한 이해도가 증진된다. 이를 통해 사회성이 발달되는 효과를 가져온다.

셋째, 교육적 발달 측면의 효과이다. 전환학년제를 통해 학생들은 프로그램 선택, 활동수행, 활동결과에 대한 피드백 등을 제공받음으로써 학생들의 자기주도적 학습능력과 문제해결 능력이 향상된다.

넷째, 직업적 발달 측면에서 효과이다. 학생들은 전환학년제 프로그램을 통해 일정 기간 이상의 직업체험활동에 참여함으로써 직업세계에 대한 이해가 증진되고, 자신에게 적합한 진로탐색 및 진로개발역량이 강화된다.

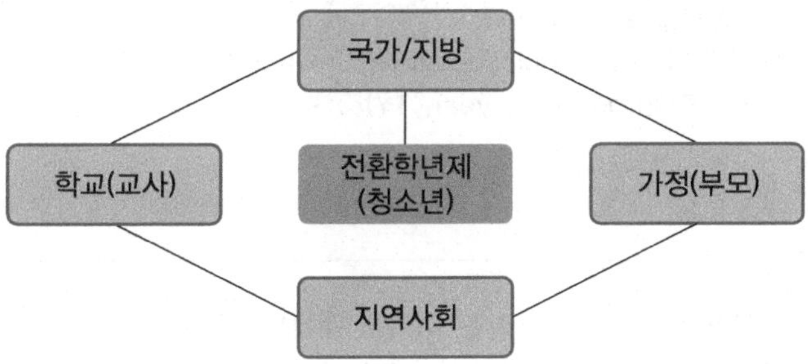

▣ **역할 및 유기체계**

- 유기적 관계 조성: 교사, 학부모, 지역사회가 동참
- 학교: 매해 교과과정 개편, 체험활동 참여 기업 및 대학 섭외
- 교사: 교육과정에 대해 고민(전국 단위의 모임 조직 등)
- 학부모: 과목 및 분야 제시, 직접 교사로 참여
- 지역사회: 인근의 기업이나 가게와 봉사단체의 체험기회 제공, 특히 주요 대학의 개방, 전공별 교육과정을 및 실험에 참여기회 제공, 대학생이 멘토로 참여

[그림 10-3] 전환학년제 시행 유기체계

* 자료: 1) 한국직업능력개발원 · 교육과학기술부(2012), 「아일랜드의 전환학년제 적용방안 연구」
  2) 한국청소년연구원(2013), 「유학기제 정착을 위한 아일랜드 전환학년제 분석 및 시사점」
  3) 한국직업능력개발원(2013), 「한국형 진로탐색학년제 도입을 위한 아일랜드 전환학년제의 주요 특징 분석」

전환학년제 프로그램의 운영에는 프로그램의 창의성, 체계적인 프로그램 기획, 팀워크, 효율적인 운영 등이 중요하다. 또한 전환학년 코디네이터와 핵심팀의 역량, 프로그램에 대한 교사들의 열정과 헌신, 전환학년제에 대한 학생들의 관심과 적극적인 참여, 지역사회의 자원과 참여, 학부모의 관여와 지원 등 여러 가지 요소들이 많은 영향을 미친다. 전환학년 프로그램의 성공적인 운영을 위해서는 교사, 학부모, 지역사회가 유기적으로 연계되어 동참해야 하며, 각각의 역할을 충실히 수행해야 한다.

Key Words

- 청소년기(adolescence)
- 발달과업(developmental task)
- 자아정체성(self-identity)
- 또래집단(peer group)
- 청소년 여가시설(adolescents leisure facilities)
- 전환학년제(transistion year, TY)

과제 조사

1. 청소년들에게 있어서 여가활동이 갖는 의미에 대해서 설명하시오.
2. 청소년들의 여가욕구를 충족시키기 위해 어떤 여가프로그램이 필요한지 논의하시오.
3. 청소년기의 여가태도에 영향을 미치는 요인에는 어떤 것들이 있는가?
4. 청소년기의 특징에 대해서 설명하시오.
5. 전환학년제 운영에 따른 교육적 효과에 대해 설명하시오.

사례 청소년 여가

프랑스의 콜로니 드 바캉스

전 세계적으로 가장 긴 휴가를 즐기기로 유명한 프랑스에는 '콜로니 드 바캉스(Colonie de Vacances)'라는 학생들을 위한 방학 캠프가 있다. 프랑스 학생들은 4개월 간의 교육공백을 채우기 위해 '1년에 4개월 간의 콜로니 드 바캉스(Colonie de Vacances)'라는 일종의 방학 캠프를 보낸다. 프랑스 학생들을 방학 동안 단체생활을 통해 다양한 교육프로그램과 여가활동을 즐길 수 있다.

콜로니 드 바캉스(Colonie de Vacances)는 19세기 스위스에서 시작됐는데, 1876년 스위스 취리히의 비옹(Bion) 목사가 건강상태가 좋지 않거나 경제적 여건이 취약한 학생들을 시골로 보내면서 시작됐다. 시골에서 돌아온 아이들의 건강상태가 호전되자 신문에 자금을 모집하는 공고를 냈고, 광고를 통해 모금된 자금으로 68명의 어린이들을 시골로 보냈다. 9세에서 12세 사이의 아이들은 시골에서 비옹 목사와 10여 명이 기획한 산책, 소풍, 과일채취 등 다양한 프로그램에 참여했다.

콜로니 드 바캉스는 그 이후에도 2주 동안 진행됐고, 성공적으로 진행되면서 스위스 전역에 퍼졌다. 1899년에는 29개 도시에서 3500명의 아이들이 참여했고, 유럽 전역으로 확산된다. 특히, 프랑스에서 콜로니 드 바캉스가 활성화되었는데 1913년에 10만명, 1936년에 42만명, 1955년에 100만명이 넘는 아이들이 참여했다. '콜로니 드 바캉스' 초기에 아이들은 시골 사람들이 빌려주는 개인 집에 거주했으나, 수요가 증가하면서 '콜로니 드 바캉스'를 주관하는 협회에서 단체나 개인으로부터 기금을 조달해 아이들이 숙박할 수 있는 집이나 건물을 구입하기 시작했다.

'콜로니 드 바캉스'는 초반에 경제적으로 취약한 아이들을 위해 실시됐으나 점차 경제적 여유가 있는 아이들도 참여하게 되었다. 경제적인 여유가 있는 학부모들은 수입에 맞게 일부 비용을 부담해 '콜로니 드 바캉스' 재정에 도움이 되기도 했다. 제2차 세계대전 이후 전쟁으로 인해 생겨난 가난한 아이들을 위해 새로운 개념의 '콜로니 드 바캉스'가 도입됐다. 1947년에는 국가가 90% 비용을 부담했다. 1950년대에는 '콜로니 드 바캉스'를 운영하는 이들에게 전문적인 연수를 진행했으며, 기숙사 집단생활, 남녀 공동생활, 사회적 · 종교적 · 직업이 다른 부모를 둔 다양한 자녀들의 공동생활을 지도하는 내용을 지도했다.

1960년대에 '콜로니 드 바캉스'는 예전에 비해 프로그램의 성격이 변하게 된다. 경제적으로 취약한 아이들의 건강 향상프로그램이 아닌 스키강습, 바닷가 체험, 자연체험 등 스포츠와 여가활동에 참여하는 여름 캠프로 변화하게 됐다. 이러한 변화는 대부분 무료였던 '콜로니 드 바캉스'가 점차 유료화로 변화하는 계기가 됐다.
1970년대가 되자 '콜로니 드 바캉스'는 정기성을 갖게 되고, 인솔교사들을 대상으로 전문적인 연수를 실시하기 시작했다. 1973년 '콜로니 드 바캉스'는 '상트르 드 바캉스'(Centre de Vacances, 바캉스센터)로 공식적인 명칭을 변경하고, '상트르 드 로와지르'(Centre de Loisirs, 여가센터)와 통합운영하게 됐다. 여가센터는 거주지 인근 지역의 아이들을 비교적 저렴한 가격으로 수업이 없는 수요일이나 토요일 하루, 수업 전후, 짧은 방학기간 동안 매일 맡길 수 있는 곳으로 숙박시설은 없다.
1980년대에 접어들면서 중산층들의 가족여행 증가로 인해 '콜로니 드 바캉스' 수요가 현저히 감소하게 된다. 최근에는 주35시간 근무로 상대적으로 휴가를 이용할 수 있는 기회가 많아진 학부모들로 인해 가족여행이 계속 확대되고 있는 추세다. 2012년 프랑스 청소년 스포츠부의 발표에 따르면, 1년 동안 1400만명의 아이들이 '콜로니 드 바캉스(숙박이 없는 상트르 드 로와지르 포함)'를 이용했으며, 이 가운데 1000만명이 여름기간 동안에만 3만 개 이상의 프로그램에 참여한 것으로 나타났다. 이 중 80%가 프랑스 내에서 체류했으며, 이 보고에 의하면 2만 3000개의 기관이 이들 숙박을 주관했다고 한다. 이들 기관은 대부분 사설협회로 도나 시의회의 재정적인 도움을 받아 운영하고 있다.
프랑스 정부에서는 저소득층 아이들의 숙박체류를 장려하기 위해 비용을 지원하고 있으며, 가족수당 중 아이의 휴가비용이 교환권(바우처) 형식으로 제공된다. 또한 상당수 기업에서도 직원들 휴가를 위해 아이들의 방학기간에 이용할 수 있는 '바캉스 수표(cheque de vacances)'를 지급한다. '바캉스 수표'는 프랑스인들의 휴가 장려를 위해 1982년 미테랑 대통령 시절 도입된 시스템이다. '바캉스 수표'로 숙박시설, 휴가를 위한 교통수단, 음식점, 문화행사 등에 이용할 수 있다. 2011년 프랑스에서는 2만 개 이상의 기업에서 약 13억 유로(약 3조원)의 바캉스 수표를 발행했다.
프랑스 학생들에게 방학이란 재충전의 시간이자 자신의 여가생활을 풍요롭게 만들어주는 또다른 학습의 시간이다. 현재 학업에만 몰두하고 진정한 여가생활을 즐기지 못하고 있는 한국의 청소년들에게 프랑스의 콜로니 드 바캉스가 시사하는 바가 크다.

[그림 10-4] 파리 19구 빌레트 운하에서 평일에 카누를 배우고 있는 학생들

* 출처: http://issuemaker.kr, www.ohmynews.com, http://cafe.naver.com/froebelmam/58

참고문헌

정하성, "주5일제 시행과 청소년 여가활동 지도",

권이종(1996), 「청소년학 개론」, 서울: 교육과학사.

김홍록(2004), "청소년의 여가활동을 위한 복지정책 방안에 관한 연구", 한국여가크리에이션학회지 제27권.

윤철경, "주요 외국의 청소년정책 동향", 청소년 문화포럼.

정회욱 · 김경준(1999), "외국의 청소년활동 프로그램", 문화관광부.

한국청소년개발원(1994), "주요 외국의 청소년활동 정책"

오영재 외(2004), 「청소년복지론」, 대왕사.

한국청소년정책연구원(2012), 『청소년수련시설 운영 개선방안 연구』

한국문화관광연구원(2011), 『청소년 학습관광 활성화를 위한 제도화 방안』

한국청소년정책연구원(2009), 『청소년의 게임중독 예방을 위한 가족여가 활성화 방안』

여성가족부(2012), 『청소년백서』

한국직업능력개발원 · 교육과학기술부(2012), 『아일랜드의 전환학년제 적용방안 연구』

한국청소년연구원(2013), 『자유학기제 정착을 위한 아일랜드 전환학년제 분석 및 시사점』

한국직업능력개발원(2013), 『한국형 진로탐색학년제 도입을 위한 아일랜드 전환학년제의 주요 특징 분석』

제 11 장 고령사회와 노인여가

제1절 고령사회와 노인여가

1. 고령사회와 노인여가의 중요성

저출산, 고령화 등 인구구조의 변화는 한국사회의 미래에 큰 영향을 미칠 핵심 변수 중 하나로 인구구조의 변화는 의약의 발달, 보건위생의 향상, 영양상태의 호전(식생활 개선)으로 인한 평균수명의 증가와 출산율 저하에 기인한다.

일반적으로 '고령화 사회(Aging Society)'란 노인인구의 상대적 증가를 의미하는데, 전체 인구 대비 노인인구의 비율이 계속해서 증가하는 상태, 즉 인구의 고령화가 진행되고 있는 사회를 말한다. 반면에 '고령사회(Aged Society)'는 노인인구가 일정비율로 증가한 어떤 단계에 도달해 그 비율이 거의 안정된 상태가 지속되는 사회를 가리킨다. 한국의 경우 1990년대 노인인구의 비율은 전체 인구의 5.1%로 약 219만명 정도였으나, 2000년에는 노인인구가 약 339만명으로 전체인구의 7.2%를 차지해 고령화사회로 진입했다. 2018년에는 노인인구가 약 707만명으로 전체 인구의 14.3%에 이르러 고령사회가 도래할 것으로 전망하고 있다.

<표 11-1> 65세 이상 노인인구 비율에 따른 국가사회의 분류

구분	내용
고령화사회 (Aging Society)	전체인구 중 65세 이상 인구비율이 7% 이상~14% 미만
고령사회 (Aged Society)	65세 이상 인구비율이 14% 이상~20% 미만
초고령사회 (Super-aged Society)	65세 이상 인구비율이 20% 이상

* 자료: 박동석 외(2008), 『고령화 쇼크』, 서울: 굿인포메이션.

인구의 고령화는 주로 선진국에서 나타났던 현상이었으나, 현재는 선진국뿐만 아니라 전 세계의 많은 국가에서 보편적으로 나타나고 있는 현상이다. 한국의 고령화는 미국, 프랑스, 일본 등 선진국에 비해 훨씬 빠른 속도로 진행되고 있으며, 고령사회(고령인구 비율이 14%)에서 초고령사회(고령인구 비율이 20%)로 도달하는데 걸리는 시간이 8년에 불과할 것으로 전망되고 있다.

<표 11-2> 우리나라 연령계층별 인구 (단위: 천명, %)

구분	1990	2000	2010	2018	2026	2030
총인구	42,869	47,008	48,875	49,340	49,039	48,635
65세 이상	2,195	3,395	5,357	7,075	10,218	11,811
구성비	100.0	100.0	100.0	100.0	100.0	100.0
0 ~14세	25.6	21.1	16.2	12.7	11.7	11.4
15 ~64세	69.3	71.7	72.9	72.9	67.5	64.4
65세 이상	5.1	7.2	11.0	14.3	20.8	24.3

* 자료: 통계청, 「장래인구추계」, 2006.

〈표 11-3〉 주요 국가별 인구 고령화속도 현황 비교

국가	도달연도			증가 소요연수	
	고령화(7%)	고령(14%)	초고령(20%)	7%→14%	14%→20%
한국	2000	2018	2026	18	8
일본	1970	1994	2006	24	12
프랑스	1864	1979	2018	115	39
이탈리아	1927	1988	2006	61	18
미국	1942	2015	2036	73	21
스웨덴	1887	1972	2014	85	42

* 자료: 통계청, 「장래인구추계」, 2006

고령화사회는 인구구조의 변화로 인해 사회, 경제, 노동, 복지, 주거, 의료, 문화 등 다양한 분야에서 많은 변화가 수반된다. 고령화사회의 특징으로는 노동시장구조의 변화, 사회복지 수요의 증대, 노인관련 산업의 발달, 노인문제와 노인문화를 들 수 있다.

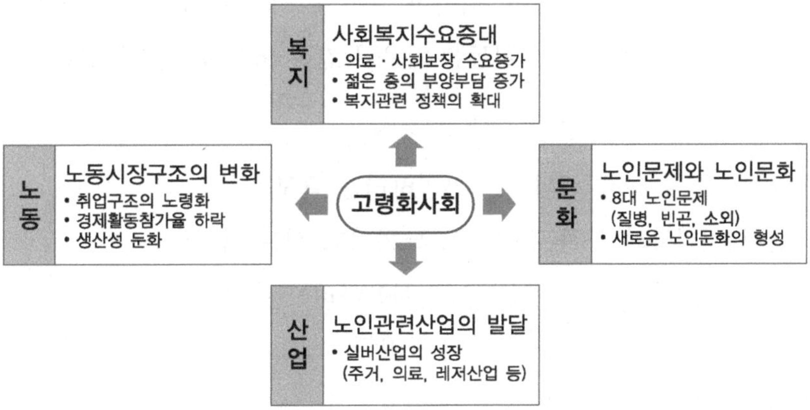

[그림 11-1] 고령화사회의 특징

* 자료: 삼성경제연구소(2002). 고령사회의 도래에 따른 기회와 위협

쉬미즈(Shimizu)에 따르면, 고령화사회가 도래하게 될 경우 일반적으로 다음과 같은 4가지 도전에 직면하게 될 것으로 예상하고 있다. 첫 번째는 경제적 안정에 대한 욕구를 충족시켜 줘야 한다는 것이고, 두 번째는 건강에 대한 욕구로 노인들이 건강한 생활을 유지할 수 있도록 충분하고 저렴한 의료보호를 받을 수 있도록 해야 하며, 셋째는 감정적 반응(emotional responsiveness)에 대한 욕구로 다른 사람과 솔직한 대화를 나누고 가족구성원들과 긴밀한 사적 관계를 유지하고자 하는 욕구를 충족시켜줘야 한다. 마지막으로 의미 있는 삶을 추구하고자 하는 욕구인데, 여행, 자원봉사활동 등 자신의 신체적 · 심리적인 조건에 맞는 활동을 하고자 하는 욕구를 충족시켜줘야 한다.

노년기는 은퇴 후의 시기로서 대부분의 경우 직업적 활동에서 벗어난 시기라고 할 수 있다. 퇴직 이후 경제활동영역이 감소하면서 이를 대체할 수 있는 다른 사회활동을 찾지 못해 노년기의 여유 있는 시간을 막연하고 무료하게 보내는 경우가 많다. 노인들에게는 풍부한 여가시간이 주어져 있으며, 노년기의 대부분 시간과 활동은 여가활동으로 이루어진다고 할 수 있다. 따라서 노년기의 여가시간을 어떻게 보내느냐는 노인의 삶의 질에 상당한 영향을 미칠 수 있다.

노년기의 여가활동은 노인의 다양한 욕구를 충족시켜줄 수 있다. 카플렌(Kaplan)에 의하면 노년기 여가활동은 다음과 같은 노인의 욕구를 충족시켜 줄 수 있다는 것이다.

① 사회적으로 유용한 서비스를 제공하려는 욕구
② 자신이 지역사회의 한 부분으로 느껴지고 싶은 욕구
③ 여가시간을 만족스러운 방법으로 사용하려는 욕구
④ 정상적인 동반자 관계를 즐기려는 욕구
⑤ 개인으로 인정받고 싶은 욕구
⑥ 자기표현과 성취감의 기회를 가지려는 욕구
⑦ 건강을 유지하고 보호하려는 욕구
⑧ 적절한 정신적 자극을 가지려는 욕구

⑨ 적절한 주거조건과 가족관계를 가지려는 욕구

⑩ 영적인 만족감을 얻으려는 욕구

그린실버밴드

어르신댄스동아리(나이야가라)

[그림 11-2] 노년기 여가활동

* 출처: http://www.seoul.co.kr/news/newsView.php?id=20090523021007
http://blog.daum.net/program1993/135

2. 노인여가관련 이론

노인여가에 대한 이론은 사회역할이론과 관련해서 논의해볼 수 있는데, 노년기에도 지속적인 사회활동에 참여해야 한다는 사회활동론(Social Activity Theory)과 노년기에는 사회활동에서 은퇴하여 휴식을 취해야 한다는 사회은퇴론(Social Disengagement Theory)이 있다.

1) 사회활동론(Social Activity Theory)

사회활동론은 노년기에 계속 사회활동에 참여해야 한다는 이론으로서 노년기를 중년기의 연장으로 보아야 한다는 것이다. 노인들은 사회적 역할에서 후퇴하는 것을 싫어하며 사회활동이 축소되는 것에 대해 저항감을 가진다. 이러한 이유로 노인들은 중년기에 했던 여러 가지 활동들을 계속 유지해야 하며, 그것이 불가능할 때에는 대체활동이 필요하다.

이론에 따르면 노인의 사회활동 참여정도와 생활만족도는 긍정적인 상관관계가 있다는 것이다. 즉 사회활동 참여도가 높은 노인일수록 생활만족도나 심리적 만족감이 높다는 것이다. 노인들은 노년기에 들어서도 근본적으로 중년기와 다름없는 심리적·사회적 욕구를 지니고 있다. 따라서 이러한 욕구를 충족시키기 위해서는 새로운 사회활동이 필요하다. 활동에 많이 참여하고, 또한 친밀한 활동을 할수록 노인의 생활만족도가 높아지므로 많은 사회적 관계를 가질 수 있는 활동에 참여하는 것이 필요하며, 특히 은퇴 후 역할상실을 대체하기 위해서는 다른 활동에 적극 참여하는 것이 중요하다.

이 이론에서는 여러 가지 활동들 가운데 특히 여가활동이 중요하고, 여가활동을 지지해 줄 수 있는 대안적 상호작용을 중요시하며, 역할유지는 노령화에 적응하는 가장 좋은 방법이라고 강조한다. 따라서 노년기에도 중년기에 행해졌던 여러 가지 활동과 교제가 계속 유지되는 것이 바람직하며, 그렇지 못할 경우에는 예전의 역할을 대체할 수 있는 새로운 여가활동이 필요하다는 것이다. 노인들은 사회활동에 적극적으로 참여함으로써 심리적으로 자아정체감을 유지하기 위해 적극적인 여가활동을 하는 경향이 강하다.

2) 사회은퇴론(Social Disengagement Theory)

이 이론은 노년기를 중년기가 연장되는 것이 아니라 사회적 역할이 축소되는 시기로 본다. 노년기는 중년기의 연장이라고 할 수 없으며, 사회적 역할, 인간관계에서 후퇴하거나 유리되는 것이 당연하다는 이론이다.

이 이론은 노인은 젊은 사람에 비해 건강하지 못하고 사회에 대한 공헌도 미약하고 언제 사망할지 모르기 때문에 노인들에게 중요한 사회적 역할을 맡기기보다는 사회적 위치에서 분리시켜 쉬게 하는 것이 사회적 평형을 유지시키고 노인개인으로서도 좋은 일이라는 것이다. 늙는다는 것은 개인이 사회로부터 자유로워지는 과정이며, 사회활동이나 책임감으로부터 해방됨으로써 오히려 자아를 재편성하고 자기만족이 있는 휴식의 생활을 할 수 있다는 것이다.

사회참여에 대한 욕구가 있지만 정년이라는 사회제도에 의해 직장을 떠나야 하는 노인들과 신체적으로 쇠약한 노인들, 가정에서 역할을 상실한 노인들은 사회은퇴론에 가까운 심리적인 특성을 가지고 있다. 이러한 노인들은 주로 집에서 휴식을 취하면서 소극적인 여가와 취미활동을 하는 경향이 강하다.

3) 지속이론(Continuity Theory)

은퇴이론과 활동이론의 결함을 보완한 이론으로 노년기의 삶의 질을 향상시키고 삶의 만족도를 높이기 위해서는 사회활동을 중단하거나 활발한 사회활동을 강조하는 것이 아니라, 개인의 성향과 중년기에 수행했던 역할에 초점을 맞추어 노년기에도 비슷한 역할을 지속적으로 수행하는 것이 바람직하다고 보는 관점이다. 노년기에 삶의 만족도가 높은 사람들 대부분이 중년기에 수행했던 활동에 지속적으로 참여하는 경향이 높으며, 중년기에 활동능력(activity competence)을 학습하지 못하게 되면 노년기에 발현되지 못하기 때문에 노년기 이전의 활동능력에 대한 학습이 중요하다.

4) 노년문화이론(Subculture of Aging)

노년층에서도 노인들만의 하위문화인 노년문화가 형성되고 발전된다는 견해로 노인들만의 독특한 생활양식, 가치관, 규범, 언어 등을 가지고 있는 것을 말한다.

제2절 노인여가활동의 특성

1. 노인여가의 개념 및 유형

1) 노인의 개념 및 특성

노인은 생리적 · 신체적 기능이 감퇴하고 심리적으로 변화가 일어나 개인의 자기 유지 기능과 사회적 기능이 약화되어 있는 사람을 지칭한다. 노년학자들은 늙음 자체, 역연령(chronological age), 사회적 역할, 늙음에 대한 자각의 관점 등을 준거로 노인을 정의하기도 한다. 브리안(Brean)의 정의에 따르면, 노인이란 생리적 · 육체적으로 변화기에 있는 사람, 심리적인 측면에서 개성의 기능이 감퇴되고 있는 사람, 사회적 변화에 따라 사회적인 관계가 과거에 속해 있는 사람을 말한다. 또한 미국의 국제노년학회(International Association of Gerontology, 1951)에서는 노인을 인간의 노화과정에서 나타나는 생리적 · 심리적 · 환경적 행동의 변화가 상호작용하는 복잡한 형태의 과정에 있는 사람이라고 정의했다.

노인의 다양한 개념들을 살펴볼 때, 노인의 개념을 단지 나이를 기준으로 한 원력연령에 의해 규정할 것이 아니라 생물학적 · 심리학적 · 사회학적인 측면과 연관해서 다각적이고 종합적인 관점에서 규정해야 할 필요가 있다. 이는 인간의 노화가 단순하게 생물학적인 퇴화를 넘어서 심리 · 사회적인 다양한 요인들과 관련해 발생되기 때문이다. 또한 노화는 개인에 따라 다르고, 한 개인에 있어서도 신체의 각 기관에 따라 노화의 시기, 속도, 정도가 다르기 때문이다.

한국의 경우 일반적으로 「노인복지법」(개정 2013.6.4.)에서 규정하는 65세 이상의 사람을 노인으로 지칭한다. 최근에는 대체로 65세 이상의 경제적 활동에서 은퇴한 계층을 주로 말한다.

노인은 노화과정을 통해 생리적 · 신체적 · 심리적인 변화를 경험하고 있는 사람이며, 사회적 기능, 자립적인 생활능력, 환경에 대한 적응능력이 약화됨에 따라 생리적 · 신체적 · 심리적 · 사회적인 다양한 특징을 갖게 된다. 이러한 노인의 특성을 긍정적인 측면과 부정적인 측면에서 살펴보면 다음과 같다.

부정적인 측면에서 첫째, 신체적 변화를 살펴보면, 노년에는 피부와 지방조직의 감소, 세포의 감소, 골격과 수의근의 약화, 치아의 감소 등의 현상이 나타나게 된다. 또한 신체의 외적인 측면으로 백발의 증가, 머리카락의 감소, 주름살의 증가, 얼룩반점의 증가, 신장의 감소 등이 나타난다. 노인은 동맥경화증, 고혈압, 당뇨병, 심장병 등 만성질환이 나타남으로써 병에 걸리기 쉬우며 병 자체가 복합적인 질환으로 발전하기 쉬운 특징이 있다.

둘째, 노년기에는 인지기능이 약화되고 기억력과 지능이 감퇴되면서 치매나 기질성 장애 등의 위험성이 증가하게 된다.

셋째, 인간관계의 축소이다. 은퇴 후 직장동료, 상사, 부하, 친구 등의 인간관계가 축소되며, 가정에서도 자녀의 출가, 배우자나 죽음에 의해 인간관계가 전반적으로 약화되거나 축소된다.

넷째, 사회적 역할 및 지위의 약화이다. 직장에서의 은퇴, 핵가족화 등 급변하는 사회환경의 변화와 정보화로 인해 노인의 사회적 역할과 지위가 약화되었다.

반면, 노인의 긍정적인 특성으로는 여가시간의 증가, 긍정적 정서의 증가, 경험이나 지혜의 증가 등이 있다. 첫째, 노년기에는 은퇴로 인해 시간적 여유가 있고 가족과 직장의 요구나 의무에서 벗어나 있다는 점에서 자기중심적인 삶을 자유롭게 영위할 수 있는 새로운 기회의 시기라고 할 수 있다.

둘째, 인지적 측면에서 연령이 증가함에 따라 부정적인 정서보다 긍정적인 정서가 증가해 오히려 삶의 만족도가 더 높아지기도 한다. 노인들은 자신의 주관적인 안녕감을 유지하기 위해 능동적이고 적극적인 노력을 기울이게 된다.

셋째, 노년기에 접어들면서 교육, 경험의 폭, 의사소통, 이해력, 판단력이 증가한다. 따라서 적절한 조건 하에서는 새로운 교육이나 훈련에 잘 적응할 수 있는 능력을 가지고 있다.

넷째, 노인들은 다양한 사회적 경험과 지혜를 가지고 있으므로 어떤 상황에서는 보다 현명한 판단을 할 수 있고, 신중하고 침착하게 상황에 대처할 수 있다.

2) 노인여가의 개념 및 유형

노인여가의 개념은 노인들이 자유시간에 건강, 휴식, 기분전환, 사회적 접촉, 자아실현 등 여가욕구를 충족시키기 위해 참여하는 활동으로 정의할 수 있다. 노인여가는 은퇴를 기준으로 일정한 사회적·가정적 역할을 추구하면서 갖는 여가와 은퇴한 노인이 일정한 역할 없이 보내는 여가라는 두 가지 측면에서 생각해볼 수 있다. 일반적으로 노인여가의 경우 은퇴한 노인들이 사회적 역할에서 벗어나 주어지는 여가시간을 의미하는 경우가 더 많다. 노인들의 경우 퇴직 후 대부분이 노동이나 사회적 역할에서 벗어난 시간이기 때문에, 시간상으로 봤을 때, 24시간 중 여가시간의 비중이 매우 크다. 이러한 의미에서 노인여가의 경우 은퇴한 노인들과 은퇴를 하지 않은 노인들 간에 여가의 의미에는 상당한 차이가 존재할 수 있다.

노인들의 여가가 단순히 남는 시간을 보내기 위한 여가를 위한 여가가 된다고 하면, 노인들에게는 인생의 낭비가 될 것이고 사회적으로는 인적자원의 낭비가 될 것이다. 따라서 노인들이 인생의 보람을 느끼고 사회적인 면에서도 보탬이 될 수 있는 여가활동을 창안할 필요가 있다. 즉 단순한 휴식, 취미, 오락활동 외에도 봉사활동, 교육 및 훈련, 문화활동 등을 포함한 다양한 여가활동에 참여함으로써 노인들은 지역사회의 구성원으로서 일정한 역할을 수행하고자 하는 욕구, 자신의 능력을 발휘하고자 하는 욕구, 문화생활을 즐기고자 하는 욕구 등 여러 가지 기본적인 욕구를 충족시킬 수 있다.

노인여가활동 유형은 여가활동 참여 실태, 개인의 성격, 과거습관, 다른 사람들과의 공식적인 관계형성의 유무, 관여정도 등 다양한 기준에 의해 분류된다.

고든(Gordon, 1976)은 인지적·정서적·신체적 측면에서 표현적 관여도에 따라 여가활동을 긴장해소 활동, 기분전환 활동, 발전적 활동, 창의적 활동, 감각적 쾌락추구활동 등으로 분류하고 있다.

① **감각적 쾌락추구 활동**: 표현적 관여도가 가장 높은 활동으로 게임 및 운동경기, 춤 등

② **발전적 활동**: 관여도가 중간정도에 해당하는 활동들로 개인 스포츠활동, 단체활동 참여, 관광, 여행 등

③ **긴장해소 활동**: 관여도가 가장 낮은 활동으로 휴식과 수면 등

김성순은 노인여가활동의 유형을 다음과 같이 5가지 유형으로 분류했다.

① **근로형**: 여가시간을 이용해서 간단한 근로활동을 하며 시간을 보내는 경우를 말함. 부업이나 시간제로 소일하면서 소득을 올리는 경우도 있고, 그냥 일이 좋아서 가족구성원의 사업장에서 일을 거드는 경우도 있음.

② **한거형**: 무거운 중책을 맡거나 중요한 분야에 종사하다가 은퇴해서 비교적 여유 있는 생활을 하며, 혼자서 휴식을 취하며 여가시간을 보내는 유형

③ **사교오락형**: 대부분의 여가활동들이 이 유형에 포함되는데, 특히 여가시간에 스포츠활동에 참여하는 경우

④ **자기완성형**: 노년기 여가시간을 이용해 시간에 쫓겨서 젊은 시절에 하지 못했던 활동들을 보완해 나가는 유형

⑤ **참여활동형**: 정치활동, 학술활동, 모임 등 각종 사회활동에 참여하면서 여가를 보내는 유형

⑥ **폐쇄형**: 건강이 좋지 않아서 활동이 부자연스럽거나, 경제적으로 여유가 없는 등 여러 가지 제약으로 인해 활발하고 적극적인 여가활동을 하지 못하고 폐쇄된 일정공간에서 여가시간을 보내는 경우

황진수(2007)는 노인여가활동을 노인의 여가활동 참여 실태에 대한 경험적 자료를 기초로 다음과 같이 5가지 유형으로 나누었다.

① **가정지향적 활동**: 가사 일 돕기, 손녀들과 놀아주기, 가족들과의 대화 등 주로 가족중심으로 여가생활을 즐기는 형태

② **자기계발활동**: 정서적 · 지적개발을 위한 노인학교, 모임 참석, 취미활동, 건강유지 및 향상을 위한 운동, 산보, 산책 등

③ **종교수양활동**: 인생을 마무리하는 단계에 있는 노인들에게 긍정적인 자아상을 갖고 정신적 만족을 추구하도록 해주는 중요한 여가활동

④ **사교적 활동**: 친구, 친지 등의 동년배 노인들과 경로당, 공원 등에서 어울리는 활동

⑤ **휴식활동**: 가정에서 조용히 쉬거나 낮잠을 자는 등 소극적이고 정적인 활동

다카하시몬지(高橋紋士)는 노인여가활동 유형을 다음과 같이 5가지 유형으로 분류했다.

① **단독충실형**: 내성적이고 차분한 성격으로 집안 꾸미기, 미술·음악감상, 서예, 다도, 사진촬영, 우표·골동품 수집 등을 하면서 여가시간을 보내는 유형

② **우인충실형**: 사교적인 성격으로 주로 친구들과 어울리면서 식사, 대화, 게임 등을 하면서 여가시간을 보냄.

③ **독서형**: 글쓰기, 독서 등 발전적이고 창조적인 활동을 하면서 혼자 여가활동을 즐김.

④ **가족충실형**: 정원 가꾸기, 가옥 수리 및 꾸미기, 집안 꾸미기, 음악회, 전람회, 운동경기 등을 구경하기 위해 가족과의 외출을 즐기는 유형

⑤ **사회참여형**: 봉사활동 참여, 동창회, 향우회, 친목회 등 참여, 때로 정치활동 단체 등에 참여하는 것을 좋아하는 유형

또한 고든(Gordon) 등은 노인여가활동을 5가지 유형으로 분류했다.

① **긴장해소활동형**: 혼자서 조용히 휴식을 취하면서 시간을 보내거나 휴면을 취하면서 여가시간을 보내는 유형

② **기분전환활동형**: 사교적인 활동(손님 접대, 친구 만나기), TV 시청, 경기 관람, 취미·오락·독서 등의 활동에 관심이 많음.

③ **발전형**: 신체적 능력, 지적인 지식을 동원해 능동적인 활동을 시도하는 형으로, 개인 운동, 학습활동, 미술이나 음악 등 예술활동에 관심이 많고, 여행이나 정치적 활동에도 관심이 있음.

④ **창조적 활동형**: 미술 · 문학 · 음악 등의 창작활동, 독서 및 토론, 수리 및 꾸미기, 실내환경 꾸미기, 음악회, 전람회, 운동경기 등 구경하기, 가족과의 외출 등을 즐김.

⑤ **감각적 쾌락활동 추구형**: 종교적 무아지경, 사냥, 공격적인 행동, 격정적인 춤, 경쟁적인 운동경기 등 쾌락추구활동을 즐김.

향후 고령사회의 노인들은 핵가족화, 여성의 사회활동 증가 등 사회환경의 변화로 인해 가족의 부양기능이 약화됨에 따라 자녀에 의지하기보다는 독립된 생활을 즐기려는 경향이 강해질 것이다. 또한 노후생활을 대비한 저축증대와 국민연금의 확대 등 노후소득이 보장되고 경제사회적 수준이 향상되며, 개인주의적인 서양적 가치관이 확산되면서 능동적인 소비가 증가할 것으로 예측되고 있다. 또한 노년기에 대한 인식변화, 라이프 스타일의 변화, 여가에 대한 가치관 변화 등으로 인해 여행, 문화생활, 스포츠활동, 클럽활동, 자기계발활동 등 다양한 여가활동에 참여하게 될 것이다.

〈표 11-4〉 노년층의 생활양식의 변화

구분	과거의 노년층	새로운 노년층
생활양식	보수, 비관적 인생관	합리적, 미래지향적
노년기 의식	인생의 종말기	자기실현의 기회, 제3의 인생
삶의 태도	검약, 소박, 무취미	여유, 즐김, 여러 가지 취미
독립성	자녀 등에 의지, 의존적	강한 독립심, 배우자 및 사회시스템에 의지
노후설계	자녀세대에 의존	계획적인 노후설계
가치관	노인은 노인답게	나이와 젊음은 별개
여가관	일하는 재미, 여가는 수단	여가 자체의 가치목적화
자산처분	자녀에게 상속	자기를 위한 처분
여행행태	친목단체 등 단체여행	여유 있는 부부여행
취미생활	노인끼리의 교류	다양한 취미, 다른 세대와의 교류
생활 스타일	순 한국식 선호	타문화 교류적 생활

* 자료: 야마우치 히사시, 『뉴 거대시장, 실버산업』

2. 노인여가활동 영향요인

노년기의 여가활동에 영향을 미치는 요인에는 퇴직, 경제적 요인, 건강상태, 교육수준, 주변의 생활환경 등이 있는데, 이 중에서 퇴직은 여가활동의 유형과 참여율에 가장 큰 영향을 미치는 요인이다.

① **성별**: 성별과 관련된 역할수행은 노인의 여가활동에 제약이 되며 여가활동 참여도에도 영향을 미침. 남성노인에 비해 여성노인은 가족중심적 생활형태를 보이는 경향이 있음.

② **연령**: 연령에 따라 개인의 신체적 · 정서적 · 환경적 조건이 달라지기 때문에 연령은 여가활동에 많은 영향을 미침. 일반적으로 노인의 연령이 낮을수록 여가활동 참여도가 높게 나타나고, 연령이 증가할수록 여가활동의 범위가 축소되고 여가활동에 소극적임.

③ **교육수준**: 교육수준은 여가활동에 대한 필요성과 참여도에 중요한 영향을 미침. 교육수준이 높은 노인은 여가시간에 창조적인 활동, 체력관리, 클럽활동, 봉사활동, 독서 등 다양하고 적극적인 여가활동에 참여하는 반면, 교육수준이 낮은 노인은 휴식활동, TV 시청 등 비교적 소극적인 여가활동에 참여함.

④ **자녀들의 성장 또는 독립**: 자녀들을 다 독립시킨 후 부모의 역할이 거의 필요 없게 되면 새로운 역할이나 활동에 관심을 갖게 되고, 지금까지 여유가 없어 거의 하지 못한 활동에 관심을 갖고 적극적으로 참여함.

⑤ **퇴직**: 의무적인 일에서 벗어나 자유시간이 증가함. 자녀들의 성장과 독립 이후 부모역할이 감소하면서 새로운 활동이나 역할에 많은 관심을 갖게 됨. 여가시간 증가에 따라 그동안 참여하지 못했던 다양한 여가활동에 참가하게 됨.

⑥ **경제적 요인**: 퇴직으로 인한 소득상실로 경제적 형편이 어려워짐에 따라 노년기 여가시간이 증가함에도 불구하고 다양한 여가활동 참여에 제약을 받게 됨. 소득보장제도나 사회보장제도가 미흡할수록 경제적인 요인은 여가활동 참여에 큰 제약요인이 됨.

⑦ **건강상태:** 노인여가활동의 종류와 양에 영향을 주는데, 건강상태가 양호한 경우 다양한 여가활동에 참여할 수 있고, 참여빈도도 높음. 반면 건강상태가 좋지 못한 노인들은 여가활동 참여에 소극적이며, 활동유형에도 많은 제약을 받음

⑧ **여가활동에 대한 사회화 정도:** 여가활동에 대한 사회화는 여가활동의 능력을 향상시켜 노년기에도 중년기와 마찬가지로 다양한 여가활동을 유지할 수 있게 함.

⑨ **개인생활목표의 다양성:** 개인이 추구하는 목표가 다양하고 많을수록 활동이 많아짐. 여가활동을 통해 개인의 다양한 욕구를 충족시키고, 삶의 보람을 찾는 노인일수록 보다 적극적으로 여가활동에 참여하게 됨.

⑩ **주변의 생활환경:** 가까운 곳에 친척이 있거나, 이웃에 노인이 많거나, 노인복지시설이 잘 갖추어져 있으면 노인들의 여가활동 참여빈도와 활동범위의 폭이 넓어질 가능성이 큼.

제3절 노인여가 실태

1. 노인여가활동

〈표 11-5〉는 한국문화관광연구원에서 조사한 서울 및 경기지역의 여가시설(노인복지관, 노인대학 등) 내 프로그램에 참여하고 있는 65세 이상 노인들의 여가활동 실태를 요약한 것이다.

노인들이 평소에 참여하는 여가활동을 살펴보면, 복지관이나 문화센터의 프로그램을 이용하는 경우가 93.3%로 가장 많다. 그 다음으로 사교모임(47.0%), 종교단체(39.4%), 공원(33.9%), 가족과의 대화(31.9%) 등에 참여하고 있는 것으로 나타났다. 최근 여가활동 관심분야를 보면, 운동 및 스포츠활동이 60.6%로 가장 높은 비중을 차지하고 있고, 그 다음으로 IT기술이 14.6%, 종교 및 봉사활동이 10.4%로 높게 나타나고 있다. 노인들이 여가활동에 참여하는 이유는 '남은 시간을 보람 있게 활용하기 위해서'라는 응답이 61.6%로 가장 많았고, '새로운 친구를 사귀기 위해서(18.7%)', '지역사회에 봉사하기 위해서(9.8%)' 등이 있다. 여가시설을 이용하는 빈도는 주 2~3회가 38.4%로 가장 많았고, 주 4~5회가 29.7%로 그 다음 높게 나타났다. 여가시설 이용료는 본인의 수입으로 직접 지급하는 경우가 37.2%로 가장 높은 비중을 차지했고, 자녀들이 주는 용돈으로 지급하는 경우도 34.1%로 나타났다.

노인들이 여가활동에 참여하는 경로로는 친구나 이웃의 권유로 참여하는 경우가 56.3%로 가장 높았고, 월 평균 여가시설 이용료는 6만 5천원으로 나타났다. 여가활동 참여에 방해가 되는 요인들로는 정보 및 지식부족(33.7%), 장소 및 시설부족(15.4%), 비용부담(11.4%) 등이 있다. 지속적인 여가활동 참여를 위해 필요한 조건들로 여가프로그램의 다양화(32.3%), 가까운 여가시설(31.3%), 저렴한 비용(22.2%) 등이 제시되었다.

〈표 11-5〉 노인 여가활동 실태 (N=508, 단위 %)

구분	내용
평소 참여여가활동	복지관/문화센터(93.3), TV/라디오(90.2), 사교모임(47.0), 종교단체(39.4), 공원(33.9), 가족과 대화(31.9) 등
최근 여가활동 관심분야	운동 및 스포츠(60.6), IT기술(14.6), 종교 및 봉사활동(10.4), 미술활동 및 예술관람활동(5.1), 지식관련활동(3.9), 관광(2.6) 등
여가활동 참여이유	남은 시간을 보람 있게 활용(61.6), 새로운 친구 사귐(18.7), 지역사회에 봉사(9.8), 새로운 지식 및 경험(7.1) 등
여가시설 이용빈도	매일(17.7), 주 4~5회(29.7), 주 2~3회(38.4), 주 1회(11.0) 등
여가시설 이용료 조달경로	본인의 수입으로 직접 지급(37.2), 자녀들의 용돈(34.1), 자녀가 지급(20.9), 정부의 지원서비스(7.5) 등
여가활동 참여경로	친구/이웃의 권유(56.3), 자발적으로 인터넷 검색(15.6), 전문기관 및 자원봉사자 추천(8.7), 자녀권유(5.9), 광고지(5.7), 배우자 권유(4.3) 등
여가시설 이용비용	평균 6만 5천원(1개월 평균) 등
여가참여 방해요인	정보 및 지식부족(33.7), 장소/시설 부족(15.4), 비용(11.4), 몸이 불편함(9.8), 교통편 불편(5.1) 등
향후 이용하고 싶은 여가시설	노인복지회관(51.6), 문화센터(14.2), 노인대학(8.9), 대학 내 평생교육관(6.5), 박물관/미술관 내 문화회관(3.3), 동호회(2.2) 등
지속적인 참여를 위한 필요조건	프로그램의 다양화(32.3), 가까운 여가시설(31.3), 저렴한 비용(22.2), 멘토(9.6), 건강(1.0)

* 자료: 한국문화관광연구원(2008), 『노인 여가문화 활성화 방안을 위한 실태조사』

2. 노인여가시설

노인여가시설은 노인들이 여가활동을 즐길 수 있는 모든 시설로서 공원, 박물관, 사찰, 영화관, 스포츠시설 등 일반 성인들이 이용하는 시설을 포함하여 경로당, 노인정, 노인교실, 노인학교 또는 노인대학, 노인복지회관, 노인휴양소 등이 있다. 본 장에서는 우리나라 「노인복지법」 제31조에 명시된 노인여가복지시설 유형을 중심으로 노인여가시설에 대해 살펴보고자 한다.

〈표 11-6〉 노인여가복지시설 유형

시설유형	설치목적 및 입소대상자
노인복지관	노인의 교양·취미생활 및 사회참여활동 등에 대한 각종 정보와 서비스를 제공하고, 건강증진 및 질병예방과 소득보장, 재가복지, 그 밖에 노인의 복지증진에 필요한 서비스를 제공(60세 이상의 자)
경로당	지역노인들이 자율적으로 친목도모·취미활동·공동작업장 운영 및 각종 정보교환과 기타 여가활동을 위한 장소 제공(65세 이상의 자)
노인교실	노인들의 사회활동 참여욕구를 충족시키기 위하여 건전한 취미생활·노인건강 유지·소득보장 기타 일상생활과 관련한 학습프로그램을 제공(60세 이상의 자)
노인휴양소	노인들의 심신휴양과 관련한 위생시설·여가시설 기타 편의시설을 단기간 제공(60세 이상의 자 및 그와 동행하는 자)

* 자료: 보건복지부(2011), 『노인복지시설현황』

1) 노인복지회관

노인복지회관은 「노인복지법」상 노인여가시설로 규정되어 있는 시설로서, 노인들의 복지증진에 필요한 편의를 제공하는 시설이다. 노인복지회관에서는 무료 또는 저렴한 요금으로 노인상담, 건강의 증진, 취업상담 및 알선, 교양강좌 등의 프로그램을 실시하고 있다. 노인복지회관은 중앙정부로부터 특별히 재정적 지원을 받는 경우는 거의 없으며, 지방자치단체의 재정지원으로 운영되고 있는 노인종합복지관과 혼돈되어 애매모호한 위치에 있다. 현재 노인종합복지관을 포함해서 전국에 100여 개 이상이 있다. 노인복지회관 및 노인종합복지관에서 실시하고 있는 프로그램은 매우 다양하다.

〈표 11-7〉 노인복지회관 여가프로그램 사례

프로그램	내용
교육문화프로그램	교양강의, 한글·산수교실, 한문·한글서예, 영어교실, 일본어교실, 중국어교실, 고사성어 한자교실, 가곡교실, 하모니 노래교실, 즐거운 노래교실, 문학초급·중급반, 사군자 등
전통문화프로그램	덩더쿵 장구교실, 민요교실, 우리춤 한마당, 전통리듬체조 등
건강문화프로그램	장수교실, 건강체조, 다이어트댄스, 요가댄스, 에어로빅, 댄스스포츠, 포크댄스, 방송재즈댄스, 라인댄스 등
취미써클프로그램 I	노원시니어합창단, 노원댄스팀, 신문동아리, 미술반, 크로마하프반, 아코디언반, 바이올린반, 가야금반, 기타반, 해금반 등
취미써클프로그램 II	댄스스포츠 동아리, 덩더쿵 장구교실 동아리, 에어로빅 동아리, 클라리넷 동아리, 자율탁구, 자율장기·바둑, 체력단련프로그램
정보화교육	컴퓨터첫걸음, 한글2007, 인터넷 기초, 인터넷 활용

* 자료: 서울 노원구 노인종합복지관 홈페이지(www.nowonsenior.or.kr) 참고

2) 경로당

경로당은 1950년대 초부터 도시와 농촌에 건립되기 시작해 현재 전국에 약 60,737개소가 있으며, 노인정이라고도 한다. 경로당은 지역노인들이 주로 친목도모, 취미 및 오락활동, 문화활동, 평생교육활동, 공동작업장 운영, 기타 여가활동 등에 참여할 수 있도록 지원함으로써 노인들의 여가욕구, 오락욕구, 교육욕구, 정신건강욕구 등 다양한 욕구들을 충족시켜주는 역할을 수행한다.

경로당은 지역사회에서 노인들이 언제든지 만날 수 있는 장소를 제공할 뿐만 아니라, 다양한 여가프로그램들을 제공함으로써 적극적이고 능동적인 생활을 지원하는 역할을 수행하고 있다. 과거의 경로당이 단순히 사람들을 만나는 사랑방의 역할을 수행했다면, 현재의 경로당은 다양한 프로그램 실행을 통해 지역사회 노인들의 여가활동 활성화 기능, 건강증진 기능, 사회봉사 기능, 교육활동 기능, 공동활동을 통한 소득보충의 기능 등 다양한 역할을 수행하고 있다. 경로당의 기능향상에도 불구하고, 각 지역 경로당마다 프로그램 실시에서 편차가 심하며, 시행주기, 시설, 인력, 운영재원 부족 등 해결해야 할 과제가 존재한다.

〈표 11-8〉 경로당 여가프로그램 사례

구분	프로그램
건강교실	건강강좌, 맷돌체조, 건강체조, 스포츠댄스, 요가, 수지침, 웃음치료, 체조, 게이트볼 등
취미교실	바둑, 장기, 윷놀이, 민요, 가요, 종이접기, 그림, 서예, 당구 등
사회봉사	공원 및 주변청소, 교통봉사, 안전지킴이 등
정보화교육	컴퓨터 교육, 휴대폰 활용법 등
교양강좌	충효교실, 한자교육, 소양교육, 인성교육, 예절교육 등
기타	숲 체험교실, 봉사활동 · 실버도우미, 관광 등
제공기관	경로당 자체, 대한노인회, 노인복지관, 사회복지관, 지역정신보건센터, 치매예방관리센터, 국민건강공단, 게이트볼회, 일반자원봉사 등 프로그램에 따라 주 1~2회, 월 1회, 분기별 혹은 수시로 제공함.

* 자료: 경기복지재단(2011), 『경기도 경로당 운영 활성화 방안』

3) 노인교실(노인학교)

우리나라 최초의 노인학교인 서울평생교육원이 설립된 이후 1970년대 중반부터 전국적으로 노인학교 설립이 활발하게 진행되어서 현재 전국에 1,000개 이상의 노인교실이 있다. 노인교실은 대학노인회, 대학, 사회단체, 종교단체, 사회복지법인, 개인 등이 설립 운영하고 있다. 노인교실에서 실시하고 있는 프로그램은 교육프로그램과 여가활동 프로그램으로 구성되어 있다. 교육프로그램은 주로 노인들이 원하는 강좌를 중심으로 구성되어 있는 경우가 많으며, 노인교실의 주요 강의내용은 건강관리나 의학상식과 관련된 문제, 노인의 자세와 역할에 관한 문제, 가정생활과 관련된 문제, 여가활동의 활용방법에 관한 문제, 종교학습, 어학교육 등이 있다.

〈표 11-9〉 노인교실 여가프로그램 사례

프로그램		내용
학습교육	한글교실	기초한글과정, 한글중급(생활한글)
	외국어교실	한글, 영어회화, 일어회화, 중국어회화
	정보미디어교실	컴퓨터 초·중급
취미교육	취미여가교실	한글서예, 한문서예, 사군자, 노래교실, 민요교실
건강증진교육	건강운동교실	실버세대 맞춤요가, 탁구교실
공연예술교육	공연예술교실	한국무용, 댄스스포츠, 지루박, 밸리댄스, 하모니카, 통기타

* 자료: 중계종합사회복지관 홈페이지(www.junggye.or.kr)

4) 노인휴양소

「노인복지법」에 의한 노인여가복지지설로서 현재 전국에 6개소가 있고 약 4만여 명이 이용하고 있다. 노인휴양소에서는 심신의 휴양과 관련된 위생시설, 여가시설, 기타 편의시설을 제공하고 있다. 우리나라 노인의 여가활동과 여가시설의 실태를 보면 노인 여가활동의 문제점은 ① 경제적 여유부족, ② 여가시설의 부족, ③ 여가시설에서의 조직적 프로그램의 미비, ④ 여가에 대한 사회화의 부족, ⑤ 노인여가활동의 모델부재 등으로 볼 수 있다.

〈표 11-10〉 노인복지시설 현황

시 · 도	노인인구 수 (65세 이상)	노인 복지관	경로당	노인교실	노인 휴양소	합계 (시설 수)
서울	1,002,770	31	3,118	344	2	3,495
부산	401,784	16	2,012	180	1	2,209
대구	252,084	10	1,353	54	0	1,417
인천	237,805	15	1,324	34	0	1,373
광주	130,457	10	1,205	18	0	1,233

시 · 도	노인인구 수 (65세 이상)	노인 복지관	경로당	노인교실	노인 휴양소	합계 (시설 수)
대전	130,245	6	746	35	1	788
울산	76,800	8	732	27	0	767
경기	1,022,456	48	8,609	287	1	8,945
강원	226,505	9	2,853	20	1	2,883
충북	204,470	16	3,930	5	1	3,952
충남	308,556	13	5,703	77	0	5,793
전북	284,373	20	6,278	84	0	6,382
전남	350,900	26	8,366	94	0	8,486
경북	418,858	13	7,254	104	1	7,372
경남	388,648	16	6,867	83	1	6,967
제주	69,641	2	387	18	0	407
합계	5,506,352	259	60,737	1,464	9	62,469

* 자료: 보건복지부(2011), 『노인복지시설현황』

5) 실버타운

실버타운의 어원은 1960년대 미국 남부지역의 노인 주거지역을 근거로 하고 있으며, 시니어 레지던스(Senior Residence)라고도 불린다. 실버타운과 유사한 개념으로 일본에서는 유료 노인홈, 독일의 알텐본하임, 미국에서는 은퇴마을(Retirement Community)로 불리기도 한다. 실버타운은 법적으로 개념이 명확하지 않으며, 현행 「노인복지법」상 노인주거복지시설 중 양로시설 또는 유료노인복지주택에 해당한다.

우리나라에서는 1990년대 초반 노령인구가 증가하면서 실버산업이 시작되었고, 해외사례를 토대로 국내에도 실버타운이 도입되었다. 실버타운은 기존의 양로원이나 요양원과는 달리 국가나 지방자치단체의 지원에 의존하지 않으며, 입주자들의 입주금으로 운영이 되고 있어, 주로 중간 혹은 고소득층 노인들이 이용한다. 실버타운은 노인들이 거주하는데 필요한 주거시설, 의료시설, 여가시설, 기타 편의시설 등의 시설과 어르신들을 위한 건강증진, 안전관리, 식사관리, 여가문화, 생활편의 등의 다양한 서비스를 제공한다.

현재 우리나라는 인구의 고령화와 핵가족화로 노부부 가정과 독거노인이 증가하고 있다. 이 중 독거노인은 2012년 25만명에서 2035년에는 345만까지 증가할 전망으로 독거노인들이 주거생활과 취미생활을 함께 할 수 있는 노인 공동주택이나 노인 공동주거시설이 필요하다. 특히, 경제력이 부족한 독거노인들을 위해 정부차원의 지원이 필요하다.

한편, 경제력을 갖춘 고령계층이 증가하면서 실버타운의 수요가 점차 증가할 것으로 예측되고 있다. 특히, 과거의 전원형 실버타운보다는 의료, 여가문화 및 편의시설을 갖추고 교통편의 및 대학병원, 백화점, 마트 등 생활편의시설과 근접한 도심에 위치한 도심형 실버타운에 대한 관심과 수요가 증가하는 추세이다. 우리나라의 경우 실버타운은 정부에서 개발하고 운영하는 것이 아니라 민간사업자의 참여로 이루어지고 있다.

국내에서 성공적으로 운영되고 있는 실버타운으로 경기도 성남시 금곡동에 위치한 '더헤리티지'가 있다. 입주민들을 위한 노래방, 당구장, 골프연습장, 수영장, 스파, 사우나, 스포츠센터, 소형 영화관, 게임룸, 도서관 등의 여가시설을 갖추고 있다. 뿐만 아니라 노인들의 건강을 위해 의료시설을 갖추고 있는데, 단지 안에 458개의 배드를 갖춘 보바스 병원과 치매 등 중증환자를 위한 235배드의 요양원이 있어 평소에 주택에서 생활을 하다가 건강상태가 안 좋아질 경우 입원을 통해 집중치료를 받을 수 있다. 뿐만 아니라 시설 곳곳에 긴급 의료기구가 설치되어 있고, 응급상황을 대비한 심장제동기도 갖추고 있다. 의사와 간호사가 24시간 의무실에 상주하고 있어 입주민이 집 안에 벨을 누르면 언제든지 대처가 가능하다. 더헤리티지는 'CCRC(Continuing Care Retirement Community · 지속적 은퇴관리 커뮤니티)'란 개념을 도입해 노인에게 은퇴 이후 주거뿐만 아니라 여가와 문화, 의료 등 지속적인 보살핌을 통해 건강한 노년을 보낼 수 있도록 해준다. 은퇴 이후 건강하고 행복하게 성공적으로 노년생활을 보낼 수 있도록 주거, 여가와 문화, 의료시설,

사회적 교류 등 노인들의 요구에 맞는 차별화된 서비스를 제공할 수 있는 실버타운이 더욱더 활성화되어야 한다.

미국의 실버타운은 1960년대부터 정년퇴직 후 노인들끼리 모여 살면서 여가생활과 사회활동을 하면서 즐거운 노년생활을 보낼 수 있는 노인전용아파트, 노인촌락(retirement community)과 같은 노인주거산업이 비영리단체나 민간기업을 중심으로 발달해 있다. 2014년 기준 미국 전역에 약 3,000여 개의 실버타운이 조성되어 있으며, 이 중 80%가 민간기업에서 운영한다. 실버타운은 대부분 기후가 따뜻하고, 경치가 좋은 버지니아, 캘리포니아, 아리조나, 플로리다 등에 모여 있다. 썬시티(Sun City)는 미국 아리조나주 훼닉스 근교에 있는 실버타운으로 1960년대 초 건설이 착수된 이후, 현재는 집단이 거주하는 도시로 변했다. 약 8,568만평의 대지에 13,500개의 주거홈이 있으며, 비영리 단체가 운영하는 종합병원, 골프장, 교회, 은행 등 금융기관, 대규모의 묘지단지 등 다양한 시설이 있다.

일본은 1963년 일본 노인복지법을 제정하면서 노인주거시설인 유료 노인홈을 규정했다. 일본의 노인복지법 제29조에서는 유료 노인홈을 "통상 10인 이상의 노인을 입소시켜, 급식과 기타 일상생활상 필요한 편의를 제공하는 것을 목적으로 하는 시설이고 노인복지시설이 아닌 것"으로 분류하고 있다. 일본의 노인홈은 노인복지법의 규제를 받는 양호노인홈, 특별양호노인홈, 경비노인홈이 있으며, 유료 노인홈은 노인복지법의 적용을 받지 않는다. 이 가운데 가장 비중이 높은 시설은 특별양호 노인홈으로 전국에 약 6,200여개가 있으며, 수용인원은 44만명이며, 입소를 대기하고 있는 노인의 수가 44만명으로 보통 2~3년은 대기해야 입소할 수 있을 정도이다.

3. 노인여가활동 활성화를 위한 과제

한국의 노인인구가 지속적으로 증가하고 있음에 따라 노인들이 직면하게 되는 여러 가지 사회문제들 중 노인여가의 문제는 노인들의 삶의 질 향상을 위해 해결되어야 하는 중요한 문제 중 하나이다. 노인들의 정신적 · 신체적 건강을 증진시키고, 성공적인 노화를 촉진하는 하나의 기제로서 노인여가는 상당히 중요하다. 특히, 노인들의 바람직한 여가생활은 삶의 질을 향상시키고, 생활만족도를 높이기 위한 필수적인 요소라고 할 수 있겠다. 따라서 노인여가문제를 해결하기 위한 노인여가활성화를 위한 과제를 제시하면 다음과 같다.

첫째, 노인여가관련 법제도를 정비할 필요가 있다. 현재 우리나라에 노인여가와 관련된 법에는 「노인복지법」(개정 2013.6.4)과 「저출산 · 고령사회기본법」(개정 2014. 3.18)이 있는데, 주로 노인여가시설관련 내용, 여가활동 장려, 참여촉진에 관한 사항들이 명시되어 있다. 그 밖에 노인여가지원 대상, 예산확보, 자금조달, 지원체계, 관련기구의 설치, 전문 인력 등 구체적인 사항들에 대해서는 명시되어 있지 않다. 따라서 현행 법률에 '노인여가법' 혹은 '노인여가진흥법'과 같은 노인여가 관련 법률을 새롭게 제정하고, 이를 구체적으로 명시할 필요가 있다. 미국의 경우 노인복지법과 사회보장법에 노인여가 관련 법률이 제정되어 있으며, 문화활동 및 봉사활동과 같은 여가활동의 장려 등 노인들의 자유와 독립, 창의를 발휘하도록 권리를 보장하고 있다. 일본의 경우도 노인복지법을 통해 지방공공단체로 하여금 노인여가활동 참여를 촉진할 수 있는 사업을 실시하고 원조하도록 권고하고 있다. 노인여가관련 법률을 새롭게 제정하지 못할 경우, 기존의 「노인복지법」이나 「저출산 · 고령사회기본법」에 노인여가활동 참여를 촉진시키기 위한 조항, 노인여가지원 관련 내용, 여가프로그램의 개발 및 촉진, 예산확보, 관련기구의 정비 등 구체적인 조항들을 추가하는 방안도 고려해 볼 수 있다.

둘째, 노인여가 관련 전담부서 및 기관을 설립해야 한다. 우리나라에서 현재 노인여가관련 업무는 주로 보건복지부, 문화체육관광부와 같은 중앙 정부기관과 각 지역 시 · 도에 설치된 노인복지 관련 부서에서 담당하고 있으며, 노인여가를 전담하는 별도기관은 없는 실정이다. 노인여가 관련 업무를 전담할 정부기관, 지방단위의 기관, 각 지역차원의 기관 등 행정체제 정비를 통한 효율적이고 체계적인 기관의 설립이 필요하다. 노인여가 전담기구를 설치해서 노인여가 프로그램 개발, 인력 양성, 노인여가 관련 연구, 홍보활동 등 노인여가 활성화를 위한 다양한 사업을 실행해야 한다.

셋째, 노인 개인의 다양한 욕구를 반영한 여가프로그램의 개발이 필요하다. 급속하게 변화하고 있는 사회환경과 노인들의 개인적 특성(라이프 스타일, 가치관, 경제적 능력, 건강상태, 여가기술, 여가경험 등)을 반영한 여가프로그램 개발이 필요하다. 노인의 문화 및 여가생활에 대한 욕구가 증가함에 따라 개인의 변화와 욕구를 충족시킬 수 있는 건강관련 운동 및 스포츠, 컴퓨터, 종교활동, 문화예술관련 프로그램, 평생교육프로그램, 봉사활동 등 다양한 여가프로그램의 개발이 필요하다.

넷째, 노인들에게 다양한 여가기회를 제공하고 여가환경을 구축하기 위해 여가시설을 재정비할 필요가 있다. 특히, 노인들의 여가프로그램에 참여에 대한 접근성을 높이기 위해서는 지역사회를 기반으로 한 여가시설의 확충이 필요하다. 기존 지역사회의 여가시설을 활용하거나 지역여가센터를 설립해서 다양한 여가프로그램이 활발하게 운영될 수 있도록 해야 한다. 또한 노인들이 편리하게 여가시설을 사용할 수 있도록 의료·안전·위생시설 등의 편의시설을 확충해야 하며, 배리어프리 설치, 유니버설 디자인 도입, 물리치료실 등 장애노인들을 위한 시설도 필요하다.

마지막으로 노년기의 다양하고 풍부한 여가활동을 위해서 여가교육이 필요하다. 노년기에 충분한 여가시간이 주어진다고 해도 여가기술과 지식이 없으면 개인이 만족할 만한 여가활동을 할 수 없게 되는 경우가 많다. 여가활동은 여가지식과 기술을 필요로 하지 않는 단순한 여가활동이 있는 반면에, 일정 기술과 지식을 필요로 하는 여가활동도 있다. 여가기술과 지식은 중년기까지 여가교육 및 사회화를 통해 습득되어야만 노년기에 활용이 가능한 경우가 많다. 연령이 증가할수록 학습에 어려움을 경험하고, 대부분 노인들이 여가기술 습득을 회피하는 경우가 많기 때문에 가능하면 노년기 이전에 여가기술을 습득하는 것이 바람직하다. 우리 사회의 교육시스템은 주로 직업에 필요한 지식과 기술을 전달하는데 편중되어 있으며, 여가교육에 대한 중요성에 대해서는 관심이 부족한 실정이다. 노년기의 여가시간을 풍요롭고 유용하게 보내기 위해서는 청년기부터 여가시간을 적극적이고 창의적으로 활용할 수 있도록 하는 여가교육이 필요하다.

제4절 해외 노인여가 프로그램 사례

1. 미국

미국의 노인들은 다양한 오락과 교육, 여행 등을 통해 남은 인생을 즐겁게 보내고 있다. 미국은 노인을 위한 각종 여가 프로그램이 1950년대부터 복지적 측면에서 개발되어 왔다. 노인복지와 관련된 기관으로는 연방정부의 노인청, 주(州)정부의 노인국, 지역정부에 지역 노인기관 등이 있다. 노인들을 위한 여가시설에는 노인센터(Senior Center), 장수훈련센터(Longevity Training Center), 공예센터(Hobby-craft Center), 성인스포츠 캠프(Adult Sports Camp), 모험여행클럽(Adventure and Travel Clubs), 은퇴자 모임(Theme-focused Retirement Communities), 레크리에이션 상담센터(Recreation Counseling Centers), 다목적 노인센터(Multi-purpose Senior Center) 등이 있다.

이 중 다목적 노인센터(Multi-purpose Senior Center)는 노인이 지역사회에서 일상생활을 해나감에 있어서 여가활동은 물론 사회적 활동을 원활히 해나갈 수 있도록 도와주는 것을 목적으로 하고 있다. 다목적 노인센터에서는 노인에게 건강 및 의료서비스, 사회적 서비스, 급식서비스, 레저 및 교육 프로그램 등 광범위한 서비스를 제공할 뿐만 아니라 때로는 가정방문 서비스 및 다른 지역사회조직과의 광범위한 연계망을 통해 정보문의 서비스 등을 병행하는 다목적 기능을 수행하고 있다.

다목적 노인센터의 이전 형태는 노인센터로 이는 1940년대에 지역사회의 비영리집단이나 지방자치단체에 의해 주로 소규모 노인클럽 형태로 존재했었다. 노인센터가 설립되던 초창기에는 노인들을 위한 장소를 제공하여 노인들이 유용한 시간을 보낼 수 있도록 했다. 당시에는 노인센터가 집단사회사업이나 오락, 성인교육 서비스 형태를 제공했는데 주로 사회에서 고립된 저소득층 노인들이 외로움을 극복하도록 사회 및 여가 프로그램을 제공함으로써, 노인들이 건강하고 독립된 삶을 영위할 수 있도록 하는데 중점을 두었다.

최근에는 보다 다양하고 종합적인 서비스를 제공하며 규모가 큰 다목적 노인센터로 전환되었다. 오늘날 다목적 노인센터는 주로 공공기관이나 민간단체에 의해서 이루어지고 있는데, 지역사회의 지원을 받아 지역노인들을 위한 다양한 서비스를 제공하는 거점으로서 자리잡게 되었다. 1970년대 들어와서는 법적으로 다목적 노인센터에 대한 국가의 재정적 지원이 현실화되었다.

현재 다목적 노인센터에서 행하는 프로그램의 내용은 대인서비스, 집단서비스, 지역사회서비스가 있다. 대인서비스는 몸이 불편한 노인들과 일반 노인들을 대상으로 상담, 정보 문의, 건강검진 및 유지, 교통편의를 제공해주는 서비스이다. 집단서비스는 노인들이 다목적 노인센터에 모인 상태에서 이루어지는데, 영양, 교육, 오락 및 사교적 활동 등이 이에 속한다. 마지막으로 지역사회서비스에는 사회활동 및 자원봉사활동이 포함된다.

미국의 노인복지프로그램은 주로 소외계층을 위한 사회적 관심으로 시작해서 점차 은퇴에 적응하는 것을 돕기 위한 프로그램으로 자리잡고 있다. 이를 통해 노인들의 욕구를 충족시키고 사회기관의 책임성을 강조하는 사회교육의 일환으로서 정착되고 있다. 또한 노인복지관이나 지역 노인복지사무소, 교회 등에서 개발한 노인교육프로그램이 있고, 일반대학과정에 노인교육과정을 개설해서 노인들이 대학교육을 받을 수 있도록 하는 프로그램도 있다.

2. 일본

일본은 세계적인 최장수국으로 1995년 일본의 총 인구수 1억 2천546만명 중에서 65세 이상 노인이 1천823만명으로 총 인구의 14%를 넘어서 1970년에 이미 고령화사회에 진입한 후 25년 만에 고령사회가 되었다. 2010년에는 노인인구가 2천775만명에 이르러 총 인구의 21.3%를 차지해 초고령사회가 될 것으로 전망하고 있다. 일본의 노인여가활동 프로그램은 노인복지를 위한 중요한 사업으로 실시되고 있다. 노인들을 위한 프로그램이 단독법으로 제정된 것은 없지만, 후생성, 노동성, 문부성, 농림후생성이나 각료회의에서 결정한 지침에 따라서 지방행정단위를 통해서 프로그램을 실시하고 있다.

일본에서 노인여가활동을 위한 대표적 시설에는 노인복지센터, 노인클럽, 노인학급이나 노인대학 등이 있다. 이 가운데 노인복지센터는 지역사회에 거주하는 노인에게 각종 상담을 하는 동시에 건강증진, 교양의 향상, 레크리에이션을 위한 편의를 종합적으로 제공하는 곳이다. 일본의 노인복지센터는 계속 증가추세를 보이고 있다. 일본의 노인복지센터는 다음과 같이 3가지 유형으로 분류된다.

첫째, B형은 노인에게 각종 상담, 교양강좌 실시, 레크리에이션 등을 실시하는데, 건물규모는 50~150평으로 되어 있다. 둘째, A형은 B형에서 이루어지는 프로그램과 더불어 건강증진 지도, 교양강좌, 노인클럽의 원조사업의 서비스를 제공한다. 건물규모는 150평 이상이다. 셋째, 특A형은 노인복지센터 A형에서 수행하는 여러 기능과 함께 건강관련 서비스 및 보건관계 부문의 기능을 보다 강화한 것이다. 즉 특A형은 노인의 건강증진을 위한 활동의 장으로 이용할 수 있도록 한 시설로 건물규모는 242평 이상으로 규정된다. 이와 같이 일본에서는 노인들에게 각 지역의 특수성에 맞는 다양한 복지서비스를 제공하고 있다.

노인클럽은 노인의 사회참여와 건전한 여가활동을 촉진하기 위해 조성한 것으로 교양활동, 건강증진활동, 사회봉사활동 등 다양한 활동을 실시하고 있다.

3. 대만

노인들의 활기찬 노후생활을 위한 노인복지관, 노인학교, 예비은퇴자모임 등 여러 가지 여가프로그램을 마련하여 제공하고 있다. 노인복지관은 노인의 건강증진 및 여가활동의 증진 등을 목적으로 종합적인 서비스를 제공하고 있다. 노인복지관은 여가활동시설, 운동실, 생활체육시설을 기본적으로 갖추고 있으며, 경우에 따라서 노인학교를 운영하기도 한다. 그 밖에도 노인상담전화를 통해 노인들의 각종 문제에 대한 상담을 하며, 야유회, 생일파티, 등산 등 오락활동프로그램을 실시하기도 하며, 60세 이상 단독가구 거주노인을 대상으로 의료 및 복지서비스를 제공하는 가정봉사원 파견사업, 주간보호사업을 동시에 실시하고 있다. 노인자원봉사활동을 조직해 지역사회를 위해 활동하고 있다. 대부분의 노인복지관은 주거단지 내 또는 교통이 편리한 곳에 우선적으로 설립되는데, 최소 200평방 이상으로 짓고 최소 30명 이상 노인이 이를 사용하는 것이 가능하도록 규정하고 있다. 현재 대만성에만 638개소가 있다.

Key Words

- 고령화 사회(aging society)
- 고령사회(aged society)
- 노화(aging)
- 사회활동론(social activity theory)
- 사회은퇴론(social disengagement theory)
- 지속이론(continuity theory)

과제 조사

1. 노년기의 여가가 갖는 중요성과 의미에 대해서 설명하시오.
2. 노년기의 여가를 활성화시킬 수 있는 방안에 대해서 논의하시오.
3. 노인들이 참여하는 여가활동에는 어떤 것들이 있는가?
4. 노인여가활동의 문제점에는 어떤 것들이 있는가?

사 례 엘더호스텔(Elderhostel)

- 엘더호스텔(Elderhostel & Exploritas)은 비영리단체로 성인 및 노인들에게 평생교육의 기회를 제공하기 위해 'Marty Knowlton'와 'David Bianco'가 1975년에 설립. Marty Knowlton가 4년간 유럽여행을 하면서 유스호스텔에서 컨셉을 얻어 미국에서 설립함
- 1975년 5개 대학에서 220명이 참가한 가운데 최초의 엘더호스텔 프로그램을 운영했고, 1980년에는 미국 50여 개 주와 캐나다 대부분의 지역에서 20,000명 이상이 프로그램에 참여함. 1981년에는 멕시코, 영국, 스칸디나비아에서 국제 엘더호스텔 프로그램을 제공함.
- 여행에 교육적 요소를 접목해 참가자들에게 문화, 환경, 역사 등의 교육적 요소뿐만 아니라 현장답사, 탐방, 축제와 이벤트, 봉사활동, 특별활동 등 다양한 프로그램을 제공함. 엘더호스텔은 현재 다양한 주제의 활동으로 미국 50여개 주와 전 세계 150여 개국에서 운영되고 있으며, 8000여개 프로그램에 연간 약 20만명이 참여하고 있음('10년 기준)
- 2010년부터 엘더호스텔은 '로드 스칼러(Road Scholar)'란 새로운 명칭으로 새롭게 운영되고 있으며, 전 세계 다양한 국가와 지역에서 다양한 프로그램들을 제공하고 있음.
- '로드 스칼러'는 길에서 배우는 여행이라는 목적으로, 선호하는 국내외 특정 나라를 선택하여 방문 나라에 대한 관광정보 및 다양한 교육프로그램으로 구성하여 미국 고령층의 선호가 높음.
- 로드 스칼러 프로그램 이외에도 손자손녀와 여행을 희망하는 고령층의 요구를 반영하여 21세 이상 손자손녀와 함께 여행할 수 있는 '익스플로리타스(Exploritas)'란 프로그램도 운영.
- 엘더호스텔 프로그램 참여를 통해 다른 계층보다 상대적으로 시간이 많은 고령층들은 그들만의 여가생활을 즐기고, 고령클럽을 자체적으로 운영하여 고령층의 새로운 사회참여도 이끌고 있음

[그림 11-3] 엘더호스텔 프로그램

* 출처: 엘더호스텔 홈페이지(www.roadscholar.org)
고령관광의 특성분석과 정책방향 연구(한국문화관광연구원, 2011)

참고문헌

민웅기 · 장상희(2002), "노인복지에서의 여가의 중요성과 노인여가의 활성화 방안", 부산대학교 사회복지연구, 11호.

최성재 · 장인협(2004), 「노인복지학」, 서울대출판부.

김성순, 「고령화 사회와 복지행정」.

김홍태 외, "21세기 노인여가정책의 발전방향에 관한 연구", 강원대학교 체육과학연구소논문집.

통계청, www. nso.go.kr

이동원 외(1998), 「고령화사회와 중상층 노인의 사회활동」, 집문당.

서은숙(2004), "노인의 여가활동 활성화방안에 관한 연구", 한양대, 석사학위논문.

http://akaram.tistory.com/171

http://blog.naver.com/kkssrr7

http://cafe.naver.com/amboise/2219

제12장 진지한 여가

제1절 진지한 여가의 개념

현대사회에서 여가는 남는 시간, 자유시간이라는 단순한 의미에서 벗어나 여가활동 참여를 통해 자아를 실현하고 자기계발을 하는 등 여가활동 자체로서 진정한 행복을 추구하는 개념으로 확장되고 있다. 특히 적극적인 여가활동은 참여자들로 하여금 신체적인 건강을 증진시켜줄 뿐만 아니라 성취감, 즐거움, 우월성 등 정신적 건강을 풍요롭게 해주는 역할을 한다.

우리는 주변에서 특정 여가활동에 푹 빠져 있는 사람들을 종종 발견할 수 있는데, 이들은 처음에는 단순한 호기심에서 출발하여 나중에는 특정여가활동에 완전히 빠져들어 심지어는 자신의 직업보다도 그 여가활동에 더 몰입하는 경우를 보게 되는데, 이런 경우는 '진지한 여가(serious leisure)'에 참여한다고 할 수 있다.

진지한 여가(serious leisure)는 1992년 Stebbins가 처음 사용한 용어로 국내에서는 전문형 여가, 적극형 여가, 마니아 여가 등 다양한 용어로 사용되고 있다. 진지한 여가(serious leisure)란 아마추어(amateur), 취미가(hobbist) 및 자원봉사자(volunteer) 등이 가치, 흥미, 자기만족을 얻기 위해 일정하게 규칙적으로 참여하는 활동으로서, 진지한 여가참여자들은 여가활동을 통해 참여분야에서 특정기술, 지식, 전문성을 추구하거나 습득하게 된다. 반면에, 진지한 여가와 대조적인 의미의 일상적 여가(causal leisure 혹은 unserious leisure)는 진지한 여가보다는 즉각적이고 내적인 보상으로 단기적인 즐거움을 추구하는 활동으로 TV 보기, 산책하기, 친구와 어울리기 등 특별한 훈련이나 기술을 필요로 하지 않는 여가활동을 말한다.

한국에서 진지한 여가에 대한 전통은 18세기 박제가의 '벽화보서'에서는 찾을 수 있다. 이 글을 보면 "사람이 벽이 없으면 쓸모없는 사람일 뿐이다. 벽이란 글자는 질(疾)에서 나온 것이니, 병 중에서도 편벽된 것이다. 하지만 독창적인 정신을 갖추고 전문기예를 익히는 것은 왕왕 벽이 있는 사람만이 능히 할 수 있다"라고 언급하여, 어떤 분야에 진지한 몰입하는 사람만이 전문가가 될 수 있음을 시사하였다.

최근의 학문적 성찰에서는 정민의 '미쳐야 미친다(2004)'라는 책의 내용 중 '불광불급(不狂不及)'이라는 말에서 찾을 수 있는데, '미치지 않으면 미치지 못한다'라는 말을 통해 한 시대를 열광케 했던 지적 · 예술적 성취 속에 숨은 열정과 광기를 들여다 볼 수 있다.

진지한 여가는 여가 및 레크리에이션 분야에서 다음과 같은 함축적인 의미를 갖는다. 첫째, 참가 빈도나 강도에 있어서 정도의 기준은 없지만 경제적 자원, 시간적 자원, 노력이나 능력에 해당하는 개인적 자원 등의 가용정도가 여가자원의 소비에 있어서 가장 핵심적인 집단이다. 둘째, 여가의 개념이나 정의에 비추어 볼 때, 여가 및 레크리에이션에서 추구하는 하나의 인간상 혹은 목적을 제시해 줄 수 있다. 셋째, 자신을 전형적인 집단구성원으로 지각하는 정도와 집단에 대한 자부심을 느끼는 정도, 그리고 집단에 대해 정서적으로 몰입되어 있는 정도로 구성된 여가정체성(leisure identity)이 높게 나타날 수 있다. 넷째, 진지한 여가참여자들은 일상적 여가참여자들에 비해 더 높은 여가동기, 여가태도, 여가만족도를 경험할 수 있다. 다섯째, 여가가치의 비중에 있어서도 과거와는 다르게 일(work)보다는 여가에 더 많은 가치를 두고 있다.

진지한 여가는 농구, 마스터즈 수영, 축구, 인라인스케이트, 골프, 볼링, 테니스, 댄스스포츠 등과 같은 일상생활에서 흔히 볼 수 있는 스포츠 종목에서부터 스노보드, 스키, 스케이트보드, 암벽등반가 등의 모험스포츠, 음악, 영화, 게임, 요가, 사진촬영, 퀼트, 애완견 기르기 등의 여가활동에 이르기까지 다양한 분야에서 발견된다. 진지한 여가참여자들은 단순한 재미로 참여하는 사람들과 프로들 사이의 중간 지점에 위치한 사람들로, 일반적인 참여자들에 비해 보다 진지한 자세로 활동에 참여하고 많은 시간과 금전적 비용을 투자하며, 일정 수준의 전문성을 갖추고 있다. 진지한 여가참여자들의 전문성은 적극적인 참여에 의해 나타나게 되는데, 스포츠 참여자들의 경우 초보자의 단계에서부터 엘리트 수준까지 그 범위가 다양하게 나타난다.

[그림 12-1] 진지한 여가활동

* 출처: www.naver.com, ww.2000sf.or.kr, www.yahoo.com
http://sports.chosun.com/news/news.htm

제2절 진지한 여가의 유형

1. 아마추어(Amateurs)

아마추어는 예술, 과학, 스포츠나 엔터테인먼트 분야에서 발견되는 참여자들로 참여하는 각 분야의 전문가들과 다양한 방식으로 관련된다. Saks'(1983)에 따르면, 전문가(profession)는 사회적 · 경제적인 기회를 획득하는데 있어서 독점적인 통제권을 소유하고 있는 합법적으로 특별히 허가된 그룹을 말한다. 또한 Abbott's(1988)는 전문가들을 "광범위한 훈련(training)을 필요로 하는 기술을 소유하고 있는 전문화된 독점적인 그룹"이라고 정의했다.

Stebbins(1992)에 따르면, 전문가들은 아마추어들과는 몇 가지 차이점을 가지고 있는데, 그들은 전문화된 지식과 기술을 보유하고 있고, 강한 자아정체성을 나타내며, 문화적 전통에 대한 전문적 지식을 가지고 있으며, 자신이나 타인들의 능력을 측정하는데 필요한 제도화된 방법을 이용한다.

아마추어와 전문가들은 특정한 사회세계(social world)에서 활동하지만, 아마추어들은 전문가들과 자신들을 구별하는 특정한 태도를 보인다. Stebbins(1992)에 의하면, 아마추어들은 전문가들과는 대조적으로, 여가활동에 진지하게 헌신적으로 동기부여된 참여자들로 여가활동을 직업으로 전환하기도 한다. 현대 아마추어들은 진지함의 수준이나 경력에 따라 유형화된다. 아마추어의 유형에는 Devotees, Participants, Pre-professionals, Pure amateurs, Post-professionals가 있다. 이러한 유형의 아마추어들은 같은 분야에서 활동하더라도 진지함의 수준이나 경력에 따라 구분되며, 기술과 지식에 따라 각각 다르다.

2. 취미생활자(Hobbyists)

취미생활자들은 상업적으로는 아마추어들과 동등한 입장에 있으나 아마추어에 비해 전문성은 결여되어 있다. 취미생활자들 유형에는 수집가(collectors), 제작자(makers), 수선공(tinkers), 활동참가자(activity participants), 시합참여자(players of competitive pursuits), 교양분야(liberal arts) 참여자 등이 속해 있다. 취미생활자들은 한 가지 이상 유형에 속할 수도 있는데, 예를 들어, 카약(kayak)을 직접 제작해서 시합에 참여하는 경우이다. 활동참여자(activity participants)들의 활동에는 낚시, 부쉬워킹, 남성무반주 4부 합창 등이 있으며, 시합참여자(players of competitive pursuits)들의 활동에는 장거리 달리기, 시합을 위한 수영 등이 있다. 또한 교양분야(liberal arts) 취미생활자들은 자신이 관심을 갖고 있는 분야에 열광적으로 빠져있는 사람들로 관심분야의 교양지식을 습득하기 위해 체계적인 노력을 기울인다. 이들은 독서를 통해 예술, 스포츠, 요리, 언어, 문화, 역사, 과학, 철학, 정치, 문학 등과 같은 관심분야에 대한 지식을 주로 얻는다.

3. 자발적 자원봉사자(Career Volunteers)

자발적 자원봉사는 물질적 이득을 목적으로 하거나 타인에 의해 강제적으로 이루어지는 것이 아닌 스스로 가치 있다고 생각하여 참여하는 남을 돕는 행위를 말한다. 따라서 광범위한 의미에서 자원봉사는 재정적인 이득이나 강압적인 명령에 의해 참여하는 활동이 아닌 남을 돕기 위해 자발적으로 참여하는 활동으로 노동(work)이나 고역(slavery), 강제징집(conscription)과는 다르다.

자발적 자원봉사자들은 두 가지 측면에서 아마추어와 취미생활자들과 다르다. 첫 번째는 이타주의(altruism)이다. 대부분의 자발적 자원봉사자들은 봉사를 통해 타인을 돕기 위해 자발적으로 동기부여된 사람들이며, 진지한 여가참여자들로서 자원봉사활동에 대한 동기가 강하다. 자발적 자원봉사자들의 두 번째 특징은 특정

기관으로부터 자원봉사의 임무(task)를 위임받아 적절한 훈련과 경험을 한다는 것이다.

Stebbins(1992)에 따르면, 진지한 여가의 관점에서 봤을 때, 모든 형태의 자원봉사활동들 중에서 진지한 여가로서 적합한 자발적 봉사활동은 일회적인 기부나 봉사활동이 아닌, 지속적으로 남을 돕는 자원봉사활동으로 전문적인 경력을 쌓아야 한다는 것이다. 일반적인 의미에서, 자원봉사활동은 지속적이지 않으며, 이타주의적인 이유로 동기부여되지 않는다.

제3절 진지한 여가의 특징

1. 진지한 여가의 특징

Stebbins(1992)은 진지한 여가의 특징으로 인내심, 전문성, 개인적 노력, 지속적 혜택 및 보상, 특유의 감정, 동일시 등 6가지를 제시하였다.

1) 인내심(Perseverance)

진지한 여가활동 참여자들은 일반적으로 즐거운 기억을 갖고 있긴 하지만, 놀람, 당황, 경직, 불안, 피로, 부상 등과 같은 고통을 경험할 때도 있다. 인내심은 여가활동을 지속하는 과정에서 발생할 수 있는 위험이나 긴장감 등을 극복함으로써 얻을 수 있는 긍정적인 느낌이다.

2) 전문성(Career)

진지한 여가의 두 번째 특성은 적극적인 활동을 통해 특수한 상황, 성취단계, 전환점 등을 경험함으로써 얻게 되는 전문성이다. 진지한 여가참여자들은 여가활동을 통해 경력(career)을 쌓는 경향이 있다.

여가전문성은 아마추어, 취미생활자, 자발적 자원봉사자들이 경험하는 과정으로 참가자들은 전문성을 가지고 여가활동에 참여하게 된다.

3) 개인적 노력(Personal Effort)

진지한 여가참여자들은 지식, 훈련, 혹은 기술을 습득하기 위해 충분한 노력을 기울이게 된다. 경력은 전문적 지식, 훈련 또는 기술 등을 기반으로 쌓이는 것으로 주로 개인적인 노력에 기반하고 있다.

4) 지속적인 혜택 및 보상(Durable benefits and rewards)

진지한 여가활동을 통해 자아실현, 레크리에이션, 자아발전, 성취감, 자기표현, 개인적 충만, 사회적 상호작용과 소속감, 자기만족 등과 같은 이익과 보상을 얻을 수 있다.

5) 특유의 감정(Unique Ethos)

진지한 여가를 통해 특수한 신념, 도덕적 원리, 규범, 수행기준 등으로 구성된 하위문화를 발전시킬 수 있다.

6) 동일시(Strong Identity)

진지한 여가참여자들은 자신이 선택한 활동과 자신을 동일시하는 경향이 있는데, 타인들에게 종종 자신의 활동에 대해 흥분해서 큰 소리로 말하는 경향이 있다.

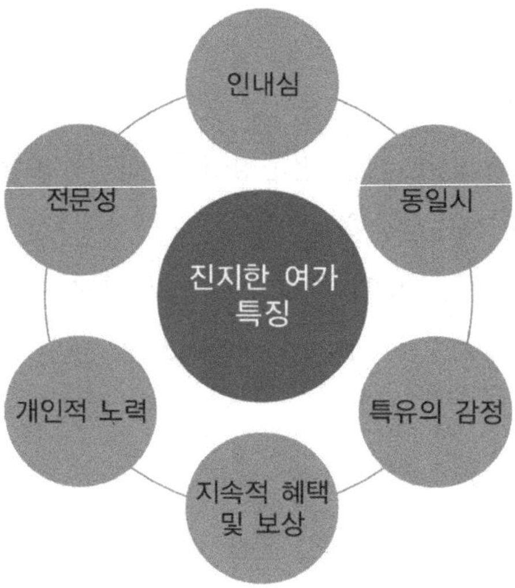

[그림 12-2] 진지한 여가의 특징

2. 진지한 여가활동 보상

진지한 여가활동참여자들이 얻게 되는 보상에는 개인적 보상(personal rewards)과 사회적 보상(social rewards)이 있다.

개인적 보상에는 개인적 풍요(personal enrichment), 자아실현(self-actualization), 자기표현(self-expression), 자기 이미지(self-image), 자기만족(self-gratification), 재창조(re-creation), 재정적 보상(financial return)이 있다.

첫 번째 보상인 개인적 풍요(personal enrichment)는 참여자들의 지적인 능력과 정신적인 재능이 향상되는 것으로 참여자들은 진지한 여가활동 참여를 통해 가치 있고 소중한 경험을 하게 된다.

두 번째, 자아실현(self-actualization)은 참여자들이 자신의 재능(talents), 능력, 잠재력을 충분히 발휘하고 실현하는 것을 말한다. 진지한 여가참여자들은 특정 활동에 대한 기술, 능력, 지식을 개발하고 향상된 기술, 능력, 지식을 활용함으로써 자아를 실현한다.

세 번째, 개인적 보상인 자기표현(self-expression)은 진지한 여가활동에 참여함으로써 자신의 개인적인 특성을 표현하는 것을 말한다. 이는 참여, 인내심, 개인적 노력을 통해 얻은 자신의 기술, 능력, 지식을 표현하는 것을 말한다.

네 번째, 자기이미지(self-image)는 자기 자신 혹은 자신의 역할에 대한 인식을 말한다. 이러한 자아이미지는 진지한 여가활동에 참여해서 자신의 기술과 능력, 지식을 표현함으로써 향상된다.

다섯 번째, 자기만족(self-gratification)은 참여자가 진지한 여가활동참여를 통해 기쁨을 느끼거나 자기 자신의 욕구를 충족시켰을 때 얻게 되는 보상이다. 진지한 여가참여자들은 자신들의 활동을 통해 기쁨을 주는 충만한 만족감을 느끼게 된다.

여섯 번째, 재창조(re-creation)는 진지한 여가활동에 참여하게 됨으로써 재충전되거나 자기 자신을 새롭게 재창조하는 것을 말한다.

마지막으로, 재정적 보상(financial return)은 참여자들이 활동을 통해 얻게 되는 금전적인 보상을 말한다.

사회적 보상(Social Rewards)에는 사회적 매력(Social Attraction), 집단성취(Group Accomplishment), 집단의 발전과 유지에 공헌(Contribution to the maintenance and development of the group)이 있다.

첫 번째, 사회적 매력(social attraction)은 진지한 여가활동에 참여함으로써 다른 참여자들과 사회적인 관계를 맺음으로써 얻게 되는 보상이나 혜택을 말한다. 특히 자발적 자원봉사자들의 경우에는 다른 참여자들과 관련됨으로써 보상을 받게 된다.

두 번째 사회적 보상은 집단성취(group accomplishment)로 진지한 여가활동 프로젝트나 목표를 달성하는데 있어서 집단구성원들 간에 서로 도와주고 노력하는 과정에서 얻게 되는 보상을 말한다.

마지막으로, 집단구성원들은 진지한 여가활동을 통해 서로 단결하면서 그룹을 지속시키고 발전시키며, 상호작용을 통해 소속감을 얻게 된다.

〈표 12-1〉 진지한 여가의 보상

보상의 분류	하위요인
개인적 보상 (personal rewards)	• 개인적 풍요(personal enrichment) • 자아실현(self-actualization) • 자기표현(self-expression) • 자기 이미지(self-image) • 자기만족(self-gratification) • 재창조(re-creation) • 재정적 보상(financial return)
사회적 보상 (social rewards)	• 사회적 매력(social attraction) • 집단 성취(group accomplishment) • 집단의 발전과 유지에 공헌(contribution to the maintenance and development of the group)

제4절 몰입

1. 몰입(Flow)의 개념

몰입(flow)이란 용어는 심리학자인 칙센트미하이(Csikszentmihalyi) 교수에 의해 발전된 개념으로 1975년 'Journal of Humanistic Psychology'와 그의 저서 'Beyond Boredom and Anxiety'에서 처음 사용한 이후 여러 학문 분야에서 사용되고 있는 개념이다. 몰입의 개념은 칙센트미하이 교수가 "인간은 왜 행복을 경험하지 못하는가?"라는 물음에 대한 해답을 찾는 데서 시작됐다. 현대인들은 과학기술의 발전으로 과거보다 풍부한 지식과 여유로운 생활을 영위하고 있음에도 불구하고, 왜 행복하지 못할까라는 물음에 대해 고민했다.

칙센트미하이(Csikszentmihalyi)는 사람들이 행복하지 않은 이유가 자신의 의지대로 할 수 없는 외적인 상황들에 의해 수동적으로 끌려 다니기 때문이라고 주장했다. 인간이 행복을 경험하기 위해서는 자신의 자율적인 의지에 따라 일상경험에 심도 있게 참여하고, 그 속에서 의미를 찾아야 한다고 했다. 이처럼 자율적 의지에 따라 일상적인 경험에 심도 있게 참여하는 상태, 자신의 행동을 스스로 통제하는 상태가 바로 몰입이라고 할 수 있다.

몰입(flow)이란 어떤 행위에 깊게 몰입하여 시간의 흐름이나 공간, 더 나아가서는 자신에 대한 생각까지도 잊어버리게 되는 심리적 상태를 말한다. 몰입은 개개인의 능력과 주어진 환경 사이의 상호작용을 통해 발생하는 것으로 어떤 활동을 하면서 깊이 몰두하여 외적인 보상이 없더라도 활동 그 자체가 즐겁고 활동에 심취하여 그 활동에 자신이 일체화되는 현상을 말한다.

예를 들어, 수술하고 있는 의사, 산을 오르는 암벽등반가, 어려운 음악 작품을 연주하는 뮤지션 등이 해당된다. 이러한 활동에 참여하는 사람들은 참여하고 있는 활동에 고도로 관여하고 집중한 상태에서 엄청난 기쁨과 성취감을 느낀다. 즉 창조성과 성취도가 극대화되는 최적의 경험, 즉 흥분감(sense of exhilaration)을 경험하게 된다. 이는 어렵지만 가치 있는 목표를 달성하기 위해 자발적으로 노력하는 가운데 육체와 정신이 극에 달했을 때 발생하는 것이다. 몰입은 최적경험이라고도 하며, 몰입경험의 자신의 역량(능력, 기술)과 주어진 과제가 가장 정점에서 만날 때 발생하는 현상이다. 몰입경험은 자기목적성, 즉 외적 보상 자체를 위해서가 아닌 내적 보상, 즉 몰입 자체를 추구한다는 특징이 있다.

체스

악기연주

암벽등반

[그림 12-3] 몰입의 사례

* 출처: us.yahoo.com

2. 몰입(Flow)의 특징

칙센트미하이(Csikszentmihalyi, 1990)에 따르면, 몰입경험은 다음과 같은 9가지 특징을 지닌다.

첫째, 개인의 능력(기술)과 과제의 난이도가 적절하게 균형을 이룰 때 몰입상태를 경험하게 된다. 몰입은 쉽지는 않지만 너무 어렵지도 않은 과제를 극복하는데 한 사람이 자신의 실력을 온통 쏟아 부을 때 나타나는 현상이다. 예를 들어, 등반가가 산 정상에 오르기 위해 젖 먹던 힘까지 짜내야 할 때, 성악가의 경우 높고 낮은 성부를 자유자재로 넘나들어야 하는 까다로운 노래를 불러야 할 때, 뜨개질을 하는 사람의 경우 복잡한 자수무늬를 시도할 때, 바로 몰입을 경험할 수 있다.

둘째, 명확한 목표가 있어야 한다. 어떤 활동에서 몰입을 경험하기 위해서는 활동에 참여하는 뚜렷한 목표가 있어야 한다. 그래야만 자신이 무엇을 해야 할지 정확히 판단하고 어떤 목표를 달성하기 위해 활동에 지속적으로 참여하게 된다. 그 과정에서 실력이 향상되며, 몰입을 경험하게 된다. 결국 지속적인 참여와 몰입을 통해 최종적인 목표를 달성하게 된다. 암벽등반, 체스, 테니스, 포커와 같은 활동에 참여할 때 몰입하기 쉬운 이유는 목표가 명확하게 설정되어 있기 때문에 무엇을 어떻게 해야 할지 고민할 필요가 없다.

셋째, 즉각적인 피드백, 즉 피드백의 효과가 빨리 나타난다는 점이다. 몰입상태에 있는 참여자는 활동과정 중에 자신이 도전하고 있는 과제를 잘 수행하고 있는지, 그렇지 않은지를 즉시 판단할 수 있다. 체스를 둘 때 말 하나를 움직일 때마다 형세가 유리해졌는지 불리해졌는지 명확하게 판단할 수 있다. 또한 등반가는 한 걸음 내디딜 때마다 도달하고자 하는 목표지점에 어느 정도 도달하고 있는지 확인할 수 있다. 악기 연주자의 경우 연주 한 소절이 끝날 때마다 자신의 연주가 악보와 맞았는지 틀렸는지 연주를 잘 하고 있는지 바로 알 수 있다. 뜨개질하는 사람의 경우도 한 땀 한 땀 자기가 의도하는 무늬와 맞아떨어지는지 곧바로 알 수 있다.

넷째, 수행중인 과제에 대한 집중할 때 몰입이 발생한다. 몰입을 경험하는 사람들은 현재 수행중인 활동과제에 모든 관심과 노력이 집중되어 있다. 몰입은 정신력을 요구하기 때문에 몰입을 경험하는 사람은 어떤 활동에 완전히 몰두하게 된다.

다섯째, 통제감(sense of control)을 느끼게 된다. 몰입을 경험하는 사람들은 자신의 행동이 타인이나 운명에 의해 통제되는 것이 아니라 자기 자신에 의해 통제되고 있다고 느낀다. 자신의 행동을 완전히 통제하고 있다고 느끼게 될 때, 활동의 결과가 확실하지 않을지라도 자신의 행동에 대해 강한 자신감을 얻게 되며, 실패에 대해 걱정하지 않게 된다.

여섯째, 행위와 인식의 일체감을 느끼게 된다. 몰입을 경험할 때 그 사람의 관심은 자신이 수행하고 있는 활동과제에 완전히 투사되므로 자신의 인식과 활동은 하나가 된다. 그리고, 활동과제와 인식이 분리되지 않기 때문에 활동과제가 자연스럽게 또는 저절로 이루어지는 느낌을 받게 된다.

일곱째, 자의식의 상실(loss of self-consciousness)을 경험하게 된다. 몰입상태에서는 자신이 활동과제와 하나가 되기 때문에 자의식이 사라진다.

여덟째, 양적인 시간개념이 상실(transformation of time)된다. 몰입상태에서는 시간의 흐름이 일상적인 시간의 흐름과 다르게 인식된다. 몰입은 시간의 흐름과 관련성이 거의 없기 때문에 시간의 흐름으로부터 자유롭게 한다. 잡념이나 불필요한 감정이 끼어들 여지가 없고, 시간 감각에도 변화가 와서 한 시간이 일분처럼 금방 흘러간다. 어떤 활동에 참여함으로써 몰입을 경험하게 되는 경우 시간 가는 줄 모르게 된다. 따라서 어떤 활동에 지루함을 느끼지 않고 오랜 시간 동안 참여할 수 있게 된다.

아홉째, 자기목적성(autotelic experience)이다. 어떤 활동에 참여할 때 몰입을 경험할 경우 활동에 대한 보상이나 혜택보다는 활동 그 자체에서 보상을 받으며 활동에 참여한다.

• 명확한 목표 • 즉각적 피드백 • 도전과 기술의 균형	• 당면 과제에 집중 • 행위와 인식의 일치	• 통제력 • 자의식 상실 • 양적인 시간 개념의 상실	• 자기목적성
몰입 이전	**몰입 진입**	**몰입 경험**	**몰입 결과**

[그림 12-4] 몰입의 특징

3. 몰입(Flow)의 이론적 모델

1) 3채널 모델

칙센트미하이(Csikszentmihalyi)는 연구 초기에 도전과 기술의 관계에 따라 몰입과 불안, 권태와의 관계를 제시했다. 그에 따르면 인간은 스스로 지각하는 능력과 직면하게 되는 과제 사이에서 지속적으로 균형을 맞추면서 자아를 성장시킨다. 기술보다 도전수준이 높은 경우에는 불안을 느끼고, 기술보다 도전수준이 낮으면 권태를 느끼게 된다. 기술과 도전수준이 유사한 경우 비로소 몰입을 경험하게 된다. 따라서 몰입을 경험하기 위해서는 자신의 기술(능력)수준과 과제의 난이도를 끊임없이 조정해야 한다. 따라서 도전과제와 기술 사이의 균형을 유지하기 위한 몰입의 상태는 정적인 상태가 아니라 역동적인 평형화 상태인 것이다.

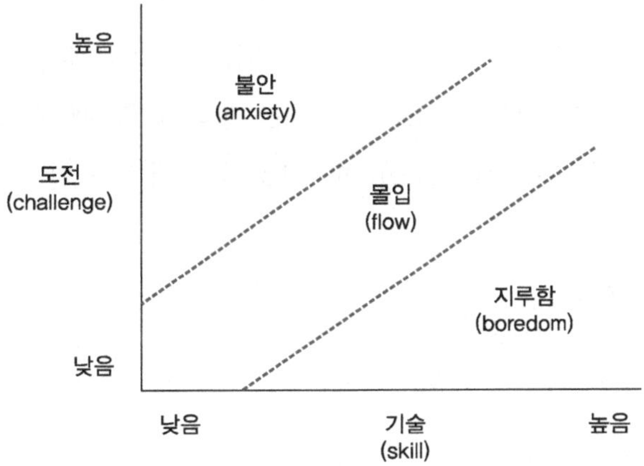

[그림 12-5] 플로우 3 채널 모델

* 자료: 칙센트미하이/이삼출 옮김(2003), 「몰입의 기술」

위 [그림 12-5]의 3채널 모형은 칙센트미하이(Csikszentmihalyi)가 도전과 기술의 관계를 통해 몰입을 설명해주고 있다. 도전과 기술이 균형을 이루는 상태에서 몰입을 경험하게 된다는 것이다. 도전과제가 자신의 기술(능력)보다 높으면 불안감을 느끼게 되며, 이를 해결하기 위해서는 도전과제에 따라 자신의 기술을 향상시켜야 한다. 반면 자신의 기술에 비해 과제의 난이도가 낮을 경우 즐거움을 느끼기보다는 지루함을 느끼게 된다. 따라서 이 상태에서 몰입을 경험하기 위해서는 과제의 난이도를 높여야 한다.

2) 4채널 모델

4채널 모델에서는 도전과 기술(능력)의 수준이 낮을 경우 몰입이 발생하지 않는다는 사실을 고려하여 무관심과 지루함의 요소를 추가했다. 아래 [그림 12-6]과 같이 도전과제의 난이도가 너무 높고 실력이 부족할 경우 불안감(A3)을 느끼게 되며, 결국에 포기하게 된다. 과제의 난이도가 낮고 기술이 뛰어날 경우 지루함(A2)을 느끼게 된다. 과제의 난이도가 낮고 기술도 부족할 경우 무관심(A1)을 경험하게 된다. 따라서 힘겨운 과제가 수준 높은 실력과 결합할 경우 일상생활에서 경험하기 어려운 심도 있는 참여와 몰입(A1)이 이루어진다. 예를 들어, 등반가가 산 정상에 오르기 위해 젖 먹던 힘까지 짜내야 할 때, 성악가의 경우 높고 낮은 성부를 자유자재로 넘나들어야 하는 까다로운 노래를 불러야 할 때, 뜨개질을 하는 사람의 경우 복잡한 자수 무늬를 시도할 때, 바로 몰입경험을 할 수 있다.

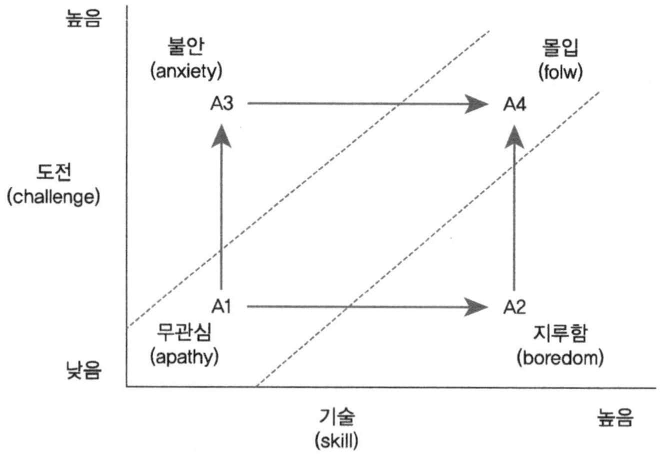

[그림 12-6] 플로우 4 채널 모델

* 자료: 칙센트미하이/이삼출 옮김(2003), 「몰입의 기술」

4채널 모델은 3채널 모델보다 설득력이 있으나 과제(도전)와 기술이 모두 중간 수준일 경우에 대해 설명하지 못하는 한계점을 지닌다.

3) 8채널 모델

몰입의 8채널 모델에서는 도전과제와 기술의 관계에 따라 개인이 주관적으로 경험하는 상태를 각성, 몰입, 통제, 권태, 이완, 무관심, 걱정, 불안의 8 가지 요소로 세분화했다. 8채널 모델에 따르면, 과제의 난이도와 개인의 기술(능력)수준이 유사하더라도, 2가지 수준이 모두 높을 경우 몰입을 경험하게 되며, 2가지 수준이 낮을 경우에는 무관심 상태를 경험하게 된다. 기술수준이 중간일 때 과제의 난이도가 높으면 각성상태를 경험하고, 반대로 과제의 난이도가 낮으면 이완상태를 경험한다. 또한 과제의 난이도가 중간 수준일 경우, 기술수준이 높으면 통제감을 경험하고, 반대로 기술수준이 낮으면 불안을 경험하게 된다.

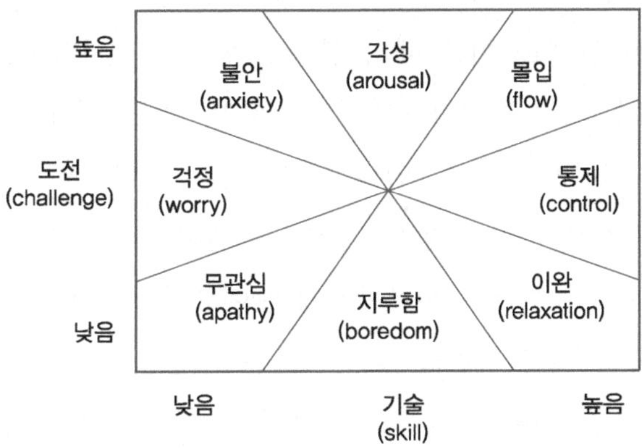

[그림 12-7] 플로우 8 채널 모델

* 자료: 칙센트미하이/이삼출 옮김(2003), 「몰입의 기술」

4. 여가와 몰입(Flow)의 상관성

몰입은 도전과제의 난이도와 참가자의 기술이 적절한 조화를 이룰 때 경험할 수 있는 것으로 일상생활 속에서 경험하기 어렵다. 칙센트미하이(Csikszentmihalyi)는 체스 참가자, 암벽등반가, 무용가, 아마추어 운동선수, 의사 등 다양한 분야의 사람들을 대상으로 몰입을 경험하는지 연구를 시도했다. 이들은 부와 명예를 추구하지 않고, 오직 자신이 좋아하는 활동 자체에 참여함으로써 즐거움을 느끼고, 자연스럽게 활동 자체에 빠져드는 몰입을 경험한다. 이처럼 우리 일상생활에서 몰입을 경험할 수 있는 영역은 주로 일과 여가의 영역이 주를 이루고 있다.

특히, 몰입경험은 일에 비해 여가의 영역에서 빈번하게 발생할 수 있다. 이는 여가활동은 일과는 달리 외적 동기에 의해서라기보다 내적 동기에 의해 참여하는 활동으로 자기가 좋아서 참여하기 때문에 자연스럽게 그 활동에 빠져들 수 있기 때문이다. 또한 여가활동에서는 개인의 능력이나 기술에 따라 주어진 과제의 난이도를 적합하게 변형시키는 것이 용이하다. 여가활동에 참여할 때 참가자의 능력과 활동수준이 적절한 균형을 이룰 때 몰입을 경험하고 여가만족을 경험하게 된다.

몰입을 경험할 수 있는 여가활동은 골프, 수영, 농구, 인라인스케이트, 볼링 등 일상생활스포츠, 스노보드, 스키, 암벽등반과 같은 모험스포츠, 악기 연주, 요가, 무용 등 다양하며, 이와 같은 활동들 대부분은 진지한 여가활동에 속한다. 진지한 여가참여자들은 진지한 자세로 여가활동에 참여하며, 여가활동에 대한 전문적 지식과 수준 즉 기술을 갖춘 사람들이다. 이들은 자신이 참여하는 활동에 적극적인 자세로 지속적으로 참여하는 사람들로서 마니아들이라고 할 수 있다. 따라서 진지한 여가활동 참여자들은 여가활동에 참여하면서 몰입을 경험하게 된다.

Key Words

- 진지한 여가(serious leisure)
- 일상적 여가(causal leisure)
- 아마추어(amateur)
- 취미생활자(hobbyists)
- 자발적 자원봉사자(career volunteers)
- 여가정체성(leisure identity)
- 몰입(flow)

과제 조사

1. 진지한 여가와 일상적 여가의 의미를 비교해 보시오.
2. 우리 주변에서 진지한 여가활동 사례에 대해 조사해 보시오.
3. 진지한 여가활동의 중요성에 대해 설명하시오.
4. 몰입의 특징에 대해 설명하시오.

사 례 마니아들의 테마별 해외여행

여행도 취미생활의 연장선이다. 레저 마니아들은 여행을 하면서도 특별한 경험을 시도한다. 최근 카페와 동호회를 통해 함께 취미 활동을 하는 사람들이 증가하면서 이들에게 여행도 취미생활의 연장선이 되고 있다. 특히 인라인, 미식 기행, 댄스, 마라톤 등 직접 참여하는 동호회나 클럽을 중심으로 새로운 여행문화가 정착해가고 있다. 이들은 단순히 유명관광지를 둘러보는 수동적인 여행형태에서 벗어나 쇼핑, 공연, 마라톤, 어드벤처, 쇼핑 등의 테마를 중심으로 직접 참여하고 경험을 쌓는 보다 적극적인 형태의 여행을 즐기고 있다.

모든 테마가 여행으로 연결되는 것은 아니지만 쇼핑, 마라톤, 트레킹 등 마니아들이 많은 분야에서 상품이 개발되는 경우가 적지 않다. 예를 들어, 일부 소믈리에들의 연수 프로그램이었던 이탈리아 요리학교 강습이 미식 동호회 회원을 중심으로 꾸준히 증가함에 따라서 1주일 과정으로 와인과 파스타 요리를 직접 배울 수 있는 이탈리아 요리체험 상품이 개발되기도 했다.

마니아의 해외여행에는 더 많은 준비가 필요하다. 일단 여행을 떠날 수 있는 시간과 경비가 충분해야 하고, 원만하게 팀을 이룰 수 있어야 효과 있는 여행을 할 수 있다. 어드벤처 같은 테마는 유학이나 어학연수를 겸해 현지에서 팀을 이루는 경우가 많지만, 대부분은 꾸준한 훈련과 프로그램을 통해 여행준비를 해야 한다. 준비 없이 무작정 떠났다가는 하고 싶은 여행을 하기보다는 좌충우돌 고생만 하고 오는 경우가 많기 때문이다.

1. **쇼핑(Shopping)**

   단순히 쇼핑만을 즐기는 것보다 창업이나 전문 시야를 넓히려는 쇼핑 마니아층이 다양하게 형성되고 있다. 홍콩과 도쿄, 싱가포르 등은 세계 각국의 쇼핑 마니아들이 선호하는 명소다.

   국내에서도 주5일 근무제가 확산되면서 홍콩과 도쿄 여행상품이 인기를 끌고 있다. 쇼핑천국 홍콩은 하버시티를 중심으로 비비안탐 패션숍, 화장품H20, 시티슈퍼 등이 필수 쇼핑 코스다.

   특히 나이트 투어 최적지로 손꼽히는 시티슈퍼는 세계 각국의 먹을거리를 맛볼 수 있고 홍콩의 밤거리를 맘껏 즐길 수 있는 자유여행이 보장된다. 홍콩은 유명 제품을 저렴하게 구입할 수 있는 반면에 도쿄는 실속형 쇼핑이 가능하다. 기발한 아이디어 상품이 많아 기업연수 프로그램에 응용되기도 한다. 웹투어의 강진호 대리는

"단순한 쇼핑보다는 창업이나 아이템 개발을 위해 도쿄 새벽시장을 찾는다"고 설명한다. 세계 패션의 메카 이탈리아와 프랑스는 각종 패션쇼와 전시회를 겸한 쇼핑 자유여행이 개발되어 있다. 최근엔 단순한 쇼핑보다는 현지 전문 쇼핑몰 담당자가 직접 안내하고 아이디어 제품 설명도 해주는 전문 쇼핑몰 여행이 인기다.

[그림 12-8] 쇼핑

2. **박물관 및 극장관람**(Museum & Theater)

파리와 런던은 미술관과 극장을 찾는 마니아가 많아지면서 꾸준한 인기를 누리고 있는 여행지이다. 〈맘마미아〉 〈라이언 킹〉 〈오페라의 유령〉 〈레 미제라블〉 등의 명작을 공연장에서 직접 만날 수 있다.

특히 런던에선 웨스트엔드 극장가에서 절찬 상연되고 있는 최고의 뮤지컬을 볼 수 있다. 티켓은 현지에서 유연하게 계획을 세우고 구입하면 훨씬 저렴하게 좌석을 선택할 수 있다. 하프프라이스티켓부스에선 웨스트엔드에서 상연되는 연극의 당일권을 통상요금의 반액에 살 수 있다.

파리는 박물관 여행의 메카이다. 세계 3대 박물관으로 꼽히는 루브르 박물관과 오르세 미술관은 필수 코스. 루브르 박물관에선 밀로의 〈비너스〉, 다빈치의 〈모나리자〉 등 거장의 작품을 감상할 수 있다. 오르세 미술관은 후기 인상파의 작품이 주를 이룬다. 파리에서 박물관 패스를 구입하면 70여 곳의 박물관 무제한 입장이 가능하다. 런던과 파리를 여행할 때에는 현지에서 민박을 이용하는 자유여행 형태가 많다.

[그림 12-9] 박물관 및 극장

3. 요리여행(Gourmet & Wine)

여행 중 커다란 즐거움 중의 하나인 별미. 최근엔 별미만을 위해 여행을 나서는 마니아가 늘고 있다. 인터넷 카페와 요리전문 강좌가 늘어나면서 아마추어 식도락가가 증가하고, 요리 마니아도 증가하고 있기 때문이다. 마니아들이 가장 가보고 싶어하는 미각여행의 목적지는 이탈리아. 나폴리, 시칠리아 섬은 해산물 요리와 토마토를 많이 사용하는 피자와 파스타가 발달했고, 베네치아와 볼로냐, 밀라노 등은 육류와 치즈를 이용한 요리가 많다. 또한 이탈리아는 세계 최대의 와인 생산국으로 국토 전역에서 포도주를 생산하는 유일한 나라다. 특히 피에몬테에선 레드 와인을 생산하고 동쪽의 롬바르디아에서는 화이트 와인을 맛볼 수 있다.

이탈리아 미각여행 프로그램에는 전문 강사에게 파스타와 와인을 배우는 강습이 포함된 경우가 많다. 즉 이탈리아 명문 요리학교 ICIF에서 유명 셰프에게 피에몬테식 와인 제조법을 배우고 이탈리아 전통 파스타 조리법을 배우는 것이다. 화이트 와인이 유명한 오르비에토를 방문해 다양한 와인을 맛볼 수 있는 코스도 있다.

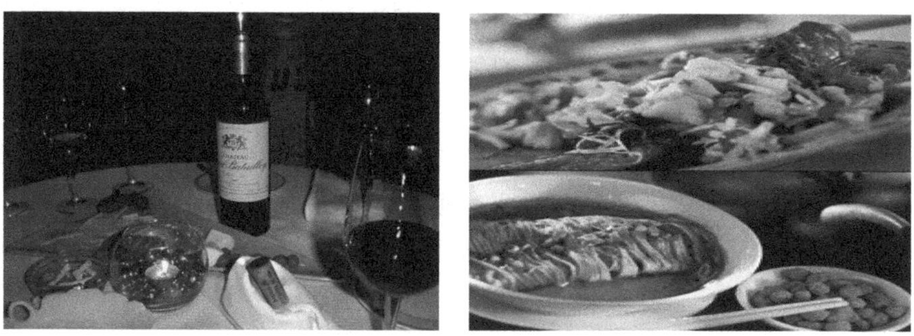

[그림 12-10] 와인과 요리

4. 마라톤대회(Marathon)

달리는 즐거움을 만끽하려는 마니아가 꾸준히 늘고 있다. 수백 명의 동호회원들은 국제 마라톤대회에 참가하기 위해 트레이닝을 받기도 한다. 마라톤 마니아가 참가하고 싶어하는 대표적인 세계대회는 보스턴, 런던, 베이징 마라톤대회로, 이미 수만명의 참가자가 쇄도한다.

그 외에도 전 세계적으로 한 해에만 셀 수 없을 만큼 많은 대회가 개최되는데, 마라톤대회도 많다. 일본만 해도 1,000개 정도의 대회가 매년 개최되며, 미국은 뉴욕 마라톤을 주관하는 뉴욕 로드러너스클럽이 주관하는 대회만 해도 1년 동안 60여 개나 된다. 유럽 역시 마찬가지이다. 마라톤대회가 스포츠 이벤트로 떠오르는 것은 세계적인 추세이다. 스포츠 이벤트 행사 중 가장 많은 인구를 모으는 것이 야구지만, 참가형 스포츠행사 중에서는 마라톤이 단연 1등이다.

〈여행춘추〉의 정동창 사장은 "마라톤은 스포츠를 넘어 문화로 자리잡았다. 건강을 관리하는 단순 스포츠에서 세계 각국 마니아가 모이는 대형 마라톤대회까지 거대한 축제로 연결된다"고 말한다. 특히 보스턴 마라톤대회나 뉴욕, 런던, 베이징, 일본 대회 등은 1년에 수만명씩 참가해 마라톤 테마여행을 즐긴다. 마라톤대회에 참가하기 위한 여행은 현지에서 트레이닝을 할 수 있는 시간여유가 있어야 하므로 보통 3일 전에 도착하는 상품이 마련되어 있다. 또한 가족이 함께 참여해 응원을 하고 대회가 끝나면 시티투어를 즐긴다.

세계 유명 대회는 국내 마니아도 참가하는 경우가 많다. 대륙에 따라 월별로 마라톤대회가 분산되어 있어 사전에 정보를 알아두면 시기에 맞춰 준비를 할 수 있다. 해외 마라톤대회에 참가하려면 완주를 위한 트레이닝을 하고 3개월 전에 예약하는 것이 필수다.

마라톤 투어는 대회 개최 도시의 시티투어가 더해지는 경우가 많다. 대회가 끝난 다음 쇼핑 테마를 더한다. 세계 유명 마라톤 투어를 한눈에 확인할 수 있는 마라톤 투어 홈페이지를 이용하면 효과적이다.

[그림 12-11] 마라톤대회

5. 트레킹(Trekking)

네팔 안나푸르나와 로키산맥 등 세계의 명산으로 떠나는 트레킹. 오지 여행을 겸할 수 있는 명산 트레킹은 마니아가 꾸준히 증가하고 있는 추세이다. 트레킹 마니아에게 가장 인기 있는 곳은 네팔과 백두산 등 가볍게 도전할 수 있는 코스이다.

네팔 안나푸르나 트레킹은 포카라에서 시작해 푼힐 전망대에 오르는 가벼운 트레킹 코스. 푼힐 전망대에서 다울라기리와 안나푸르나의 대파노라마를 한눈에 볼 수 있다. 또한 기후도 온난하고 고산병이 거의 없으며 코스 중간에 트레커를 위한 숙소도 잘 갖추어져 있다. 히말라야 트레킹에 좋은 시기는 10월부터 3월 사이이다. 이 기간에는 청명한 날씨가 계속되어 히말라야의 설산을 제대로 감상할 수가 있다. 히말라야 트레킹 마니아는 꾸준히 증가하는 추세이다.

백두산 서파(서쪽) 지역도 트레킹 코스가 개발되면서 마니아가 늘고 있다. 백두산 트레킹은 원시림으로 뒤덮인 코스도 개발되어 있다. 백두산 전문 여행사를 통하면 정보를 얻을 수 있다.

[그림 12-12] 트레킹

* 출처: www.hkbs.co.kr/hkbs/news

6. 어드벤처 여행(Adventure travel)

대자연을 배경으로 영화처럼 여행하기 캐나다와 미국 서부 일대는 어드벤처 마니아들이 가고 싶어하는 곳이다. 캐나다는 캠핑카 투어와 연계된 어드벤처 코스가 다양하다. 특히 오로라 여행이 인기. 지구상에서 가장 아름답고 신비로운 자연현상으로 꼽히는 오로라를 체험하는 이색 여행이다. 오색찬란한 빛을 띠며 밤하늘에서 화려하게 춤추는 오로라의 장관을 볼 수 있는 환상의 체험이 될 것이다. 오로라를 볼 수 있는 시기는 11월 초부터 4월 중순 사이인데, 낮에는 개썰매 타기, 얼음낚시 등 원주민 생활체험을 한다.

미국 서부 어드벤처 코스도 꾸준한 인기를 누리고 있다. 특히 그랜드캐니언 캠핑 투어는 모험과 인디언 체험을 겸할 수 있어 만족도가 높다. 경비행기를 타고 그랜드캐니언 상공을 활공하는 체험도 색다르다.
캐나다 RV(Recreational Vehicle) 투어는 숙박과 취사 시설이 갖춰진 레저용 차량을 직접 운전하며 여행하는 것이다. 캐나다와 미국에서는 이미 대중화된 여행 패턴이다. 눈부시게 펼쳐진 캐나디안 로키의 대자연 캠핑카 투어는 아웃도어 마니아의 호응을 얻고 있다.
취향에 따라 더 머무르고 싶으면 머물 수 있는 자유로운 일정으로 스키, 수영, 카누 등 액티브한 활동을 즐길 수 있다. 캠핑장에선 현지인과 자연스럽게 만나 그들의 문화를 보고 배울 수 있다.

[그림 12-13] 모험여행

* 출처: http://goworld.tistory.com/

참고문헌

Robert A. Stebbins(2007), 'Serious Leisure', Transaction Publishers, New Brunswick, New Jersey.

Robert A. Stebbins(2008), 'Development of the Serious Leisure Inventory and Measure', Journal of Leisure Research, Vol.40(1).

Chris Rojek · Susan M. Shaw · A.J. Veal(2006), 'A Handbook of Leisure Studies', Palgrave Macmillan Ltd.

김미량(2008), 「진지한 여가의 개념화와 척도개발」, 서울대 박사학위논문

박수정(2006), 「여가행동의 인과적 모형개발 – 전문적 여가, 몰입, 마니아 요인을 중심으로」, 한국여성체육학회지, vol.20(5).

최성훈(2003), 「진지한 여가와 일상적 여가에 대한 고찰」, 한국체육학회지, Vol.42(6).

칙센트미하이/이삼출 옮김(2003), 「몰입의 기술」

제13장 현대여가의 트렌드

제1절 여가환경의 변화

1. 고령화사회

과학과 기술이 발달함에 따라 평균수명이 연장되면서 우리 사회도 점차 고령화 사회로 변화하고 있다. 대부분의 선진국에서는 인구성장의 마지막 단계에 해당되는 인구의 고령화 현상이 나타나고 있기 때문에 노인복지 문제가 중요한 사회문제가 되고 있다. 우리나라의 경우도 65세 이상의 노령인구가 점차 증가해서 2020년 경에는 총인구의 13%가 넘을 것으로 전망하고 있다.

고령화사회에서 우리가 주목해야 하는 계층은 현재의 노년층보다는 향후 몇 년 이후의 전후 베이비붐 세대의 노년층일 것이다. 이들은 전체 인구에서 차지하는 비중이 높을 뿐 아니라 현 경제의 주요 실권자들이며, 향후 노인계층이 되었을 때 비중 있는 여가소비자가 될 것이기 때문이다. 이들은 여가를 소비할 수 있는 시간과 경제적 여유를 갖추고 있기 때문에 고급여가의 잠재적 소비자가 될 것이다.

신세대노년층은 여가소비에 있어서 새로운 계층이 될 것으로 예측되고 있는데, 신세대노년층은 과거에 절약과 저축을 미덕으로 여기던 노인들과는 달리 경제적으로 여유가 있어 자기주도적인 소비가 가능한 계층을 말한다. 게다가 이들은 사회적으로 연금을 받는 등 노년에 이르러 각종 혜택 수혜가 가능하도록 사회복지 차원에서 계획된 세대로 풍요로운 삶을 위해 노년생활을 미리 대비해 놓은 계층이다. 신세대노년층은 정신적 · 신체적으로 건강한 노후생활을 위해 다양한 여가활동을 즐길 것이다. 따라서 신세대노년층의 정신적 · 신체적 욕구를 충족시킬 만한 다양한 여가상품을 제공할 수 있는 여가소비시장을 형성하여 새로운 여가소비문화를 창조해야 하며, 이러한 여가환경의 변화에도 대처해야 한다.

2. 독신인구의 증가

'2000년 가구 · 주택부문 총조사'의 결과에 의하면, 사회전반에 개인주의가 확산되면서 독신 · 이혼 · 만혼(晩婚) 등이 급증, 1인가구와 여성이 가구주인 가구가 급증하고 있다고 한다. 가구당 평균 가구원수는 3.1명으로 1995년보다 0.3명 감소한 것으로 나타났는데, 이는 핵가족화와 함께 독신가구가 증가했기 때문이다. 1인 가구 수는 35.4%로 증가했다. 1인가구의 연령별 분포는 30세 미만 연령층이 25.2%로 가장 많으며, 70세 이상 혼자 사는 가구도 65.9% 증가했다.

미혼 또는 독신의 경우에는 배우자가 있는 경우보다 여가활동에 대해 여러 가지로 자유로울 수 있다. 우리나라의 경우 가족들은 공동체적 성향이 강하므로 가족구성원은 가족의 행사나 활동에 따라 여가활동에 제약을 받으며, 많은 영향을 받는다. 그러나 독신자나 미혼의 경우에는 여가시간이나 활동에 있어서 가족이 있는 그룹보다는 제약요소가 없기 때문에 다양한 여가활동에 참여할 수 있다.

독신자는 앞으로 지속적으로 증가할 것으로 예측되므로 여가에 있어서 비중 있는 여가참여집단이 될 것이다.

3. 여성의 사회진출 확대

여성의 교육수준이 높아지면서 사회진출도 증가하고 있는데, 이는 전 세계적인 현상이다. 사회에 진출한 신세대 여성들의 사고나 가치관은 매우 진취적이고 적극적이며, 단순히 경제적 수입을 위해 사회진출을 하던 과거와는 달리, 자아실현이나 자아계발 등의 자기발전적인 목적을 위해 사회로 진출하는 여성들이 증가하고 있다. 일반적으로 여성들이 가사를 담당하기 때문에 가계소비의 주체가 되며, 여성이 경제활동을 할 경우 여성들의 소비주도권이 증가하면서 여가활동을 가능하게 하는 경제력까지도 갖게 된다. 직업을 가진 여성은 노동과 가사에서 더 많은 스트레스를 받게 되므로, 여가에 대한 욕구가 증가하게 되며, 가사노동에 많은 부담을 갖게 된다. 따라서 대부분의 여성들은 편리하게 즐기는 여가활동을 선호하게 된다. 예를 들면, 여성들의 가장 비중 있는 가사노동의 하나인 식사문제를 해결하기 위해 외식을 선호하고, 여행을 보다 편하게 계획하고 즐기기 위해서 여행사의 패키지상품을 이용하는 경우가 많아지게 된다. 여성의 사회진출이 확대될수록 여성들의 경제력과 여가욕구가 높아지기 때문에 여성들이 주요한 여가소비계층으로 등장하고 있다.

따라서 여성이 소비를 주도해 나가는 현대사회의 소비시장에서는 독신, 결혼적령기 이전의 미혼여성, 경제력 있는 기혼여성의 소비에 대응하기 위해 기업의 마케팅전략을 다양하고 적극적으로 변화시켜 나가고 있다.

4. 노동과 여가의 경계파괴

사회의 경제적 · 기술적 발달로 인해 과거의 육체노동보다는 정신노동이 증가하고 있고, 이로 인해 노동과 여가시간의 경계가 점차 사라지고 있다. 또한 과학기술의 발달로 현대인들은 시간이나 장소에 구애받지 않고 어느 곳에서나 일할 수 있는 업무환경이 조성되고 있다. 이러한 현상은 웨저(Weisure: Work + Leisure)라는 신조어를 탄생시켰는데, 웨저(Weisure)란 노동과 여가를 분리하지 않은 개념을 말한다.

이 용어는 뉴욕대학 사회학과 교수인 돌턴 콘리(Dolton Conley)가 그의 저서 『미국 어디에서나』(Elsewhere U.S.A.)에서 처음으로 언급했다. 이 밖에도 일과 여가의 경계가 모호해지는 현상을 나타내는 신조어로 레저 재핑(Leisure Zapping: Leisure + Zapping의 합성어. 일과 여가의 경계가 붕괴되어 결합되는 현상), 블레저(Business + Leisure, 업무와 여가를 동시에 즐기는 트렌드)라는 용어들도 등장하고 있다.

인간들의 본성은 '호모 루덴스(Homo Ludens: 유희하는 인간)'라고 하여 노동보다는 자유롭게 즐기려는 놀이적 속성인 여가활동을 영위하고자 한다. 따라서 인간은 노동 후 자유시간에 여가활동을 통해 재충전을 하고 있다. 과학기술의 발달과 정보통신기기의 첨단화로 인해 현대인들은 시간과 공간에 구애받지 않고 업무를 수행할 수 있게 되었다. 따라서 노동시간과 여가가 시간적으로나 공간적으로 경계가 사라지고 있으며, 오늘날 노동을 하면서 여가를 즐기고, 여가를 즐기면서 노동에 참여할 수 있는 환경이 조성되고 있어 업무와 여가시간의 경계가 붕괴되고 있다. 따라서 휴가 중에도 인터넷이나 소셜 네트워크를 활용해 필요한 업무를 수행할 수 있고, 업무를 보면서 일시적으로 온라인 게임이나 쇼핑을 할 수 있게 되었다. 앞으로는 노동시간과 여가시간을 구분하지 않고 동시에 추구하려는 웨저 마니아들이 증가할 것이며, 이러한 시대에 맞춰 전통적인 사무실의 개념도 딱딱한 업무공간이 아닌 자유롭고 창의적인 업무공간으로 탈바꿈할 것이다.

[그림 13-1] 레저 재핑(Leisure Zapping)

* 자료: pann.news.nate.com

5. 경제의 양극화 현상

여가시장을 확대시키는 중요한 요소 중 하나는 국민소득수준의 향상이다. 지속적인 경제성장으로 우리나라의 1인당 국민소득은 2010년 이후 2만 달러를 넘어섰다. 국민들의 소득수준이 높아지고 여가시간이 확대되면, 자연적으로 여가관련 지출이 증가하게 된다. 국내 여가수요가 확대되면, 여가공급을 촉진시키면서 국내 여가시장을 확대시키는 요인으로 작용하게 된다.

한편, 세계화 · 국제화 현상에 따라 국가들 간의 정치적 경계가 완화되면서 전 세계적으로 경제적 환경변화가 일어났다. 이에 대한 적응능력의 차이로 나타난 현상 중 하나로 경제의 양극화 현상이 발생했다. 경제의 양극화 현상은 경제가 국가 간 · 지역 간 · 개인 간에 부익부 · 빈익빈으로 나타난 현상을 의미한다. 경제의 양극화 현상은 산업 · 기술 · 지역 · 고용 · 소득 등 경제사회 전반으로 확산되고 있는데, 이러한 양극화 현상은 소득격차의 확대, 경제위기 등으로 소비 주요층인 중산층의 붕괴 등에 기인한다. 따라서 소득증대, 교통수단의 발달, 주5일 근무제 확산, 근무제도의 변화 등으로 여가시간이 증가해 여가활동을 즐길 수 있는 여가여건은 많이 개선되었다. 하지만 사회 전반에 걸쳐 나타나는 경제의 양극화 현상은 여가의 양극화 현상까지 초래하고 있다.

제2절 현대여가의 변화추세

1. 여가의 상업화

여가의 상업화 현상은 현대사회에 기반을 둔 새로운 현상이다. 오늘날의 여가문화는 상품화의 가치를 지닌 관심대상이 되었다. 자본주의 사회에서 노동과 구분된 여가양식이 보편화될 수 있는 계기를 맞이하며, 여가문화의 상품화가 대중적으로 받아들여졌다. 이것은 자본주의 사회에서는 노동뿐 아니라 시간과 공간이 상품화 되었음을 의미한다.

한국의 경우, 1970년대 이후에 본격적인 경제개발정책으로 급격한 도시화가 이루어지고, 노동과 여가의 유기적 연대가 상실된 도시생활에 접하는 인구층이 급격히 증가하기 시작했다. 이에 따라 상업화된 대중문화의 수용층이 본격적으로 구비된 가운데 여가의 상업화현상은 가속화되기 시작했다.

이러한 여가의 상업화현상은 전파매체 및 인쇄매체, 영상매체인 대중매체의 발전이라는 기술적 요인이 뒷받침됨으로써 가능하게 되었다. 오늘날처럼 모든 것이 상품화된 자본주의 사회에서는 우리가 일상적으로 즐기는 문화 역시 상품화의 대상이 되는 것이다. 현대인들의 여가활동은 문화상품에 많은 의존성을 보이고 있다. 문화를 창출하기보다는 이미 상품화된 문화를 즐기는 것이다. 애써 노력하지 않고 편안하게 즐길 수 있는 다양한 문화가 상품화되어 있음을 알 수 있다.

여가의 상업화현상은 대중매체뿐만 아니라 교통수단의 발전과 사회적 소비수준의 증대에 의해서도 가속화된다. 1970년대 중반 이후 교통수단의 발전에 따라 여가문화는 전환점을 맞이하게 되는데, '고속도로 문화', '철도문화'로 인해 관광상품의 개발이 이루어짐에 따라서 관광이 활발해졌다. 1980년대 이후 관광은 큰 폭의 신장률을 보이면서 대중화의 시점에 접어들었으며, 1999년 국민여행 실태조사에 의하면 1997년의 87.9%에 비해 3.9%의 증가율을 나타냈다. 이와 같은 관광의 증가는 교통수단의 발달을 배경으로 한다.

가정의 자동차 보급률과 소비수준의 증가로 인해 발달하게 된 여가문화의 하나는 외식이다. 각 가정의 자가용이 늘어나면서 외식산업의 지역적인 범위가 늘어나고 도시 외곽의 각종 음식점이 성행하고 있으며, 도시 내부에서도 자가용소유자를 대상으로 한 외식산업이 발달하게 되었다. 외식은 단순히 식사를 해결하는 문제에서 나아가 즐거운 시간을 보내기 위한 여가문화의 중심을 이루고 있다.

1980년대 들어 한국사회에서 소비수준이 증대함에 따라 여가문화의 상업화현상은 가속화되고 있다. 가장 대표적인 현상으로 대도시 중산층 이상의 인구층을 대상으로 형성된 새로운 여가양식의 출현이다. 골프, 스키여행, 에어로빅 등 새로운 스포츠가 소개되고, 별장 및 콘도미니엄 등이 보편화된다. 이러한 새로운 여가양식의 소비능력을 갖춘 인구층을 대상으로 전국적으로 전문 여가산업이 확산되고 재벌기업들의 여가산업진출이 활발해지면서 여가문화의 상업화를 가속화시키고 있다. 현재 우리나라의 여가문화는 문화산업이나 여가산업에 의해 일차적으로 지배되고 있는데, 여가산업은 이윤추구를 목적으로 일반대중의 여가활동을 조직화하고 있다.

2. 여가의 개인화

과거 농경사회에서의 여가문화는 결속을 다지기 위한 공동체의 기능이 강조된 반면, 현대의 여가는 개인적인 측면이 많이 나타나기 시작했다. 여가의 개인화현상의 증가는 종래 전통사회에서 여가가 사회구성원을 통합시키면서 특정 공동체의 정체감을 강화했던 기능이 약화됨을 의미한다. 즉 현대 자본주의사회에서의 여가문화는 개별화현상이 지배함으로 인해 집단결속력을 고양시킬 수 있는 공동체적 여가문화를 찾아보기가 어렵다. 이는 자본주의사회에서 노동분화가 극도로 진전된 가운데 개인주의를 바탕으로 경쟁주의, 성취주의, 업적주의를 추구함으로써 과거 노동경험을 바탕으로 한 생활공동체적 문화가 약화되었기 때문이다.

여가의 개인화는 과학기술의 발달의 영향으로 가속화되었다. 과학기술의 발달로 텔레비전, 오디오, 비디오, 컴퓨터, 오락기기 등의 가정에서 사용할 수 있는 오락기구와 장비가 대량생산되었고, 이로 인해 혼자서 놀 수 있는 놀이기구를 가질 수 있게 되었다.

여가의 개인화의 가장 대표적인 여가형태는 집에서 혼자 TV를 시청하거나 컴퓨터 게임을 하거나 인터넷 서핑을 하는 것이다. 컴퓨터는 우리의 실생활에 매우 근접해 있으며 텔레비전과 더불어 개인의 여가시간을 보내는 중요한 도구가 되었다. 특히 인터넷은 현대인들의 중요한 여가유형이 되었다. 인터넷 이용시간이 늘어난 것은 컴퓨터를 통해 혼자 게임을 즐기고, 익명을 이용해 모르는 사람과 채팅을 하고 인터넷 서핑을 통해 다양한 욕구를 충족시키고 있다는 것을 의미한다. 이것은 여가문화의 개인화현상을 증가시키는 중요한 요인이 되고 있다.

여가의 개인화현상의 증가는 현대 자본주의 사회에서의 개인주의를 바탕으로 더욱 증가하게 된다. 자본주의사회는 개인의 성취가 중심이 된 극도로 전문화된 사회이다. 개인주의를 바탕으로 현대인들은 공동체적인 삶에서 벗어나 자기를 찾기 위한 노력을 기울이고 있다. 여가는 사회적 책임에서 오는 일상의 압력에서 벗어나 개인에게 상상의 세계를 열어주며, 권태감이나 지루함을 해소시키는 기능을 가지고 있다. 이러한 여가의 기능 또한 여가의 개인화현상을 증가시키는 요인이다.

3. 여가의 다양화

현대인들은 매우 다양한 여가문화를 즐기고 있다. 과거에는 독서, 음악감상, 꽃꽂이, 서예 등과 같은 특정한 여가형태를 대다수가 즐기고 있었으나 현대사회에 이르러서는 다양한 종류의 여가를 즐기고 있다.

여가의 다양화는 각종 문화센터와 다양한 동호회 활동의 영향 때문이라고 할 수 있다. 문화센터에서 제공하는 강좌를 통해 다양한 분야에서의 정보를 접할 수 있으며, 정보를 통해 현대인들은 다양한 여가문화를 즐길 수 있게 되었다. 각 지역에서 자치적으로 운영되는 구민회관의 문화강좌, 스포츠 강좌 등은 시민들이 쉽게 접할 수 있는 문화를 제공해 주고 있다.

여가의 다양화를 살펴보면, 스포츠 분야에서는 수상스키, 윈드서핑, 제트스키, 레프팅 등의 다양한 레저스포츠를 즐기게 되었는데, 운동을 즐기는 것이 단지 건강상의 이유뿐만 아니라 개인의 여가시간에 즐거움과 만족을 주는 중요한 문제로 대두된 것을 볼 수 있다.

영화관람의 경우에도 예전에는 극장에 가서 영화를 관람했지만, 오늘날에는 비디오나 컴퓨터, 또는 DVD를 통해 집에서 혼자 영화를 즐기는 홈시어터(Home Theater)의 시대를 맞이하게 되었다. 또한 자동차 전용극장을 통해서 색다른 방법으로 영화를 즐길 수 있게 되었다.

이러한 여가의 다양화는 과학기술의 발달과 교통수단의 발달, 소비수준의 증대와 같은 여러 가지 복합적인 요소뿐만 아니라 사람들의 인식의 변화로 인해 발생하는 것이라고 볼 수 있다.

4. 여가의 국제화

현대는 지구촌시대이므로 세계의 동향을 실시간으로 알 수 있는 시대이다. 전 세계적으로 정보를 공유할 수 있게 되면서 여가문화에도 많은 영향을 미치게 되었다. 우리는 미국에서 열리는 메이저리그 경기를 실시간으로 안방에서 시청할 수 있으며, 영화는 동시에 개봉되며, 대중음악 또한 동시에 발매된다. 또한, 세계 각국의 패션쇼 역시 우리의 패션동향에 많은 영향을 미치고 있다.

여가의 국제화로 인해 가장 큰 영향을 받은 것은 외식문화이다. 우리가 먹고 즐기는 외식의 메뉴를 보면 입맛이 국제화되었음을 알 수 있다. 1990년대 서양의 외식업체들이 도입되면서 여가문화로 즐기게 된 외식은 국제적인 입맛과 함께 이국적인 분위기를 접하는데 익숙하게 해 주었다.

외식뿐만 아니라 여가문화의 많은 부분들이 서양의 문물을 받아들이면서 확대된 것이 많다. 이는 현대사회에서 문화영역과 경제영역이 동일시되면서 여가문화 역시 다국적 자본주의의 문화논리에 포함되었기 때문이다. 현대의 여가문화는 전 세계 사람들과 공유하고 있는 특징을 지닌다. 이러한 것은 우리가 즐기는 여가문화에도 영향을 미치게 되어 그 범주는 다양해지고 세분화되며 전문화되어가고 있다.

제3절 현대여가의 트렌드

1. 가족여가활동 추구

핵가족화로 인한 가족지향적 가치관 형성과 주5일 근무제가 확장되면서 여가시간을 가족과 보내려는 사람이 늘어나고 있다. 우리나라 사람들의 여가활동을 보면 친구, 동호회, 모임 등을 통한 교제가 많은 편이지만 최근 주5일 근무제와 여성의 사회진출로 주중에 가족이 함께 모이는 것이 힘들어지면서 주말에는 가족이 함께 모여 여가를 즐기려는 경향이 확대되고 있다.

가족단위의 여가활동으로 갯벌을 찾아가 가족이 함께 조개 등을 잡고 시설을 이용하면서 여가를 보내기도 하고, 가족 모두가 자원봉사를 하면서 교육적이고 보람된 여가생활을 즐기는 경우도 있다. 또한 가족이 함께 가까운 산에 가서 가족산행을 하는 경우도 있다. 야외로 나가지 못하는 경우 집에서 아이들과 함께 온라인게임을 하면서 여가시간을 보내는 가족들도 있다.

[그림 13-2] 가족여가

2. 체험형 여가활동 추구

주5일 근무제 도입으로 여가시간이 증가하면서 여가활동 참여에 있어서도 많은 시간을 소비하는 체험형 여가활동이 증가하고 있다. 우리나라 사람들이 주로 참여하는 여가활동은 TV시청이나, 게임, 영화감상, 수면, 휴식 등과 같은 소극적인 시간소비형 여가활동이 대부분이었다. 하지만 주5일 근무제 시행으로 노동시간이 감소하고, 여가시간이 증가되면서 주말여행, 스포츠활동 등의 체험형 여가활동에 대한 수요가 증가하고 있다.

과거에 시간제약으로 인해 할 수 없었던 문화 · 예술, 레포츠, 농촌체험, 적극적인 체험형 여가활동 참여가 확대되고 있다. 국민소득의 증가에 따른 여유 비용 증가로 인해 보다 다양한 여가활동 참여가 가능해졌다. 또한 예전처럼 보고 느끼기만 하는 것이 아니라 자신이 직접 느끼고 체험할 수 있는 여가활동을 선호하는데, 이러한 능동적이고 적극적인 여가활동은 개인의 여가만족과 삶의 질 향상에 긍정적인 영향을 미칠 것이다.

현대인들은 체험형 여가활동으로 번지점프, ATV, 등산, 인라인스케이트, 스키, 수상스포츠 등과 같은 모험추구형 스포츠활동에 대한 수요가 증가하고 있으며, 최근에는 과거에 일부 손재주가 좋은 사람들의 취미생활이나 전문가의 영역으로 인식되었던 DIY(Do It Yourself: 전문업자나 업체에 맡기지 않고 스스로 직접 생활공간을 만들거나 수리하는 개념) 관련 활동에 참여하는 사람들이 증가하고 있다.

[그림 13-3] 체험형 여가활동

3. 웰빙 관련 여가활동 추구

2002년 후반부터 사회전반에 걸쳐 웰빙이라는 개념이 확산되기 시작했다. 웰빙(well-being)이란 현대의 바쁜 일상과 인스턴트식품에서 벗어나 몸과 마음의 삶을 최우선으로 삼는 라이프스타일을 뜻하는 신조어이다. 웰빙은 의식주 해결차원을 넘어 정신적 평안, 건강, 삶에 대한 만족을 최고의 가치로 삼는 특성을 갖는 삶의 방식을 말한다. 이러한 웰빙의 개념은 여가활동에도 영향을 미쳐 웰빙과 관련된 여가활동에 대한 관심이 증가하고 있다. 요가, 스파, 헬스클럽, 단전호흡, 암벽등반, 명상 등과 같은 활동을 통해 스스로 즐기고, 정신적 안정을 찾고 건강을 유지하려는 사람들이 증가하고 있다.

[그림 13-4] 웰빙 여가활동

4. 자기계발 여가활동 추구

최근 자아실현의 욕구증대로 인해 여가시간에 단순히 즐기기 위한 활동을 하기보다는 여가활동을 통해 자신의 개성과 창조성을 발휘함으로써 자기계발의 기회로 활용하는 사람들이 증가하고 있다. 휴식과 여가시간을 활용해 평생학습을 계속하거나 건강, 취미, 어학공부, 자격증 취득 등 개인의 관심사를 탐구하거나 학습기회로 활용하는 자기계발 여가활동에 참여하는 사람들이 증가하고 있다. 이에 따라

휴테크(休-tech)라는 신조어도 등장했는데, 휴식 혹은 여가시간을 활용해 자신의 창의력을 키우거나 자기계발을 함으로써 경쟁력을 키우는 것을 의미한다.

이러한 현상은 여가시간을 적극적으로 활용하고자 하는 인식변화도 있지만, 평생직장의 개념이 사라지면서 직장인들에게 자기계발은 피할 수 없는 여가의 한 부분으로 자리잡고 있다. 자기계발 여가활동은 직장인들에게 업무 스트레스를 해소하고 업무능력을 향상시켜 준다. 또한 취미나 특기와 관련 있는 분야의 학습을 통해 부업을 모색할 수 있는 기회를 제공함으로써 긍정적인 효과를 발생시키는 장점도 있어 이와 관련된 자격이나 어학, 전문지식에 관한 다양한 교육 비즈니스도 등장할 것으로 기대된다.

[그림 13-5] 자기계발 여가활동

* 자료: http://nexonhands.tistory.com/176

5. 디지털형 여가활동 추구

디지털 체험을 중심으로 하는 여가활동이 증가하고 있다. 인터넷의 보급과 스마트폰의 상용화로 시간과 장소의 구애를 받지 않는 디지털형 여가활동 참여가 증가하고 있다. 2012년 우리나라 스마트폰 보급률은 세계 1위(인구대비 67.6%)로 세계 평균(14.8%)의 4.6배에 달한다. 아날로그형 여가는 직접적인 체험을 통해 만족을 얻는 반면, 디지털형 여가는 조작과 가상의 기술로 가상체험을 통해 즐거움을 얻는 것이 특징이다.

디지털형 여가는 현실세계에서 벗어나 다양한 경험을 가능하게 해 주고, 자신을 자유롭게 표현하는 효과가 있어 스트레스를 해소해 준다. 특히, 최근에는 디지털형 여가 중에서 체험 전시, e스포츠 체험, 오감을 통한 가상체험, 경영 시뮬레이션 체험 등 다양한 유형의 가상체험을 하는 프로그램들이 인기를 끌고 있다.

[그림 13-6] 디지털형 여가활동

* 자료: http://beat.noxgame.kr, www.hellomada.kr

Key Words

- 여가환경(Leisure Environments)
- 웨저(Weisure)
- 레저 재핑(Leisure Zapping)
- 웰빙(Well-being)
- 소셜 네트워크(Social Networking)

과제 조사

1. 현대여가의 특성에 대해서 설명하시오.
2. 앞으로의 여가환경은 어떻게 달라질 것인가?
3. 미래의 여가활동 패턴은 어떻게 달라질 것인가?
4. 현대사회 여가의 문제점은 무엇인가?

사 례 10대 핵심 관광트렌드

한국문화관광연구원(2010)에서는 급변하는 관광환경변화에 대응함으로써 미래의 불확실성을 제거하고, 정책변화에 대응하고자 다음과 같이 10대 핵심 관광트렌드를 분석했다.

1. 멀티컬쳐(Multi-Culture) 관광소비의 확산

- 세계의 여러 국가들에서 이문화적인 접촉이 증가함에 따라 다문화주의의 필요성이 증가하고 있음. 이에 따라 '다문화적 가치를 통한 관광', '멀티컬쳐를 기반으로 한 새로운 한류관광의 준비'가 필요한 시점임.
- 이에 따라 다문화가정의 관광활동 보장정책 확대, 멀티컬쳐 가치와 상응하는 관광개발정책 추진이 필요함.

2. 뉴 시니어, 핵심 관광소비계층으로 부상

- 경제적 능력과 새로운 가치를 지닌 은퇴한 노령인구층이 향후 핵심 소비시장으로 떠오르고 있으며, 이들은 관광시장에서 주요 소비계층으로 등장할 잠재시장임.
- 노년계층을 중심으로 한 복지관광프로그램의 개발, 해외 은퇴 노령관광객 유치를 위한 관광프로그램 개발 등 실버관광산업의 확대에 대비할 필요가 있음.

3. 헬스투어리즘의 확산

- 웰빙이 삶의 주요한 가치로 떠오르면서 건강에 대한 관심이 증가하고 있으며, 이러한 현상은 관광소비에도 반영돼 휴양문화와 관광이 결합된 웰빙관광이 확산되고 있음.
- 헬스투어리즘 관광소재 발굴 및 상품개발, 한국형 치유관광상품과 힐링 관광상품, 뷰티관광상품의 적극적인 개발과 육성이 필요함.

4. 소비자 주도의 창조관광 시대

- 소비자들이 과거의 수동적인 단순 구매자에서 능동적이고 창의적인 소비자로 변화함에 따라 소비자 니즈를 반영한 특화된 상품개발을 필요로 하게 됨.
- 이에 대응하여 관광기업에서도 재화나 서비스의 단순한 생산을 넘어서 상상력과 창의성을 바탕으로 한 창조형 특화관광상품 개발을 추진해야 함.

5. 체험추구 관광소비자(트라이투어슈머)의 부상

- 최근 체험기반 가치소비 관광이 확산되고 있으며, 문화, 생활, 생태체험 등이 관광시장에서 좋은 반응은 보이고 있음.

- 체험추구 관광소비자 증가에 대응하기 위해서 관광소비자 만족도 제고, 스토리 기반 한국문화체험 상품개발, 체험프로그램 확충 및 안내/자원해설 강화 등 수용 태세 강화가 필요함.

6. 소셜네트워크 주도의 관광확대

- 무선 모바일 사회네트워크서비스(Social Network Service: SNS)가 산업경쟁의 핵심으로 자리잡음에 따라 모바일 기반 관광비즈니스 개발경쟁이 가속화되고 있음
- 모바일 관광환경에 효과적으로 대응하기 위해서 제3세대 미디어 환경에 맞는 SNS용 관광정보 개발, 관광정보콘텐츠에 대한 R&D 강화 및 고급인력 육성이 필요함.

7. 그린 관광비즈니스의 부상

- 모든 산업에서 환경친화적인 녹색기술을 접목시키고자 하는 노력이 활발하게 전개되고 있으며, 관광분야에서도 그린 관광비즈니스가 부상하고 있음. 녹색관광서비스산업의 부가가치가 상승하고 있으며, 그리니엄 관광소비, 에코 럭셔리 관광소비가 확산되고 있음.
- 새로운 녹색관광 분야의 발굴 및 육성, 녹색체험 관광자원의 발굴, 관광산업의 친환경화 유도, 관광객 인식전환이 필요함.

8. 네오 럭셔리 관광소비 확산

- 고가 · 고품격을 추구하는 럭셔리 소비가 세계적 경제불황으로 인해 타격을 입으면서 VIP 시장의 분화가 시작됨. 고품질 · 저비용 관광에 대한 수요 확산, 합리적 명품관광 소비의 확산 등 비용대비 가치를 우선 고려하는 가치관광 소비계층 확산 등 합리적 소비자의 특성을 강하게 나타내고 있음.
- 이러한 관광시장 변화에 대응하기 위해서는 고부가가치 관광시장 확대에 따른 제도적 기반 구축, 고급문화와 연계한 관광상품의 개발, 명품콘텐츠 개발 등의 정책을 강화해야 함.

9. 일과 여가, 여가와 관광의 모호화 현상 확산

- 커뮤니케이션 기술 및 IT기술의 발달로 일과 여가, 놀이의 경계가 소멸되는 현상이 발생하고 있으며, 이는 관광산업에도 많은 변화를 초래할 것으로 예측됨.
- 따라서 일과 여가에 대한 소비자 태도를 중심으로 관광소비자 시장을 새롭게 세분화하고 이에 따른 상품개발 및 마케팅이 필요함. 도시 안 캠핑공간과 같은 정주권 내의 관광활동, 도심 속 랜드마크, 공공장소 및 건물 등 새로운 공간(제3공간)의 관광자원화 등 다양한 대응정책 마련이 필요함.

10. 사회적 책임관광의 확산

- 착한 소비의 확산으로 관광기업의 사회적 책임도 강조되고 있으며, 착한 관광상품을 만들도록 강요받고 있으며, 친환경 여가활동 증가와 여행자의 인식 개선에 따라 착한 관광소비자도 확산되고 있는 추세임.
- 관광기업 및 관광소비자들로 하여금 착한 관광을 강조할 필요가 있으며, 관광개발 시 지역사회에 대한 적극적인 고려, 공정관광기업에 인센티브 제공, 공정여행상품 인증제 등을 추진할 필요가 있음.

* 출처: 한국문화관광연구원(2010), 「최근 관광트랜드 변화와 향후 정책방향」

참고문헌

윤지환(2004), 「여가의 이해」, 일신사.
노용구(2004), 「여가학」, 대경북스.
A. J. Veal,「Leisure and the Future」.

저자 소개

오상훈

- 경희대학교 대학원 경영학과(석사)
- 한양대학교 대학원 관광학과(석사, 박사)
- 한국교통연구원 연구원 역임
- 신라대학교 관광경영학과 학과장 역임
- 한국관광레저학회장, 제주관광학회장, 한국관광학회 이사 역임
- 전경련(FKI) 관광산업특위 자문위원 역임
- 제주대학교 경상대학장, 경영대학원장 역임
- 현 제주대학교 관광경영학과 교수
  제주관광포럼 공동대표
  BK21Plus 관광사업단장

〈주요 저서 및 논문〉

- 관광객(일신사)
- 관광과 문화의 이해(형설출판사)
- 북한관광의 이해(제주대)
- 관광사업자의 특성과 사업성패 연구
- 배낭여행자의 행동특성 연구

외 70여 편

임화순

- 동경공업대학 대학원 사회공학과(석사, 박사)
- 일본 플래닝네트워크 책임연구원 역임
- 한국관광개발연구원 책임연구원 역임
- 건양대학교 관광학과 조교수 역임
- 현 제주대학교 관광개발학과 교수

〈주요 저서 및 논문〉

- 관광상품론(백산출판사)
- 관광자원분포에 기반한 관광권역 설정 및 발전전략
- AHP를 이용한 MICE 다목적홀 입지선정에 관한 연구
- 문학공간을 활용한 스토리텔링 콘텐츠 개발연구

외 다수

고미영

- 제주대학교 대학원 관광경영학과(석사, 박사)
- 제주대학교 BK21 제주국제자유도시관광전문연구인력양성사업단 박사후연구원
- 대한관광경영학회 편집위원
- 동북아관광학회 편집위원
- 제주관광학회 편집이사
- 제주대학교 관광경영학과 강사

〈주요 저서 및 논문〉

- 가족생활주기에 따른 여가행동특성에 관한 연구
- 고령사회 노인여가정책모형 개발
- 진지한 여가 성향과 여가동기의 관계
- AHP를 활용한 고령사회 노인여가정책 우선순위 설정

외 다수

저자와의
합의하에
인지첩부
생략

현대여가론

2006년 8월 25일 초　판 1쇄 발행
2023년 1월 10일 개정2판 2쇄 발행

지은이 오상훈 · 임화순 · 고미영
펴낸이 진욱상
펴낸곳 백산출판사
교　정 편집부
본문디자인 편집부
표지디자인 오정은

등　록 1974년 1월 9일 제406-1974-000001호
주　소 경기도 파주시 회동길 370(백산빌딩 3층)
전　화 02-914-1621(代)
팩　스 031-955-9911
이메일 edit@ibaeksan.kr
홈페이지 www.ibaeksan.kr

ISBN 978-89-7739-881-8　93980
값 20,000원